国际贸易"单一窗口"：

加贸及跨境电商篇

"国际贸易'单一窗口'系列"编委会 ◎ 编著

中国海关出版社有限公司

中国·北京

图书在版编目（CIP）数据

国际贸易"单一窗口".加贸及跨境电商篇／"国际贸易'单一窗口'系列"编委会编著.—北京：中国海关出版社有限公司，2020.6
ISBN 978-7-5175-0426-9

Ⅰ.①国… Ⅱ.①国… Ⅲ.①国际贸易—电子商务 Ⅳ.①F74 ②F713.36

中国版本图书馆CIP数据核字（2020）第037571号

国际贸易"单一窗口"：加贸及跨境电商篇
GUOJI MAOYI "DANYI CHUANGKOU"：JIAMAO JI KUAJING DIANSHANG PIAN

编　　者：	"国际贸易'单一窗口'系列"编委会
策划编辑：	史　娜
责任编辑：	史　娜
助理编辑：	衣尚书
出版发行：	中国海关出版社有限公司
社　　址：	北京市朝阳区东四环南路甲1号　　邮政编码：100023
网　　址：	www.hgcbs.com.cn
编 辑 部：	01065194242-7538（电话）　　01065194231（传真）
发 行 部：	01065194221/27/38/46（电话）　　01065194233（传真）
社办书店：	01065195616（电话）　　01065195127（传真）
	http://www.customskb.com/book（网址）
印　　刷：	北京鑫益晖印刷有限公司　　经　销：新华书店
开　　本：	710mm×1000mm　1/16
印　　张：	24.5　　字　数：354千字
版　　次：	2020年6月第1版
印　　次：	2020年6月第1次印刷
书　　号：	ISBN 978-7-5175-0426-9
定　　价：	60.00元

海关版图书，版权所有，侵权必究
海关版图书，印装错误可随时退换

"国际贸易'单一窗口'系列"丛书编委会

黄冠胜　白建军　高正太　白　石　党英杰　王　可
赵　静　石云峰

《国际贸易"单一窗口"：加贸及跨境电商篇》统审组

仲伟玲　马克鹏　甄宝龙　刘　倩　张　勇　方晓丽
刘军辉　刘　兴　程　浩　姚　玲　赵京波

《国际贸易"单一窗口"：加贸及跨境电商篇》编写组

胡　伟　张润秋　韩运设　马　瑶　熊　辉　凡阿杰

前　言

目前，国际贸易通关过程中所涉及的大多数部门均开发了业务信息化系统，实现了各部门业务申请、办理、回复的电子化和网络化。但是在各部门系统间缺乏协同互动，未实现充分的数据共享，因此企业在口岸通关过程中需要登录不同的系统填报数据，严重影响了口岸通关效率。

近年来部分沿海地区的口岸管理部门已经尝试在地方层面建立"单一窗口"，实现企业一次录入数据后向多个管理部门系统进行申报，并取得了良好的应用效果。为贯彻落实党中央、国务院关于我国国际贸易单一窗口（以下简称"单一窗口"）建设的一系列决策部署，统筹推进"单一窗口"建设，在总结沿海地区"单一窗口"建设试点成果的基础上，结合我国口岸管理实际，并充分借鉴国际上"单一窗口"的成熟经验，建设"单一窗口"标准版。

"单一窗口"标准版依托中国电子口岸平台，申报人通过"单一窗口"标准版一点接入、一次性提交满足口岸管理和国际贸易相关部门要求的标准化单证和电子信息，实现数据信息共享，实施职能管理，优化通关业务流程。通过"单一窗口"标准版可以提高申报效率，缩短通关时间，降低企业成本，促进贸易便利化，并推动国际贸易合作对接。

企业从"单一窗口"进入系统，并根据实际情况进行申报。书中内容如无特殊说明，均以"单一窗口"的相关界面进行讲解。本书主要对金关工程（二期）加工贸易保税监管系统（内含加工贸易手册系统、加工贸易账册系统、海关特殊监管区域系统、保税物流管理系统、保税担保管理系统、保税货物流转系统、委托授权系统、出境加工系统）和跨境电商系统（内含进口申报系统、出口申报系统、公共服务系统）的企业申报端的相关功能、操作流程及常见问题进行讲解，以便企业更好地使用系统，帮助企业解决在申报过程中遇到的实操问题。

由于编写时间有限，书中内容难免存在疏漏、不足之处，望读者不吝指正，以便在后续版本中得以改进和完善。

编者
2020年5月

目　录

金关工程（二期）加工贸易保税监管系统

第一章　金关工程（二期）加工贸易保税监管系统概述 …………… 3

第二章　加工贸易手册系统 …………………………………………… 4
　第一节　业务简介 ……………………………………………………… 4
　　一、加工贸易手册 …………………………………………………… 4
　　二、加工贸易手册报核 ……………………………………………… 4
　　三、保税核注清单 …………………………………………………… 4
　　四、不作价设备使用情况 …………………………………………… 5
　　五、外发加工 ………………………………………………………… 5
　第二节　基本操作 ……………………………………………………… 5
　　一、加工贸易手册 …………………………………………………… 6
　　二、加工贸易手册报核 ……………………………………………… 25
　　三、保税核注清单 …………………………………………………… 30
　　四、不作价设备使用情况 …………………………………………… 41
　　五、外发加工申报表 ………………………………………………… 43
　第三节　常见问题 ……………………………………………………… 45

第三章　加工贸易账册系统 …………………………………………… 55
　第一节　业务简介 ……………………………………………………… 55
　　一、企业资质申请 …………………………………………………… 55
　　二、加工贸易账册 …………………………………………………… 55
　　三、加工贸易账册报核 ……………………………………………… 55
　　四、保税核注清单 …………………………………………………… 55
　　五、外发加工 ………………………………………………………… 56

国际贸易"单一窗口"：加贸及跨境电商篇

  第二节 基本操作 56
    一、企业资质申请 57
    二、加工贸易账册 65
    三、加工贸易账册报核 81
    四、保税核注清单 89
    五、外发加工申报表 99
    六、以企业为单元补充申报 100
  第三节 常见问题 101

第四章 海关特殊监管区域系统 111
  第一节 业务简介 111
    一、加工贸易账册 111
    二、加工贸易账册报核 111
    三、物流账册 112
    四、加工贸易耗料单 112
    五、保税核注清单 112
    六、业务申报表 113
    七、出入库单 113
    八、核放单 113
    九、集中报关 114
    十、车辆信息 114
    十一、清单结关 114
    十二、两步申报核放单 114
    十三、核放单调取授权 114
  第二节 基本操作 115
    一、加工贸易账册 115
    二、加工贸易账册报核 132
    三、物流账册 137
    四、加工贸易耗料单 143
    五、保税核注清单 153
    六、业务申报表 160
    七、出入库单 165
    八、核放单 169
    九、集中报关 174
    十、车辆信息 176

十一、清单结关 ·· 177
　　　十二、两步申报核放单 ······································ 179
　　　十三、核放单调取授权 ······································ 181
　第三节　常见问题 ·· 182

第五章　保税物流管理系统 ·· 189
　第一节　业务简介 ·· 189
　　　一、物流账册 ·· 189
　　　二、保税核注清单 ·· 189
　　　三、业务申报表 ·· 190
　　　四、出入库单 ·· 190
　　　五、核放单 ·· 191
　　　六、集中报关 ·· 191
　　　七、车辆信息 ·· 191
　　　八、清单结关 ·· 191
　　　九、两步申报核放单 ·· 192
　　　十、核放单调取授权 ·· 192
　第二节　基本操作 ·· 192
　　　一、物流账册 ·· 192
　　　二、保税核注清单 ·· 196
　　　三、业务申报表 ·· 204
　　　四、出入库单 ·· 209
　　　五、核放单 ·· 211
　　　六、集中报关 ·· 213
　　　七、车辆信息 ·· 215
　　　八、清单结关 ·· 215
　　　九、两步申报核放单 ·· 217
　　　十、核放单调取授权 ·· 218
　第三节　常见问题 ·· 219

第六章　保税担保管理系统 ·· 220
　第一节　业务简介 ·· 220
　　　一、保证金确认 ·· 220
　　　二、总担保 ·· 220
　　　三、退还申请 ·· 221

第二节　基本操作 221
　　　一、保证金确认 222
　　　二、总担保 225
　　　三、退还申请 226
　　　四、综合查询 228
　　第三节　常见问题 229

第七章　保税货物流转系统 231
　　第一节　业务简介 231
　　　一、申报表 231
　　　二、收发货单 231
　　第二节　基本操作 232
　　　一、申报表 232
　　　二、收发货单 240
　　　三、综合查询 246
　　　四、同步申报表 248
　　第三节　常见问题 249

第八章　委托授权系统 250
　　第一节　业务简介 250
　　　一、企业类型 250
　　　二、权限类型 250
　　　三、授权子系统 250
　　　四、授权步骤 251
　　第二节　基本操作 251
　　　一、企业间授权 251
　　　二、企业内授权 253
　　　三、查看操作员权限 254
　　第三节　常见问题 255

第九章　出境加工系统 257
　　第一节　业务简介 257
　　　一、出境加工账册备案 257
　　　二、出境加工账册报核 257

三、出境加工催核查询 257
第二节　基本操作 258
　　一、出境加工账册备案 258
　　二、出境加工账册报核 268
　　三、出境加工催核查询 274
第三节　常见问题 276

跨境电商系统

第十章　跨境电商系统概述 279

第十一章　进口申报系统 281
第一节　业务简介 281
　　一、企业类型 282
　　二、单证类型 283
　　三、直购进口通关业务流程介绍 286
　　四、保税进口通关业务流程介绍 287
第二节　基本操作 288
　　一、交易管理 289
　　二、清单管理 295
　　三、修撤单管理 301
　　四、退货管理 310
　　五、监管场所管理 313
　　六、税单管理 315
　　七、担保企业管理 320
　　八、服务注册管理 322
第三节　常见问题 324

第十二章　出口申报系统 326
第一节　业务简介 326
　　一、企业类型 327
　　二、单证类型 327
　　三、出口通关业务流程介绍 330

第二节　基本操作 ··· 332
　一、交易管理 ··· 332
　二、物流管理 ··· 338
　三、清单管理 ··· 348
　四、汇总管理 ··· 366
第三节　常见问题 ··· 371

第十三章　公共服务系统 ··· 373
第一节　业务简介 ··· 373
第二节　基本操作 ··· 373
　一、个人额度查询 ·· 373
　二、个人税款查询 ·· 377
　三、个人通关数据查询 ·· 377
第三节　常见问题 ··· 378

金关工程（二期）
加工贸易保税监管系统

第一章　金关工程（二期）加工贸易保税监管系统概述

金关工程（二期）（以下简称金关二期）经国务院批准立项，是"十二五"期间国家重大电子政务工程项目。金关二期为国家、社会公众提供海关业务服务和信息资源服务，为构建开放型国家经济新体制提供了有力支撑，为落实国家"一带一路"倡议、跨境新政和全国一体化通关改革等重大决策提供了有力保障。金关二期已于2018年2月通过竣工验收，并正式上线运行。

加工贸易保税监管系统（以下简称加工贸易系统）是金关二期的重要组成部分，是构建新型保税监管体系、适应我国加工贸易转型升级需要的信息化建设基础。该系统的上线运行和推广应用为海关深化加工贸易及保税监管改革、支持加工贸易创新发展提供了有力的技术支持和保障。

加工贸易系统由加工贸易手册管理系统、加工贸易账册管理系统、海关特殊监管区域管理系统、保税综合管理系统、保税货物流转管理系统等多个分系统组成。根据系统使用角度分为企业申报端和海关审核端，企业申报端主要为加工贸易企业提供便捷的申报功能；海关审核端主要面向海关关员，提供业务单证审核、风险分析等相关功能。企业申报端由加工贸易手册、加工贸易账册、海关特殊监管区域、保税物流管理、保税担保管理、保税货物流转、委托授权、出境加工等子系统构成。本篇主要对企业申报端子系统的相关功能及常见问题进行讲解，以方便广大加工贸易企业更好地使用系统，帮助企业解决在申报过程中遇到的关务问题。

目前，企业可通过"单一窗口"进入并使用加工贸易系统的企业申报端功能，根据实际情况进行申报。以下内容如无特殊说明，均以"单一窗口"的相关界面进行讲解。

第二章 加工贸易手册系统

第一节 业务简介

加工贸易手册系统是海关根据加工贸易企业生产的实际情况，实现对企业以合同为单元的加工贸易管理的新型保税监管模式，其功能涵盖料号级底账备案、通关、核销、外发加工、不作价设备管理等业务。

一、加工贸易手册

加工贸易手册的类型分为来料加工、进料加工、设备手册。

来料加工是指外商提供全部原材料、辅料、零部件、元器件、配套件和包装物料，必要时提供设备，由承接方加工单位按外商的要求进行加工装配，成品交外商销售，承接方收取工缴费，外商提供作价设备价款，承接方用工缴费偿还的业务。

进料加工是指用自有外汇在国际市场购买原材料、元器件或零部件，按自己的设计加工装配成成品，再出口销往国外市场。

二、加工贸易手册报核

加工贸易手册报核功能模块可实现加工贸易手册按照报核周期，对本核销周期内核注清单、库存情况进行申报，从而进行手册的核销。该功能模块包括新增、录入、修改、删除、暂存、查询、打印等功能。

三、保税核注清单

为推进实施以保税核注清单核注账册的管理改革，实现与加工贸易及保税监管企业料号级数据管理的有机衔接，海关总署决定全面启用保税核注清单，自2018年7月1日起，按照《关于启用保税核注清单的公告》（海关总署公告2018年第23号）执行。

保税核注清单是金关二期保税底账核注的专用单证，属于办理加工贸易及保税监管业务的相关单证。已设立金关二期保税底账的相关企业，应按照金关二期保税核注清单系统设定的格式和填制要求向海关报送保税核注清单数据信息，再根据实际业务需要办理报关手续。保税核注清单经海关预审核通过后，系统按照保税核注清单归并报关单的原则，自动生成报关单草稿，企业根据系统返回的报关单统一编号登录货物申报系统查询并补录信息，即可进行报关单的申报。

> 💡 **小提示**
>
> 　　海关接受企业报送的保税核注清单后，保税核注清单需要修改或者撤销的，按以下方式处理：
> 　　货物进出口报关单（备案清单）需撤销的，其对应的保税核注清单应一并撤销；
> 　　保税核注清单无须办理报关单（备案清单）申报或对应报关单（备案清单）尚未申报的，只能申请撤销；
> 　　货物进出口报关单（备案清单）中的修改项目涉及保税核注清单修改的，应先修改清单，确保清单与报关单（备案清单）的一致性；
> 　　报关单、保税核注清单修改项目涉及保税底账已备案数据的，应先变更保税底账数据；
> 　　保税底账已核销的，保税核注清单不得修改、撤销。

四、不作价设备使用情况

　　加工贸易外商提供的不作价进口设备是指与经营单位开展加工贸易的外商，免费向经营单位提供的加工生产所需的设备。不作价设备由外商免费提供，既不需要经营单位付汇进口，也不需要以加工费或差价偿还，但经营单位需要每年向海关申报不作价设备的使用情况。

五、外发加工

　　外发加工是指经营企业因受自身生产特点和条件的限制，经海关批准并办理有关手续，委托承揽企业对加工贸易货物进行加工，在规定期限内将加工后的产品运回本企业并最终复出口的行为。
　　外发加工功能模块提供外发加工申报表的预录入功能，包括新增、录入、修改、删除、暂存、查询、打印等功能。

第二节　基本操作

　　相关业务数据有严格的填制规范，如在系统内录入数据的过程中，字段右侧弹出红色提示，代表当前录入的数据有误，需根据要求重新录入。
　　点击界面上方的蓝色按钮（见图2-1）所进行的操作，将影响当前整票申报的数据。

国际贸易"单一窗口"：加贸及跨境电商篇

图 2-1

点击界面中的各类白色按钮（见图 2-2）所进行的操作，所影响的数据仅为当前涉及的页签或字段。

图 2-2

一、加工贸易手册

加工贸易手册系统提供加工贸易手册、加工贸易手册报核、保税核注清单（进口）、保税核注清单（出口）、不作价设备使用情况、外发加工申报表、外发加工发货单、外发加工收货单及数据查询等功能模块。通过本系统，加工贸易企业可按照海关监管要求，自理录入、申报各项业务数据，也可委托代理企业代为录入、申报。

区外加工贸易手册企业在企业端录入加工贸易手册数据，经核对无误后，向海关申请加工贸易手册，海关审核通过，返回加工贸易手册编号，完成手册设立；海关审核不通过，会反馈审核不通过原因，企业确认重新修改后可以再提交申请，直至海关审核通过。

点击选择菜单中的"数据录入"—"加工贸易手册"（见图 2-3）。

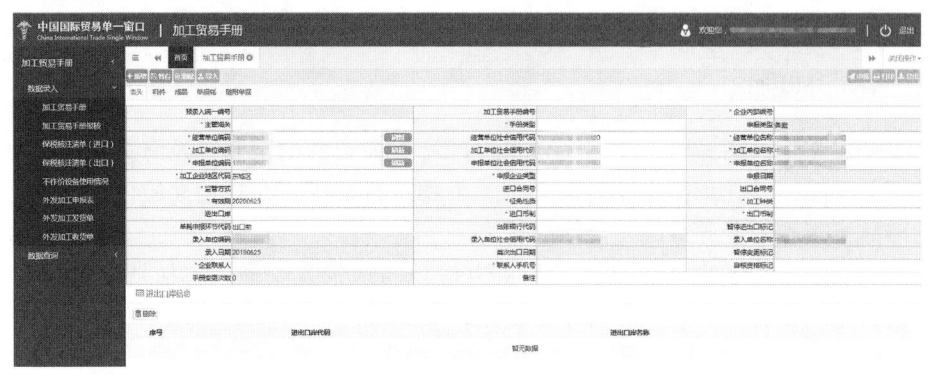

图 2-3

💡 小提示

界面中红色星号或浅黄底色的字段为必填项。灰色字段为系统返填项，不允许录入。白色字段为选填项，根据实际需要填写。

(一) 加工贸易手册表头

加工贸易手册录入界面中，手册类型字段需在参数中调取（使用键盘空格键，可调出下拉菜单并在其中进行选择），说明如下：

选择"来料加工/进料加工"，在此类业务模式下，加工贸易手册表头中有关单耗的字段、料件、成品、单耗表体均需录入。手册编号字段经海关审批通过后，系统自动返填，不允许企业录入、修改和变更。编号规则：B/C+关区（4位）+年份（2位）+流水号（5位）；B-来料加工、C-进料加工；B、C开头，倒数第5位为字母的手册号，为金关二期手册。

选择"设备手册"，在此类业务模式下，不作价设备年度使用情况表体中的料号、商品编码、商品名称、规格型号，由系统自动从不作价设备手册备案数据中返填。

表头字段录入完成后，点击界面上方蓝色的"暂存"按钮，才能继续录入料件、成品、单损耗等内容（见图2-4）。

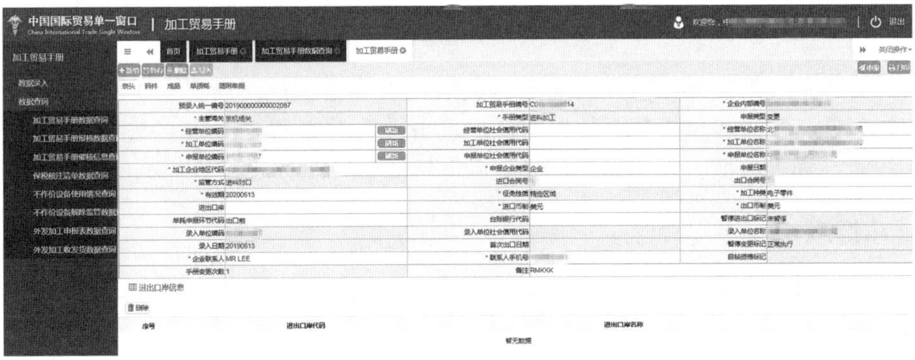

图 2-4

具体操作如下：

点击"加工贸易手册"菜单，系统默认打开加工贸易手册新增录入界面。也可点击表头上方的蓝色"新增"按钮，进入新增录入界面。

灰色项由系统填入，无须手工录入。

经营单位编码、加工单位编码和申报单位编码录入海关10位编码，点击编码录入框右侧的蓝色"刷新"按钮或敲回车键，系统会自动返填对应的单位社会信用代码和单位名称。

有效期和录入日期按"yyyyMMdd"格式填入8位年、月、日信息，例如，"20190808"。

主管关区、手册类型、加工企业地区代码、申报企业类型、监管方式、征免性质、加工种类、进出口岸、进口币制、出口币制、单耗申报环节代码、台

7

国际贸易"单一窗口"：加贸及跨境电商篇

账银行代码、自核资格标记等项，可直接输入相应代码或名称并敲回车键确认，也可从弹出的下拉列表中选填。

表头暂存成功后，方可录入料件、成品、单损耗和随附单据等信息。

表头信息为必填项，料件、成品、单损耗和随附单据等信息可根据实际情况选择录入。

点击界面顶部各按钮，可实现的功能如下：

暂存：点击表头上方的蓝色"暂存"按钮，可对当前录入的表头内容进行保存，系统弹出提示框提示"暂存成功"。

删除：可删除整票加工贸易手册数据。点击表头上方的蓝色"删除"按钮，系统将提示用户是否删除当前数据。删除的数据将不可恢复，需重新录入，请谨慎操作。

💡 **小提示**

当加工贸易手册状态为暂存、申报失败或海关退单时，方可进行该项删除操作。否则，系统将弹出不允许删除的相应提示。

导入：可批量导入料件、成品、单损耗等数据。根据需要导入的内容，先点击料件、成品或单损耗页签按钮，再点击表头上方的"导入"按钮，选择导入模板，导入数据，具体操作请参见后文料件导入部分。

💡 **小提示**

加工贸易手册表头暂存后，才可进行料件、成品、单损耗数据导入。

导出：可导出表头、料件、成品等数据。点击表头上方的蓝色"导出"按钮，系统自动导出数据，存为 excel 格式，完成导出后打开导出文件，可在 excel 中选择查看表头、料件、成品等信息。

申报：加工贸易手册数据录入完毕后，可点击界面上方的蓝色"申报"按钮进行申报。

💡 **小提示**

申报即意味着数据已向相关业务主管部门发送，并等待其审批，点击"申报"按钮前，请确认已将中国电子口岸 IC/IKey 卡正确插入电脑。

打印：系统提供任何状态下的打印功能，点击界面上方的蓝色"打印"按钮，系统将生成一个 PDF 文件，可直接打印或保存。

在加工贸易手册新增录入界面录入完表头、料件、成品、单损耗和随附单据等申报内容后，点击"申报"按钮向海关发送申报信息，海关收到申报信息并审核通过后即备案成功，用户通过本系统的查询功能可查询海关审核结果。

(二) 表体列表（料件、成品、单损耗、随附单据）

1. 料件

表头暂存成功后，方可进行料件数据的新增、修改、删除及导入等操作。

（1）料件新增

点击加工贸易手册料件界面中的白色"新增"按钮，界面弹出表体料件信息（见图2-5）。

图 2-5

序号项由系统根据手册已有料件记录条数自动累计。

商品编码按《中华人民共和国进出口税则》和《中华人民共和国海关统计商品目录》规范录入。敲击回车键，系统根据所录编码弹出商品列表窗口，选择相应商品，点击"确定"后，系统自动补全商品编码，并返填商品名称、申报计量单位、法定计量单位等（见图2-6）。

图 2-6

国际贸易"单一窗口"：加贸及跨境电商篇

币制、产销国（地区）、征免方式等项，可直接录入相应代码或名称并敲击回车键确认，也可从弹出的下拉列表中选取。

（2）料件保存

在图2-5中按要求编辑完料件数据后，点击蓝色"保存"按钮，系统将自动校验并保存当前界面内已录入的数据，提示"保存成功"，完成料件数据的新增（见图2-7）。

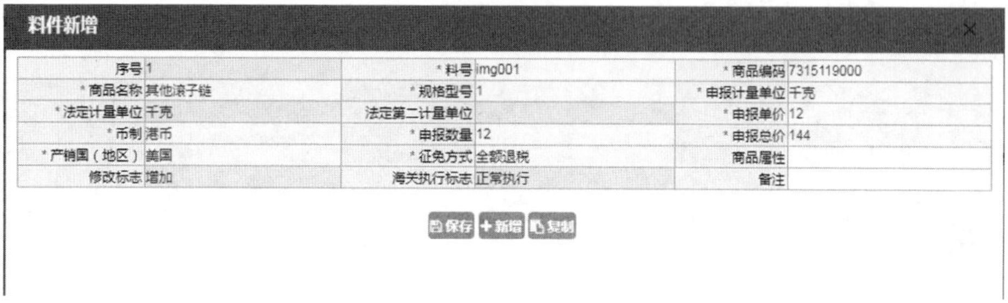

图 2-7

（3）料件连续新增

点击图2-8中的蓝色"新增"按钮，系统将自动清空当前界面内所有已录入的数据，序号自动累加，可继续录入一票数据（见图2-9）。

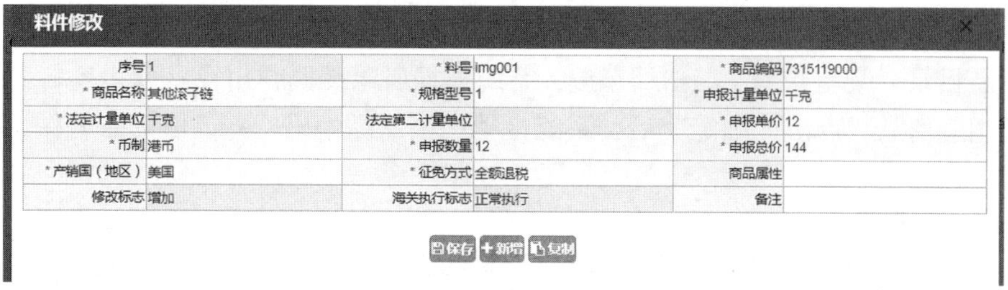

图 2-8

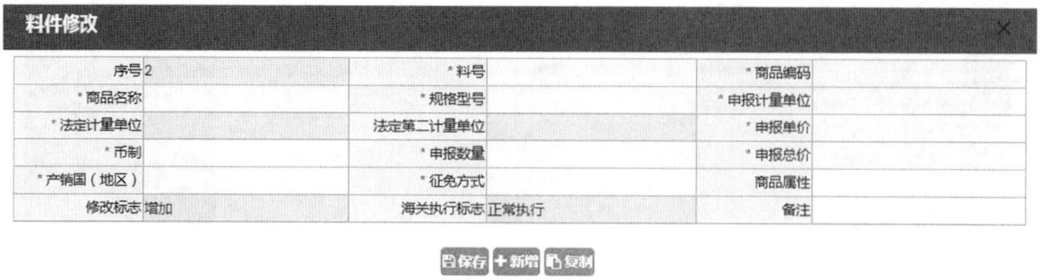

图 2-9

💡 **小提示**

如在录入数据的过程中,点击了"保存"按钮,系统将自动保存当前所录入的数据,即使进行新增操作,也不会丢失数据。

(4)料件复制

点击图 2-10 中的蓝色"复制"按钮,系统将复制当前界面已录入的数据,序号自动累加,按需修改料件信息后,点击"保存",完成料件信息的快速新增(见图 2-11)。

图 2-10

图 2-11

(5)料件删除

在加工贸易手册料件界面中选中某条料件表体,点击白色"删除"按钮,再点击"确定",系统将删除本条料件表体数据(见图 2-12)。

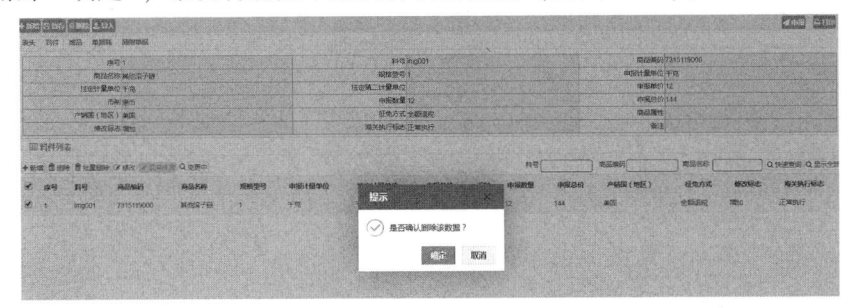

图 2-12

11

(6) 料件批量删除

在加工贸易手册料件界面中选中需要删除的多条料件表体，点击"批量删除"按钮（见图2-13），再点击"确定"，系统将删除所选中的多条表体数据。

图 2-13

(7) 料件修改

在加工贸易手册料件界面中选中某条料件表体，点击白色"修改"按钮，系统将弹出本条料件录入界面（见图2-14），修改相应数据后，点击"保存"，完成修改操作。

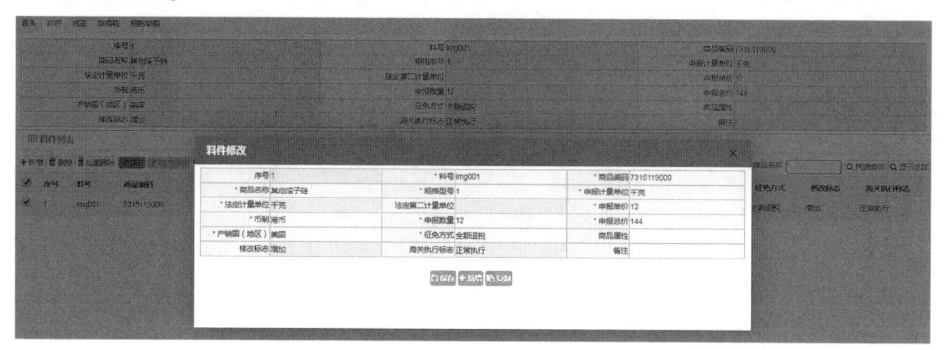

图 2-14

💡 小提示

仅当修改处于变更状态的手册料件信息时，"修改标志"字段才会显示为"修改"。

(8) 料件取消修改

该功能仅限海关终审通过，进行变更业务时使用。用户修改某条数据成功后，若想取消修改，可选中已修改的数据，点击"取消修改"按钮，修改标志恢复为"未修改"（见图2-15）。

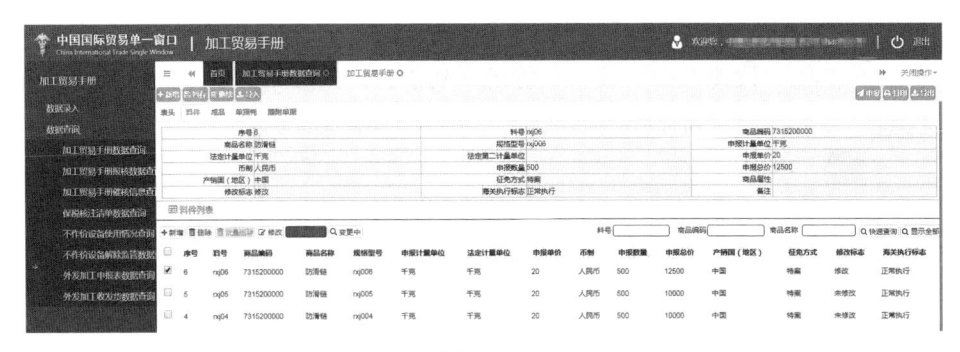

图 2-15

（9）料件变更

该项功能仅限海关终审通过，进行变更业务时使用。用户修改数据成功后，可点击"变更中"按钮（见图 2-16），系统将本次变更修改的数据全部列出。

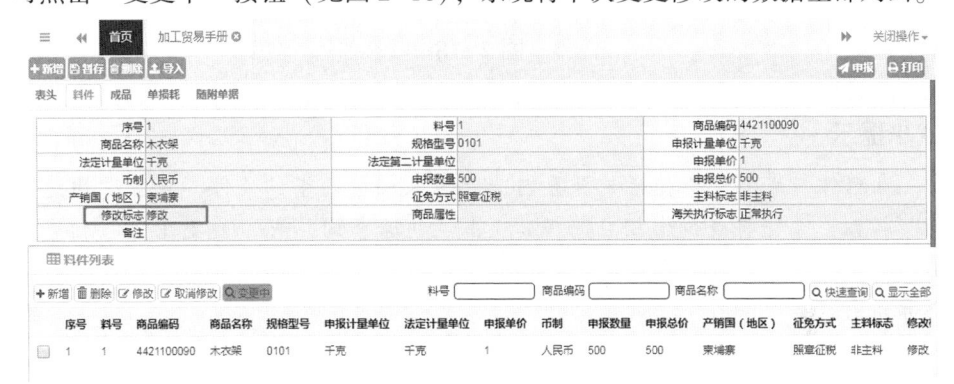

图 2-16

（10）料件快速查询

输入料号、商品编码或商品名称等查询条件，点击"快速查询"按钮，系统自动列出符合查询条件的料件记录（见图 2-17）。

图 2-17

（11）料件全部查询

用户使用"快速查询"或"变更中"功能查询出某条数据后，可点击"显示全部"按钮，系统将数据全部列出（见图2-18）。

图 2-18

> 💡 **小提示**
>
> 在料件、成品、单损耗等页签内，可输入相应的查询条件，点击"快速查询"按钮，系统将查询出相应数据。点击"快速查询"或"变更中"按钮查询出特定数据后，如果需要查看全部数据，点击"显示全部"按钮，系统将数据全部列出。

（12）料件导入

表头暂存成功后，即可使用导入功能导入料件数据。点击蓝色"导入"按钮，在弹窗中打开料件导入模板具体保存路径，选择导入模板，点击弹窗上的"打开"按钮，系统自动导入料件数据（见图2-19）。

图 2-19

2. 成品

表头暂存成功后，方可进行成品数据的新增、修改、删除及导入等操作。点击加工贸易手册成品界面中的白色"新增"按钮（见图 2-20），界面弹出成品信息录入窗口（见图 2-21），编辑录入成品数据。

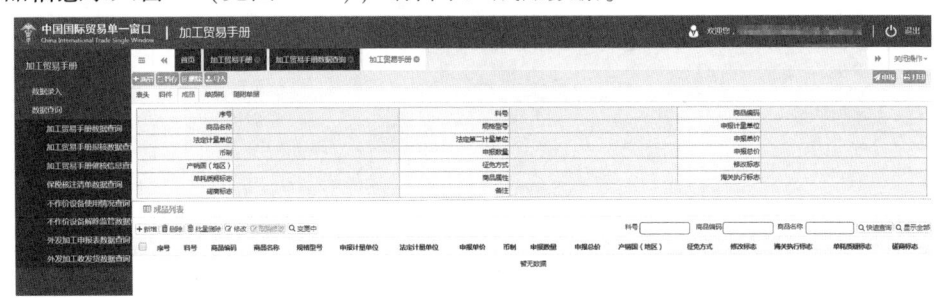

图 2-20

图 2-21

国际贸易"单一窗口": 加贸及跨境电商篇

💡 **小提示**

成品数据的新增、删除、修改、导入、查询等具体操作可参考料件部分。

3. 单损耗

表头暂存成功后,方可进行单损耗数据的新增、修改、删除及导入等操作。点击加工贸易手册单损耗界面中的白色"新增"按钮(见图 2-22),界面弹出单损耗信息录入窗口(见图 2-23),编辑录入单损耗数据。

图 2-22

图 2-23

💡 **小提示**

单损耗数据的新增、删除、修改、导入、查询等具体操作可参考料件部分。

批量修改单损耗申报状态:

在加工贸易手册单损耗界面中,选中需要修改单损耗申报状态的数据,点击"批量修改单耗申报状态"按钮,系统弹出提示信息(见图 2-24),点击"确认"按钮后修改相应数据。

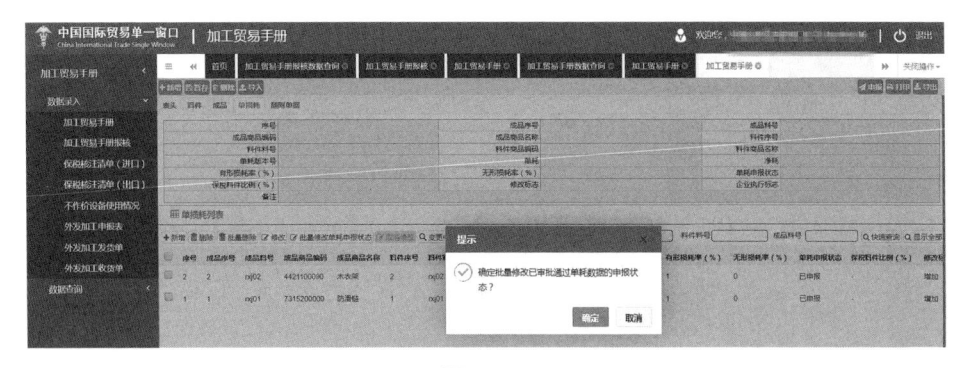

图 2-24

4. 随附单据

表头暂存成功后，方可进行随附单据的新增、暂存、删除及上传等操作。点击随附单据页签，系统默认打开随附单据新增编辑界面（见图 2-25）。

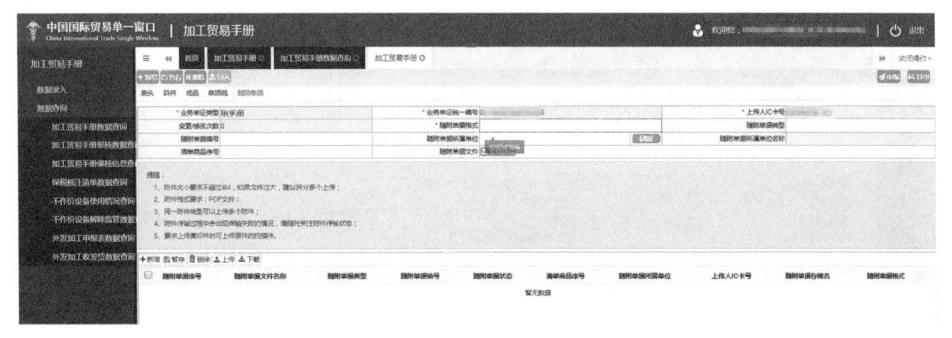

图 2-25

随附单据格式、随附单据类型等录入项，可直接录入相应代码或名称并敲击回车键确认，也可从弹出的下拉列表中选取。

随附单据所属单位录入项填写海关 10 位编码，点击录入项右侧的蓝色"刷新"按钮或敲回车键，系统会自动返填随附单据所属单位名称。

随附单据格式录入"非结构化"时，随附单据文件录入项的蓝色"文件选择"按钮才可点击，并弹窗选择需上传的随附单据文件。

（1）随附单据暂存

填写随附单据录入项信息，选择随附单据文件（见图 2-26）。点击白色"暂存"按钮，将随附单据文件保存至表体，状态为"待上传"（见图 2-27）。

17

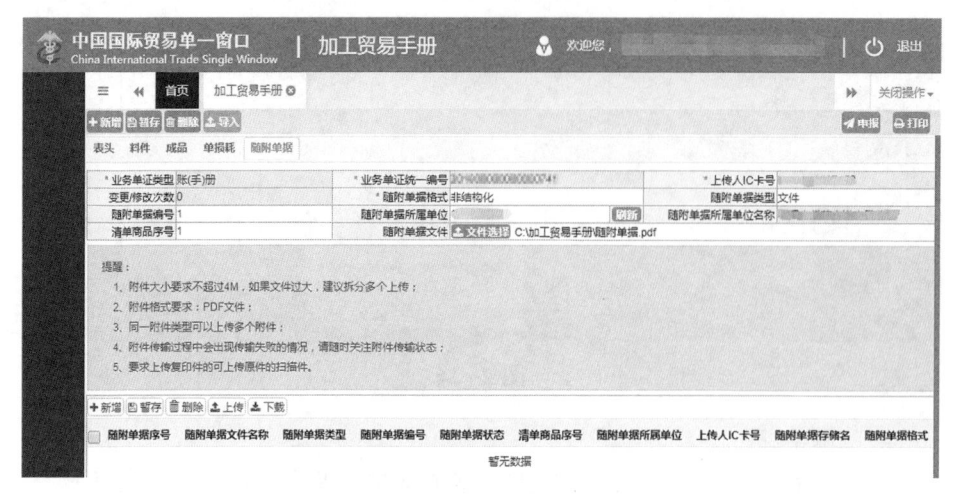

国际贸易"单一窗口"：加贸及跨境电商篇

图 2-26

图 2-27

（2）随附单据上传

在图 2-27 所示界面中选中待上传的随附单据，点击"上传"按钮，系统提示"上传成功"（见图 2-28）。

18

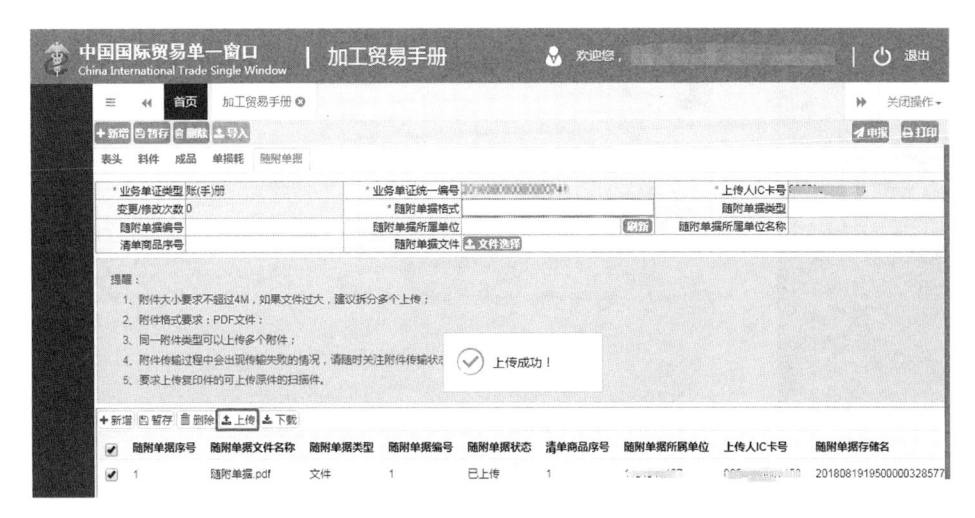

图 2-28

（3）随附单据下载

在图 2-28 所示界面中选中某一条随附单据数据，点击"下载"按钮，系统将该票随附单据下载至本地。

（4）随附单据删除

在图 2-28 所示界面中选中某一条随附单据数据，点击白色"删除"按钮，系统将该票随附单据直接删除。

（5）随附单据新增

在随附单据界面中填写部分随附单据表头信息时，点击白色"新增"按钮，系统将清空界面，界面恢复初始化。

(三) 加工贸易手册变更

该功能模块包括加工贸易手册录入新增、修改、删除、申报、查询、打印功能。

在加工贸易手册数据查询界面中，输入查询条件进行查询，选中需要变更的数据，点击"变更"按钮（见图 2-29）。

国际贸易"单一窗口":加贸及跨境电商篇

图 2-29

系统提示"是否确认变更该数据"(见图 2-30),点击"确定",进入变更录入界面。用户可以对表头、料件、成品、单损耗和随附单据数据进行修改,表体可以新增或删除。

图 2-30

💡 小提示

加工贸易手册状态只有为"海关终审通过"时,才可以进行变更。加工贸易手册变更涉及的新增、修改、删除、申报、查询、打印等具体操作同加工贸易手册备案。

(四) 加工贸易手册单损耗质疑/磋商

该功能模块用于完成加工贸易手册备案数据单损耗的质疑、磋商。

海关审核加工贸易手册,对成品对应的单损耗数据有疑问时,向企业发送单损耗质疑通知书或磋商通知书。若企业收到质疑通知书,可以针对本次质疑补充证明材料,并将补充的证明材料上传至手册的随附单据报送给海关,海关审核确认无误后,向企业发送质疑入库成功回执,并发送该手册数据的审批通过回执。若企业收到磋商通知书,则关企双方进行磋商,达成一致意见后,海关向企业发送磋商记录回执,同时发送该手册数据的审批通过回执。

选择单损耗质疑磋商状态为"海关发起单耗质疑"的数据(见图2-31)。

图 2-31

点击"质疑/磋商"按钮,进入质疑磋商通知书信息及商品信息界面(见图2-32)。

图 2-32

选中通知书记录,点击"商品信息",查看需质疑磋商的商品记录信息;点击下方的"随附单据"按钮,选择需要上传的补充证明文件;点击下方的"申报"按钮,申报质疑申报数据(见图2-33)。

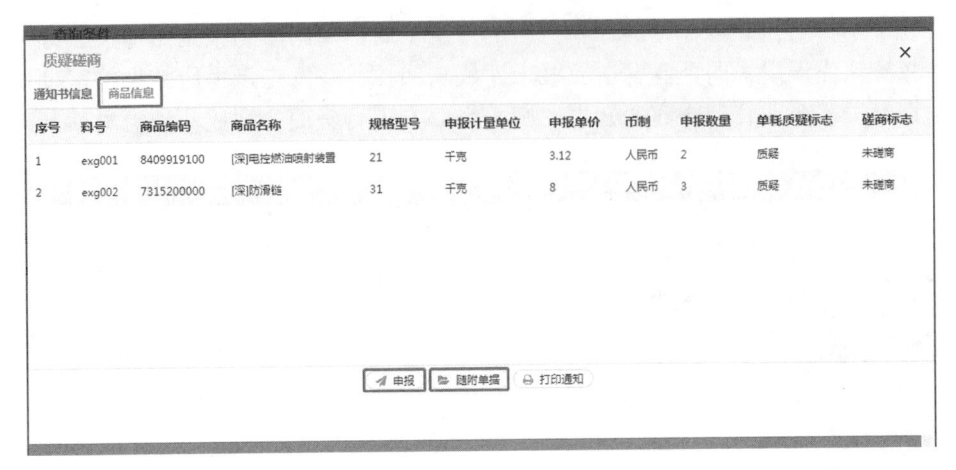

国际贸易"单一窗口"：加贸及跨境电商篇

图 2-33

> 💡 **小提示**
>
> 补充的证明材料需通过手册的随附单据报送给海关，具体操作可参考随附单据部分。

点击"打印通知"按钮，系统将生成一个 PDF 文件，可直接打印或保存，文件具体内容及格式见图 2-34。

中华人民共和国　　关区
加工贸易单耗质疑通知书

单耗质疑（2018）B010018A00351800003号

：

你公司/单位于2018年07月14日向我关申报的第1、2项成品（手/账册号或预录入号：　　），我关现提出质疑。

根据《中华人民共和国海关加工贸易单耗管理办法》第十一条的规定，请自收到本通知之日起五个工作日内提供情况说明，并补充申报材料，例如：样品图片、合同、订单以及品质、规格等资料；成品结构图、设计图、线路图、排版图、工艺流程图，成品和料件的成分、配方，生产记录、会计资料及损耗产生的环节、原因、数值；计算方法、计算公式及计算过程等。若明确不能提供，或者逾期不提供资料，或者所提供的资料不足以证明申报单耗的真实性或者准确性，海关将按相关规定处理。

2018年07月14日

图 2-34

22

如海关对企业申报的单损耗质疑申报仍有疑义，则会发送单损耗磋商通知书，组织企业面谈（见图2-35）。

图 2-35

选中磋商记录，点击"质疑/磋商"，进入质疑磋商通知书信息及商品信息界面（见图2-36）。

图 2-36

选中通知书记录，点击"商品信息"，查看需磋商的商品记录信息（见图2-37）。

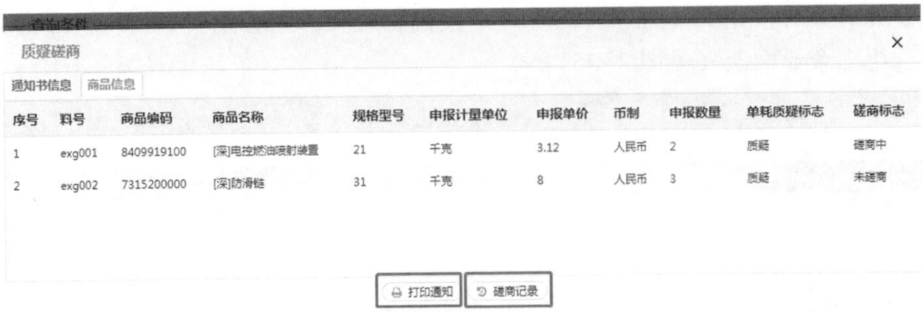

图 2-37

企业与海关磋商沟通完毕后，海关按照磋商情况发送磋商记录，企业进入质疑磋商界面，点击“磋商记录”按钮，查看磋商记录内容（见图 2-38）。

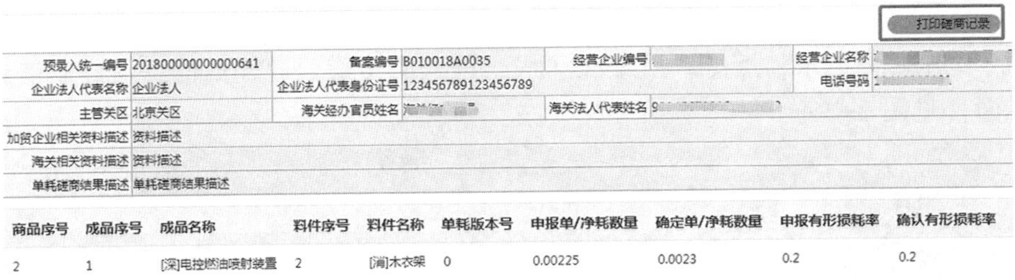

图 2-38

点击图 2-38 所示界面中的“打印磋商记录”按钮，系统将生成一个 PDF 文件，可直接打印或保存。文件具体内容及格式见图 2-39。

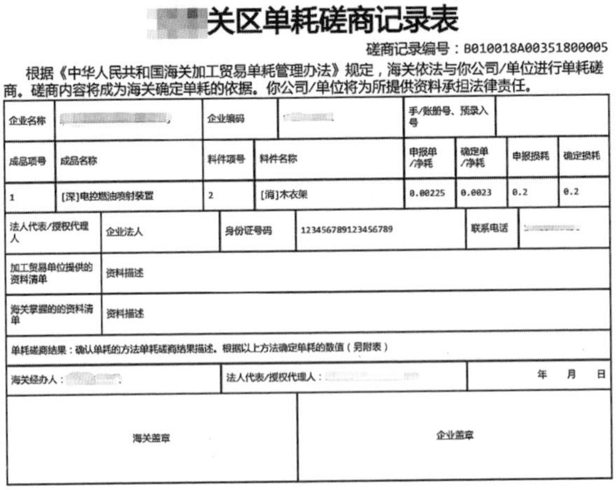

关区单耗磋商记录表

磋商记录编号：B010018A00351800005

根据《中华人民共和国海关加工贸易单耗管理办法》规定，海关依法与你公司/单位进行单耗磋商。磋商内容将成为海关确定单耗的依据。你公司/单位将为所提供资料承担法律责任。

企业名称		企业编码		手/账册号、预录入号				
成品项号	成品名称	料件项号	料件名称	申报单/净耗	确定单/净耗	申报损耗	确定损耗	
1	[深]电控燃油喷射装置	2	[润]木衣架	0.00225	0.0023	0.2	0.2	
法人代表/授权代理人	企业法人	身份证号码	123456789123456789	联系电话				
加工贸易单位提供的资料清单	资料描述							
海关掌握的的资料清单	资料描述							
单耗磋商结果：确认单耗的方法单耗磋商结果描述。根据以上方法确定单耗的数值（另附表）								
海关经办人：		法人代表/授权代理人：		年 月 日				
海关盖章		企业盖章						

图 2-39

（五）加工贸易手册结案通知书打印

该功能模块提供加工贸易手册结案通知书打印的功能。用户点击选择菜单中的"加工贸易手册数据查询"，进入查询界面，输入查询条件，系统将符合条件的数据全部列出。选中需要打印结案通知书的数据，点击"结案通知书打印"按钮（见图2-40）。

图 2-40

系统跳转到结案通知书页面（见图2-41），用户点击"打印"图标，可进行结案通知书打印的操作。

图 2-41

小提示

加工贸易手册状态只有为"结案"时，才可以进行结案通知书的打印。

二、加工贸易手册报核

用户可通过该功能模块对手册报核数据进行录入新增、暂存、申报、修改、删除和打印，以完成核销周期内核注清单、库存情况等手册数据的核销申报。

（一）表头

点击选择菜单中的"数据录入"—"加工贸易手册报核"，系统默认打开

国际贸易"单一窗口"：加贸及跨境电商篇

加工贸易手册报核信息新增录入界面（见图2-42）。

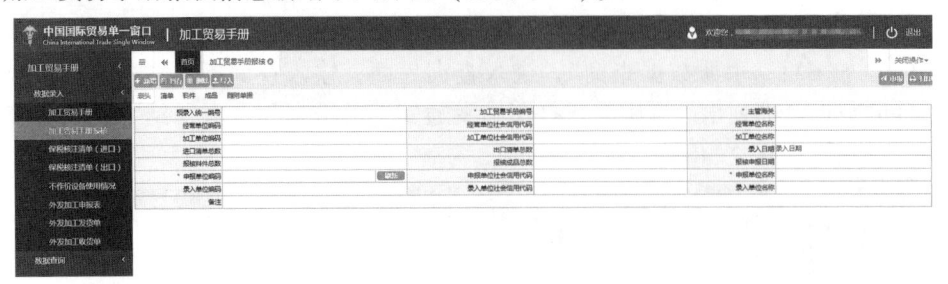

图 2-42

加工贸易手册编号项录入需报核的手册编号，按回车键，系统自动将手册相关信息返填到表头灰色项中。

申报单位编码项录入海关10位编码，点击录入项右侧的蓝色"刷新"按钮或按回车键，系统自动返填对应的申报单位社会信用代码和申报单位名称。

点击界面上方的蓝色按钮所进行的操作，将影响当前的整票数据。

表头暂存成功后，方可进行清单、料件、成品、随附单据的新增、修改、删除等操作。

💡 **小提示**

加工贸易手册报核的新增、暂存、删除、导入、打印、申报、导出等具体操作，可参考加工贸易手册录入部分。

（二）清单

1. 清单新增

点击加工贸易手册报核清单界面（见图2-43）中的白色"新增"按钮，界面弹出表体料件信息（见图2-44）。

图 2-43

图 2-44

在核注清单编号项中填入已申报的核注清单编号，系统自动返填进出口标识。点击下方的蓝色"保存"按钮，系统提示保存成功后，即完成单票核注清单的新增操作。

保存成功后，核注清单编号项与进出口标识项自动清空，序号自动累加，可继续录入新的核注清单号，点击"保存"后，快速添加核注清单信息。点击下方的蓝色"新增"按钮可完成相同操作。

2. 清单删除

在加工贸易手册报核清单界面中选中需要删除的清单记录，点击白色"删除"按钮，系统提示"是否确认删除该数据"，点击"确定"，系统删除所选清单数据（见图 2-45）。

图 2-45

3. 清单修改

在加工贸易手册报核清单界面（见图 2-46）中点击"修改"按钮，在系统弹出的清单录入界面中修改清单编号（见图 2-47），点击下方的蓝色"保存"按钮，完成修改操作。

国际贸易"单一窗口":加贸及跨境电商篇

图 2-46

图 2-47

4. 清单自动提取

在加工贸易手册报核清单界面中点击"自动提取"按钮,系统将自动提取出全部核注清单信息,点击"确定",完成操作(见图 2-48)。

图 2-48

5. 清单快速查询

在加工贸易手册报核清单界面的核注清单编号项中输入报核清单编号,点击"快速查询"按钮,系统自动列出符合查询条件的清单记录(见图 2-49)。

图 2-49

6. 清单全部查询

在加工贸易手册报核清单界面中点击"显示全部"按钮，可清除查询结果，系统将显示所有清单记录（见图2-50）。

图 2-50

（三）料件

在加工贸易手册报核料件新增界面中，系统根据录入的"料件备案序号"自动返填料号、商品编码、商品名称和计量单位等项，在录入完其他各项后，直接在备注录入框中按回车键，或点击"保存"按钮，保存料件数据（见图2-51）。

图 2-51

> 💡 **小提示**
>
> 界面中带有红色星号的字段为必填项，料件数据的新增、删除、修改、查询等具体操作，可参考清单部分。

（四）成品

在加工贸易手册报核成品新增界面中，系统根据录入的"料件备案序号"自动返填料号、商品编码、商品名称和计量单位等项，在录入完其他各项后，直接在备注录入框中按回车键，或点击"保存"按钮，保存成品数据（见图2-52）。

国际贸易"单一窗口":加贸及跨境电商篇

图 2-52

> 💡 **小提示**
>
> 界面中带有红色星号的字段为必填项,成品数据的新增、删除、修改、查询等具体操作可参考清单部分。

(五) 随附单据

加工贸易手册报核随附单据界面见图 2-53。随附单据数据的新增、删除、修改、查询等具体操作可参考前述随附单据部分。

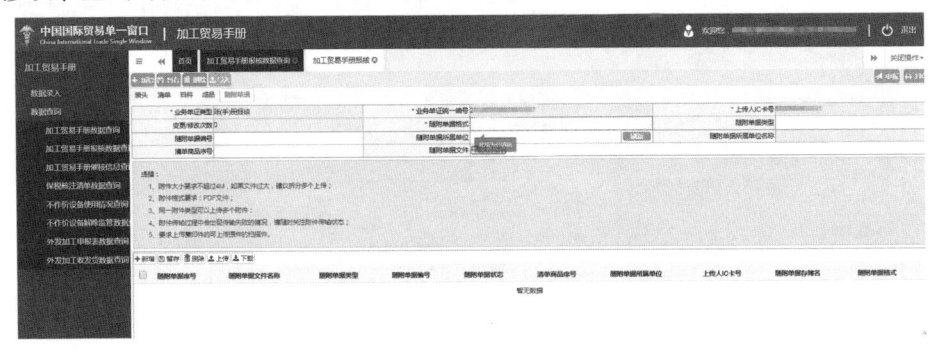

图 2-53

三、保税核注清单

用户可通过该功能模块进行进出口保税核注清单数据的录入新增、暂存、申报、修改、删除、导入和打印,以完成进出口保税核注清单的申报和管理。

(一) 保税核注清单 (进口) 申报

在保税核注清单 (进口) 界面 (见图 2-54) 中录入表头、表体和随附单据等申报内容后,点击"申报"按钮向海关申报核注清单,海关审核通过后即申报成功,通过本系统的数据查询功能可查询海关的审核结果。

金关工程（二期）加工贸易保税监管系统

图 2-54

1. 表头

点击选择菜单中的"数据录入"—"保税核注清单（进口）"，系统默认打开保税核注清单（进口）新增录入界面（见图2-55）。也可点击表头上方的蓝色"新增"按钮，进入新增录入界面。

图 2-55

点击界面上方的蓝色按钮所进行的操作，将影响当前的整票数据。

手（账）册编号项录入已成功备案的手册编号，系统根据录入的手册编号自动返填经营单位代码、经营单位社会信用代码、经营单位名称，以及加工单位代码、加工单位社会信用代码、加工单位名称信息。

清单类型、料件、成品标志、监管方式、运输方式、进境关别、主管海关、启运国（地区）、流转类型、报关标志、报关类型、报关单类型等项，可直接输入相应代码或名称并敲回车键确认，也可从弹出的下拉列表中选填。

表头暂存成功后，方可录入表体和随附单据的信息。

💡 **小提示**

保税核注清单（进口）的新增、暂存、删除、导入、打印、申报等具体操作，可参考加工贸易手册录入部分。

31

国际贸易"单一窗口":加贸及跨境电商篇

2. 表体

(1) 表体新增

点击白色"新增"按钮,系统清空界面数据编辑区(见图2-56)已有的数据,进入新增编辑模式,录入完数据后,在备注录入框内敲回车键,完成数据的新增保存操作。

图 2-56

(2) 表体修改

在表体列表区选中需要修改的记录,在数据编辑区内修改完毕后,在备注录入框内敲回车键,完成数据的修改保存操作。

(3) 表体删除

在表体列表区选中需要删除的表体记录,点击白色"删除"按钮,再点击"确定",系统将删除所选表体数据(见图2-57)。

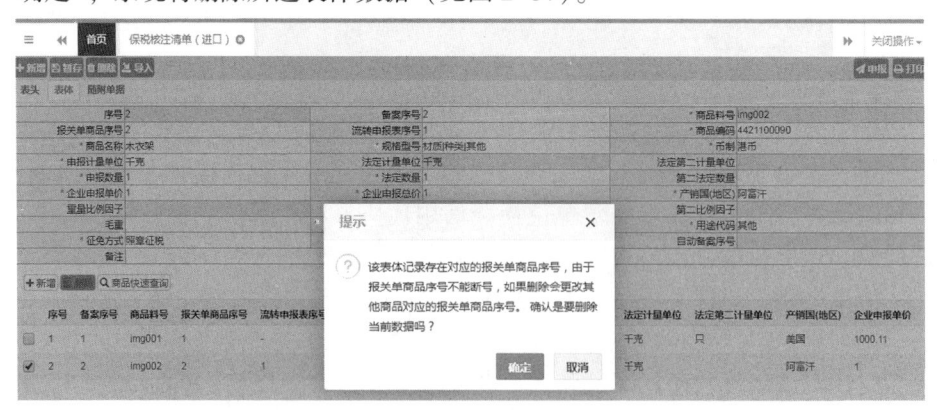

图 2-57

(4) 表体复制

在表体列表区选中需要复制的表体记录,点击白色"复制"按钮,点击"确定",系统将复制所选表体数据(见图2-58)。

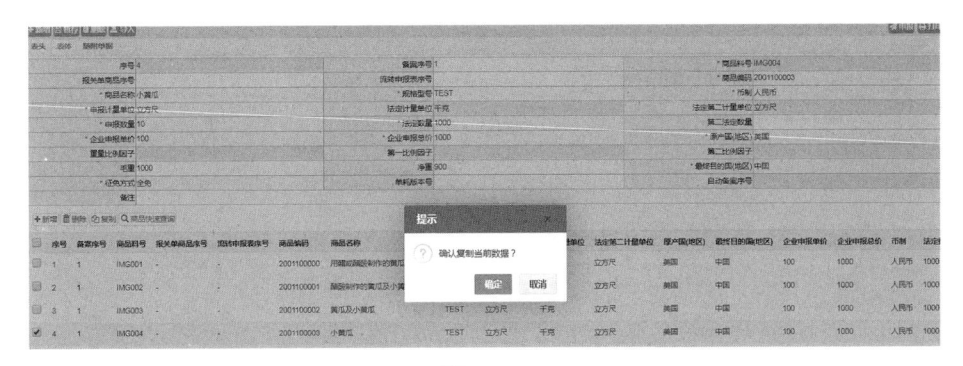

图 2-58

(5) 表体商品快速查询

点击"商品快速查询"按钮,在弹窗(见图 2-59)中输入查询条件,点击"查询"按钮,查询具体商品数据。

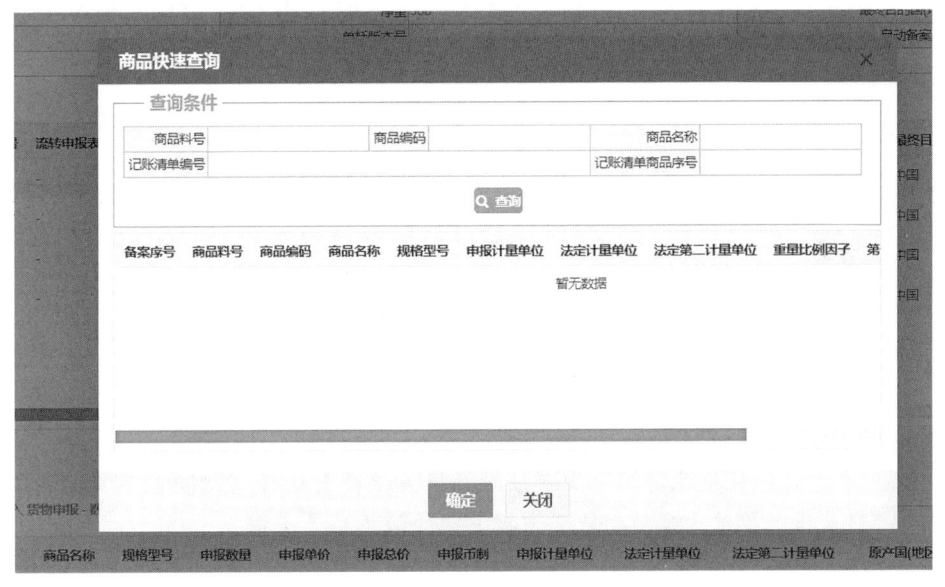

图 2-59

3. 随附单据

保税核注清单(进口)随附单据界面见图 2-60。随附单据数据的新增、删除、修改、查询等具体操作可参考前述随附单据部分。

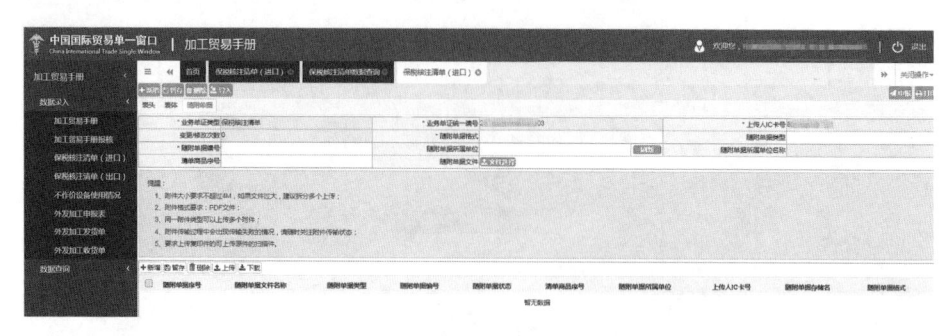

国际贸易"单一窗口"：加贸及跨境电商篇

图 2-60

4. 保税核注清单两步申报

用户在报关单系统中进行概要申报后，概要申报状态为"提货放行"时，录入保税核注清单表头数据（见图 2-61）。

图 2-61

💡 **小提示**

用户进行保税核注清单两步申报时，报关单类型选择"进口两步申报报关单"，对应报关单编号项填写概要申报返回的海关编号数据。

保税核注清单申报成功后，系统在备注处返填成功信息，用户可根据生成的报关单草稿进行完整申报。

5. 保税核注清单修改申请

在保税核注清单数据查询界面中输入查询条件（见图 2-62），选中需要修改的数据，点击"修改申请"按钮，系统弹出提示信息，点击"确定"按钮（见图 2-63）。

34

金关工程（二期）加工贸易保税监管系统

图 2-62

图 2-63

系统进入保税核注清单（进口）修改申请界面，用户可对保税核注清单的部分字段进行修改（见图 2-64 和图 2-65）。

图 2-64

国际贸易"单一窗口":加贸及跨境电商篇

图 2-65

> 💡 **小提示**
>
> 保税核注清单数据状态为"预审批通过""审批通过",且核扣标志为"预核扣""未核扣"的,可以申请修改。
>
> 保税核注清单类型为"2-集中报关""4-简单加工""8-保税电商""9-一纳成品内销"的,不允许修改。
>
> 修改后的保税核注清单不再重新生成报关单草稿和报关单。

6. 保税核注清单删除申请

在保税核注清单数据查询界面中(见图 2-66)输入查询条件,选中需要删除的数据,点击"删除申请"按钮,系统弹出提示信息(见图 2-67)。

图 2-66

36

图 2-67

点击"确定"按钮，进入保税核注清单（进口）录入界面（见图 2-68）。

图 2-68

点击蓝色"删除申请"按钮后，系统弹出提示框，点击"确定"按钮，完成删除操作（见图 2-69）。

图 2-69

国际贸易"单一窗口":加贸及跨境电商篇

💡 **小提示**

满足如下条件的保税核注清单可以申请删除:

报关标志为"非报关"的保税核注清单,核注状态为"预核注""正式核注"时允许删除;

报关标志为"报关"的保税核注清单,核注状态为"预核注"时允许删除。

清单类型为"2-集中报关""4-简单加工""8-保税电商""9-一纳成品内销"的保税核注清单不允许删除。

7. 保税核注清单生成报关单草稿

保税核注清单预审批通过后,系统自动生成一份暂存的报关单草稿,用户可以登录货物申报系统调出并申报报关单。

💡 **小提示**

保税核注清单表头中的报关标志字段为"报关"时,核注清单预审批通过后,系统自动生成一份暂存的报关单草稿。

保税核注清单表头中的报关标志字段为"非报关"时,系统不生成暂存的报关单草稿。

点击选择菜单中的"数据查询"—"保税核注清单数据查询",进入保税核注清单数据查询界面,输入查询条件(见图2-70)。

图 2-70

选中一条预审批通过数据,点击"查看明细"按钮,进入保税核注清单详情界面,点击"表体"页签,查看报关单草稿表体列表(见图2-71)。

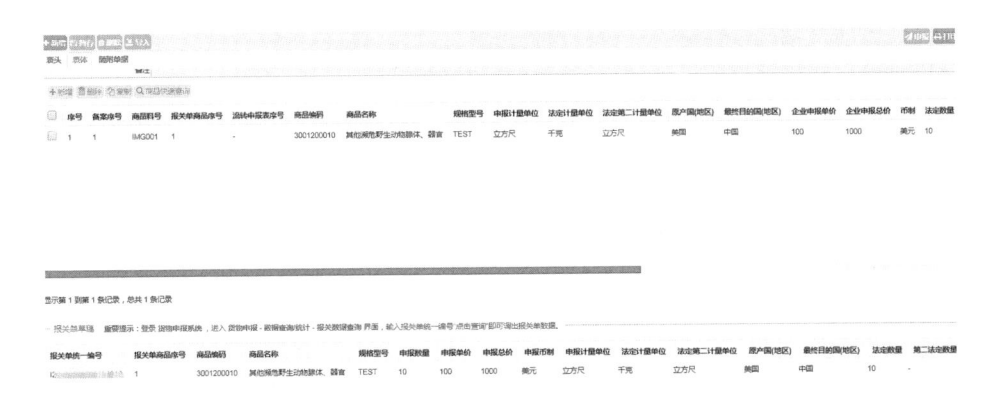

金关工程（二期）加工贸易保税监管系统

图 2-71

> 💡 **小提示**
>
> 用户登录货物申报系统，进入"货物申报"—"数据查询/统计"—"报关数据查询"界面后，点击"高级查询"，操作类型选择为"其他报关单数据查询"，输入报关单统一编号，即可调出报关单数据。

（二）保税核注清单（出口）申报

保税核注清单（出口）申报的具体操作可参考保税核注清单（进口）申报部分。

（三）保税电商清单

此部分以保税核注清单（进口）为例，具体操作如下。

点击选择菜单中的"数据录入"—"保税核注清单（进口）"，进入保税核注清单（进口）录入界面，清单类型选择"保税电商"，系统将提示获取保税电商数据的方式（见图 2-72）。

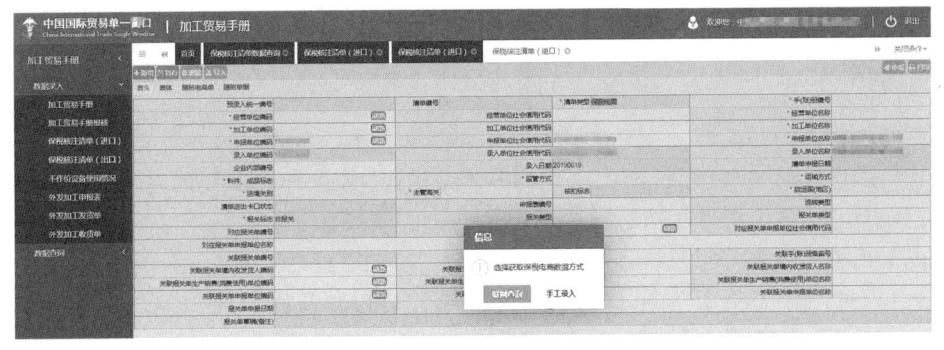

图 2-72

39

国际贸易"单一窗口"：加贸及跨境电商篇

1. 联网查询

选择"联网查询",进入保税核注清单（进口）录入界面。

录入保税核注清单表头数据（此时表体不可录入,新增、删除、复制等按钮均置灰）,点击"随附电商单"页签,进入随附电商单表体界面（见图2-73）。

图 2-73

点击"快速查询"按钮,进入查询界面,输入起止时间,查询随附电商单信息（见图2-74）。

图 2-74

💡**小提示**

查询日期间隔必须小于3天。

点击"确定",保存随附电商单信息,选中电商清单编号,点击"获取表体"按钮,系统将显示所选电商清单合并后的表体信息。

2. 手工录入

选择"手工录入",进入保税核注清单（进口）录入界面。

录入保税核注清单表头数据,暂存成功后,手工录入表体及随附电商单数据。数据录入完成后,点击"申报"按钮,系统校验数据准确性,若校验失败,用户需修改后重新申报。

(四) 保税核注清单导出

点击选择菜单中的"保税核注清单数据查询",按查询条件输入相应信息并点击"查询"按钮,选择需要导出的保税核注清单,点击"导出"按钮,完成导出操作(见图 2-75)。

图 2-75

> 💡 **小提示**
>
> 只有数据状态为"海关终审通过"的保税核注清单才可导出。

四、不作价设备使用情况

用户可通过该功能模块实现不作价设备解除监管证明信息查询、不作价设备年度使用情况的申报和查询,实现对不作价设备手册的管理。该功能模块包括不作价设备解除监管证明查询,不作价设备年度使用情况的新增、修改、删除、暂存、查询、打印等功能。

在不作价设备使用情况界面(见图 2-76)中录入表头、表体等申报内容后,点击"申报"按钮,向海关申报不作价设备使用情况,海关审核通过后即申报成功,通过本系统的数据查询功能可查询海关的审核结果。

图 2-76

(一) 表头

点击选择菜单中的"数据录入"—"不作价设备使用情况",系统默认打

国际贸易"单一窗口":加贸及跨境电商篇

开不作价设备使用情况新增录入界面。也可点击表头上方的蓝色"新增"按钮,进入新增录入界面(见图2-77)。点击界面上方的蓝色按钮所进行的操作,将影响当前的整票数据。

图 2-77

不作价设备备案号项填写设备手册编号,系统根据编号自动返填经营单位和加工单位信息。

申报单位编码项录入申报单位海关10位编码,在录入项内敲回车键或点击右侧的蓝色"刷新"按钮,系统根据所填10位海关编码自动返填申报单位社会信用代码、申报单位名称。

使用年份按"yyyy"格式填入4位年份信息。

收货企业地区代码项、申报企业类型项,可手工录入对应代码或名称并敲回车键确认,也可从弹出的下拉列表中选取。

表头暂存成功后,方可录入表体信息。

💡 **小提示**

不作价设备使用情况的新增、暂存、删除、申报、打印等具体操作,可参考加工贸易手册录入部分。

(二)表体

1. 表体新增

点击表体内的白色"新增"按钮,系统弹出表体信息编辑窗口(见图2-78)。

图 2-78

备案序号项填写表头中不作价设备备案号所对应设备手册的料件备案序号,

系统自动返填料号、商品编码、商品名称、规格型号等项。

在备注录入框内敲回车键或点击下方的蓝色"保存"按钮，系统提示保存成功后，即完成单票表体的新增操作。

保存成功后，系统自动清空编辑窗口中的已录入数据，可继续录入新的表体数据，序号自动累加，点击"保存"，快速添加表体信息。点击下方的蓝色"新增"按钮可完成相同操作。

2. 表体修改

在表体列表区选中需要修改的记录，点击白色"修改"按钮，在弹出的编辑窗口中进行修改、保存。

3. 表体删除

在表体列表区选中需要删除的表体记录，点击白色"删除"按钮删除所选数据。

4. 表体快速查询

在表体界面中输入查询条件，点击"快速查询"按钮，系统自动列出符合查询条件的不作价设备使用情况表体记录（见图2-79）。

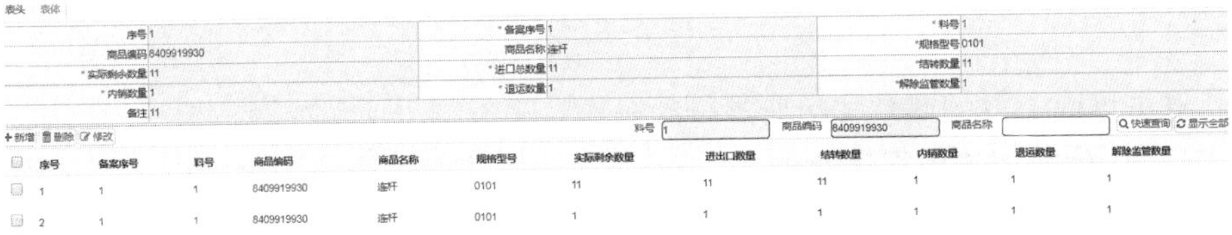

图 2-79

5. 表体全部查询

点击"显示全部"按钮，可清除查询结果，系统将显示所有不作价设备使用情况表体记录（见图2-80）。

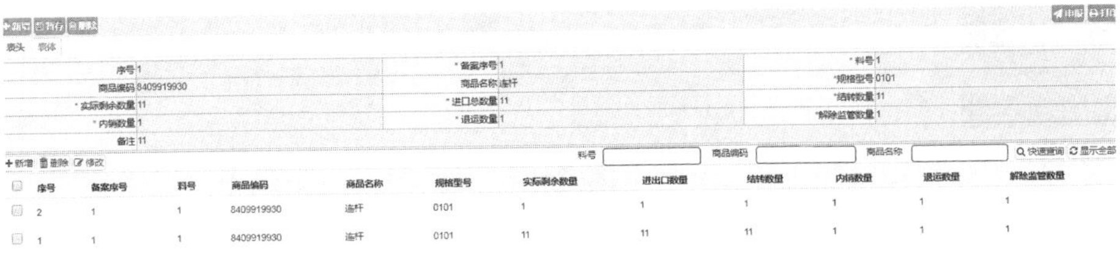

图 2-80

五、外发加工申报表

该功能模块提供新增、修改、删除、查询、暂存、申报、复制、打印、变更申请等功能，以完成外发加工申报表备案及变更，实现外发加工业务的报备监管。

（一）外发加工申报表备案

点击选择菜单中的"数据录入"—"外发加工申报表"，进入外发加工申报表录入界面（见图2-81）。录入委托方底账编号，按回车键，系统根据委托方底账编号自动返填委托地主管海关。外发加工申报表数据录入完毕并暂存成功后，点击上方的蓝色"申报"按钮，向海关申报备案外发加工申报表，海关审核通过后即备案成功，通过本系统的数据查询功能可查询海关的审核结果。

图 2-81

点击界面上方的蓝色按钮所进行的操作，将影响当前的整票数据。

（二）外发加工申报表变更

在外发加工申报表数据查询界面中输入查询条件，查询并选中需要变更的数据，点击"变更"按钮（见图2-82）。

图 2-82

系统提示"是否确认变更该数据"，点击"确定"，进入变更录入界面。用户可以对数据进行修改。

💡 小提示

外发加工备案状态只有为"海关终审通过"时，才可以进行变更，具体操作可参考加工贸易手册备案部分。

第三节　常见问题

问1　金关二期系统中企业申请设立加工贸易手册时，是否需要先申请资质备案？

答　根据目前金关二期系统的设置要求，设立手册的企业不需要申请资质备案。但料件、成品的商品编码需在企业生产能力证明的清单范围内。

问2　金关二期系统中加工贸易手册有效期（见图2-83）如何填写？

答　填写手册截止使用日期，可以根据实际情况申请变更。

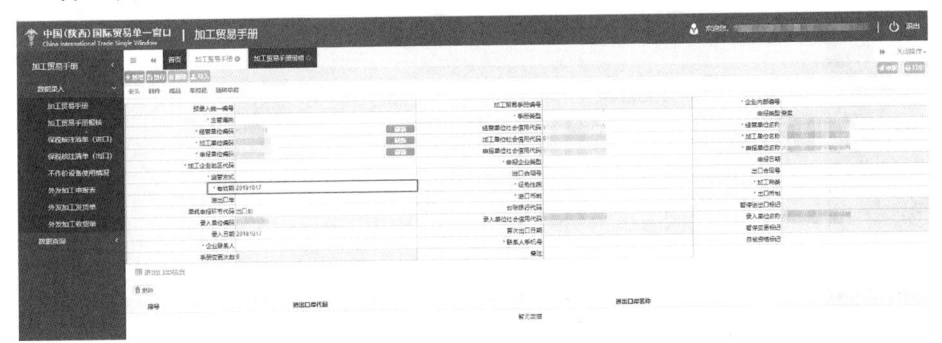

图2-83

问3　在金关二期系统中设立加工贸易手册，企业应按料号级还是项号级申请备案？

答　金关二期系统全面支持料号级底账管理，同时兼容项号级管理。选择料号管理还是项号管理是企业行为，录入的料号是否为企业的真实料号，金关二期系统并不会识别，后续涉及的管理风险，由企业自行承担。根据目前金关二期的业务要求，备案时必须填写料号，故加工贸易手册应使用料号级备案。

问4　企业申请设立加工贸易手册时，表头中的"单耗申报环节代码"应如何填写？

答　按照加工贸易单耗管理办法的有关规定，企业应在保税加工的成品出口前、深加工结转前或内销前向海关申报单耗。但一些生产工艺流程简单、产品净耗比较稳定、产品单耗关系不太复杂的企业，可在合同备案环节向海关申报单耗。企业确实无法在上述环节向海关申报单耗，事先报经海关批准的，可在合同报核前向海关申报单耗。因此，对于单耗申报环节代码，一般企业应填"出口前"。经海关核准在报核前申报单耗的企业（例如，参与"加工贸易单耗自核试点"企业）可填"报核前"。

45

国际贸易"单一窗口":加贸及跨境电商篇

问5 企业申请设立加工贸易手册时,表头中的"进出口岸"(见图2-84)应如何填写?

答 企业应当根据合同和生产经营安排,如实选择填报有关加工贸易货物实际进出境口岸,"进出口岸"应详细填报有关隶属海关的4位关区代码,不可笼统地填报直属海关关区代码(例如,"深圳海关5300"等)。确因特殊情况无法准确填报的,应当在有关设立手册的书面申请报告中如实说明情况。经海关核准后,有关项可暂不填报。

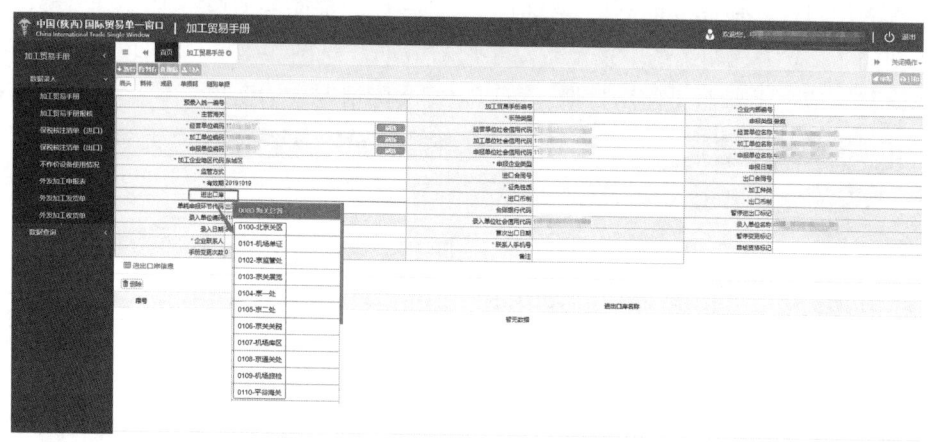

图 2-84

问6 企业申请设立加工贸易手册时,表头中的"加工企业地区代码"(见图 2-85)应如何填写?

答 金关二期系统根据加工单位的海关编码前5位返填"加工企业地区代码",企业可以根据实际情况修改。

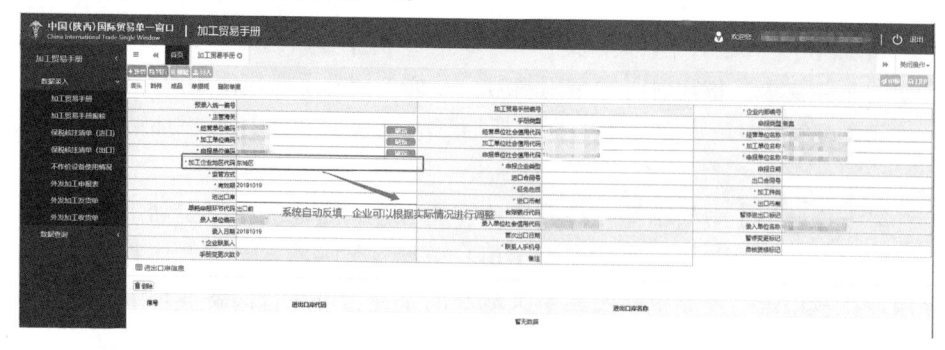

图 2-85

问7 企业在开展加工贸易手册业务时,向海关申报业务数据的方式有哪些?

答 目前有三种数据录入方式：自动对接导入方式；人工界面逐项录入；通过界面导入方式录入。

问8 金关二期系统中企业申请设立加工贸易手册时，有效期是多长时间？

答 金关二期系统加工贸易手册的有效期的政策规定未发生变化，企业应按照合同有效期申报手册有效期，原则上不得超过一年。

问9 金关二期系统中企业可否申请多本加工贸易手册？

答 企业可根据生产计划和执行情况，向海关申请加工贸易手册。企业申请手册符合有关规定且提供的单证资料规范、齐全、有效的，海关将按规定办理。

问10 金关二期系统中设立加工贸易手册，备案时是否需要将料件、成品和单损耗关系三者一起发送？

答 料件、成品、单损耗可以分开发送备案申请。

问11 加工贸易禁止类商品如何备案？若成品由禁止类料件制成，此成品能否备案？

答 加工贸易禁止类商品细分为禁止进口、禁止出口和禁止进出口三类，根据有关规定，对落在明细分类目录内的商品不予备案。例如，禁止进口的，不允许备案料件并保税进口；禁止出口，不允许备案成品并出口。但深加工结转的，不按加工贸易禁止类管理。同时，对列入加工贸易禁止进出口而没有列入国家禁止进出口的商品，仍可按一般贸易方式开展进出口业务。

问12 切换到金关二期系统后，企业申请设立加工贸易手册，应向海关提供哪些单证资料？

答 按照目前的要求，企业申请设立加工贸易手册所需向海关提供的单证资料与系统切换前相同。其具体包括：

经营企业自身有加工能力的，应当提交主管部门签发的"加工贸易加工企业生产能力证明"；

经营企业委托加工的，应当提交经营企业与加工企业签订的委托加工合同、主管部门签发的加工企业"加工贸易加工企业生产能力证明"；

经营企业对外签订的合同。

问13 切换到金关二期系统后，加工贸易手册内销征税业务应如何办理？

答 按照目前金关二期系统的设置，金关二期手册项下的加工贸易货物申请内销，企业无须申报内销征税联系单，直接申报内销核注清单，以保税核注清单为基础申报内销报关单。

问14 原H2010系统下手册的余料，如何结转到金关二期系统下的加工贸易手册中？

答 原H2010系统手册剩余料件需结转至金关二期系统加工贸易手册的，

国际贸易"单一窗口":加贸及跨境电商篇

取消余料结转前置审核环节,企业无须办理余料结转申请表,直接申报保税核注清单及报关单即可。

问 15 切换到金关二期系统后,申报保税核注清单时,客户端"手册担保未开出或担保未登记"应如何处理?

答 按照目前金关二期系统的设置,此类退单可能为企业此前有手册涉及担保事项未办结。如确实存在相关未办结担保事项,企业应办结此担保事项;如确实不存在相关未办结担保事项,则为系统异常,报告属地海关,联络相关部门处理。

问 16 金关二期系统下,加工贸易手册核销期的规定有何变化?

答 有关核销期的规定目前没有变化,企业仍需在海关规定的时间内向海关报核。

问 17 金关二期系统下,加工贸易手册核销的主要内容是什么?

答 按照目前金关二期系统的设置,手册核销时,企业需向海关申报保税核注清单的编号、料件的直接进口、深加工结转、成品耗用、内销、边角料、剩余数量等,以及成品的直接出口、深加工结转、退换数量。

问 18 金关二期手册核销时,表头上的进出口清单总数及料件、成品总数如何填报?

答 按照目前金关二期系统的设置,金关二期手册的核销表头上的进出口清单总数及料件、成品总数由系统根据企业申报的明细数据自动返填,无须用户填写。

问 19 加工贸易手册的报核数据能否自动提取?

答 根据目前金关二期系统的设置,清单信息既可自动提取也可手工录入。手工录入清单信息时,可在清单模块的"报核清单编号"中手工录入有关的进出口核注清单(QD 开头)的统一编号,系统会自动返填其他信息;也可以在清单模块中点击"自动提取"按钮,此时系统会自动调出核销期内的核注清单信息(见图 2-86)。

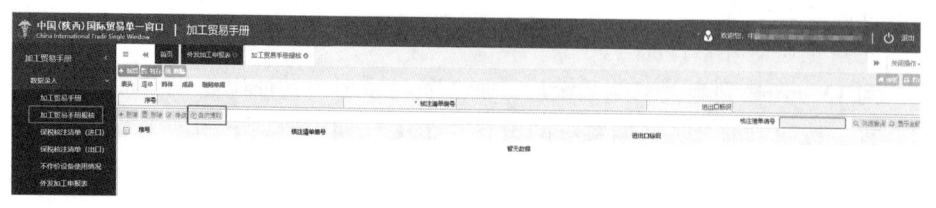

图 2-86

问 20 加工贸易手册报核时,输入手册号后,系统显示"服务器响应信息:没有获取到对应的手册数据",应如何处理?

48

答 在手册查询模块中输入该手册号,"数据状态"选择"全部",如果能查询出该本手册,请确认是否是"审批通过状态";如果查询不到,需联系现场海关,申请同步手册数据到申报端。

问 21 在加工贸易手册系统中,为什么已经录入的核注清单在系统里却查不到了?

答 核注清单模块在加工贸易账册、加工贸易手册、海关特殊监管区域等几个系统里都可以录入,但在不同系统里不能相互查询,即如果是在海关特殊监管区域系统或者加工贸易账册系统里录入的核注清单,那么在加工贸易手册系统里是查询不到的。故用户在做业务时,要弄清楚自己所使用的是哪个系统。

问 22 企业在录入加工贸易手册报关单时,系统提示"您没有当前备案信息的报关权限(金关二期)",应如何处理?

答 对于代理报关的企业,需要手册的经营单位或加工单位使用管理员账号给代理报关企业进行委托授权,先做企业间授权,再做企业内授权(见图2-87),具体请参见委托授权系统的操作说明。

图 2-87

问 23 什么是保税核注清单?它有什么作用?

答 保税核注清单是金关二期保税底账核注的专用单证,属于办理加工贸易及保税监管业务的相关单证。具体请参见《关于启用保税核注清单的公告》(海关总署公告 2018 年第 23 号)。

问 24 同批申报的多份报关单,大部分显示"已放行",但仍有一份显示"审结",这是什么情况?如何处理?

答 请检查该份"审结"状态的报关单录入是否有误,如录入无误,则属系统异常情况,需报告属地海关,联络相关部门处理。

问 25 目前保税核注清单没有项数的限制,但每份报关单最多只有 50 项,一份保税核注清单可以生成多份报关单吗?

答 根据金关二期系统目前的设置,一份保税核注清单只能对应一份报关单。

问 26 核注清单生成报关单时,如何让系统不按归并原则进行自动合并?

答 核注清单生成报关单时,系统会根据归并原则进行自动合并。企业若不希望报关单自动合并,可在填写核注清单时,在"报关单商品序号"处手工录入每项商品在报关单中的序号，则生成的报关单的内容顺序将与核注清单内容顺序一致。

问 27 原 H2010 系统下已审结的集报清单的有效期是 3 天，海关终审通过后的保税核注清单的有效期也是 3 天吗？

答 《关于启用保税核注清单的公告》（海关总署公告 2018 年第 23 号）中未提及保税核注清单的有效期问题。根据金关二期系统的设置，目前不存在自动作废的情况。

问 28 海关终审通过后的保税核注清单可以修改或者撤销吗？

答 根据《关于启用保税核注清单的公告》（海关总署公告 2018 年第 23 号）第六条，海关接受企业报送的保税核注清单后，保税核注清单需要修改或者撤销的，企业需联系现场海关按以下方式处理：

货物进出口报关单（备案清单）需撤销的，其对应的保税核注清单应一并撤销；

保税核注清单无须办理报关单（备案清单）申报或对应报关单（备案清单）尚未申报的，只能申请撤销；

货物进出口报关单（备案清单）修改项目涉及保税核注清单修改的，应先修改清单，确保清单与报关单（备案清单）的一致性；

报关单、保税核注清单修改项目涉及保税底账已备案数据的，应先变更保税底账数据；

保税底账已核销的，保税核注清单不得修改、撤销；

海关对保税核注清单数据有布控复核要求的，在办结相关手续前不得修改或者撤销保税核注清单。

问 29 企业报送保税核注清单后，如何撤销？

答 根据金关二期系统的设置，目前阶段，企业报送保税核注清单后，如需撤销，需到现场海关申请。

问 30 在金关二期系统中办理深加工结转，录入核注清单时，"报关类型"和"清单类型"分别填写什么？

答 在金关二期系统中办理深加工结转，录入核注清单时，"报关类型"填写"对应报关"，"清单类型"填写"普通清单"（见图 2-88）。

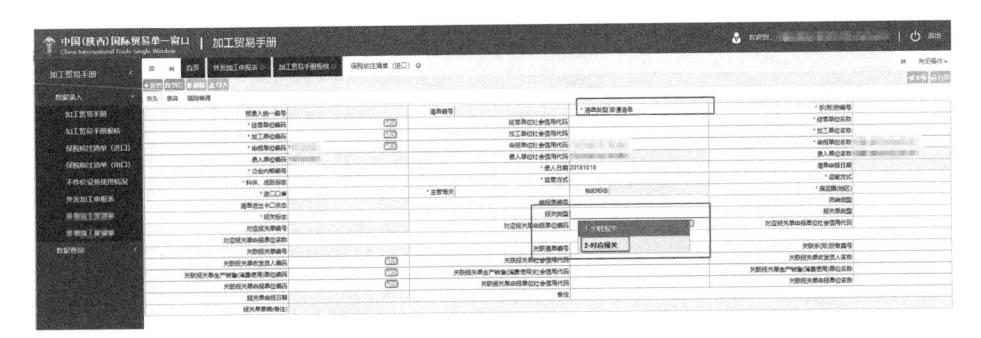

图 2-88

问 31 核注清单生成的报关单，如何进行后续申报？

答 核注清单预审核通过后，可以从核注清单表体的"报关单草稿"部分找到报关单统一编号，然后登录货物申报系统，进入"货物申报"—"数据查询/统计"—"报关数据查询"界面，点击"高级查询"，操作类型选择"其他报关单数据查询"，输入报关单统一编号即可调出报关单数据，补充确认完整后即可进行申报（见图 2-89）。

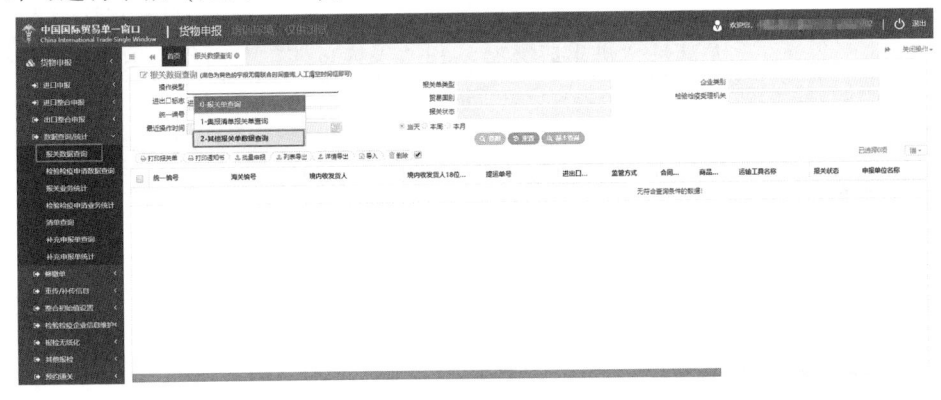

图 2-89

问 32 在货物申报系统查询页面的高级查询中，输入核注清单生成的报关单暂存号后，点击查询，系统提示"服务调用失败，海关返回信息：权限检查不通过"（见图 2-90），如何处理？

答 货物申报系统高级查询中，如果报关单的境内收发货人、消费使用单位、申报单位、录入单位之一与当前登录用户对应的海关 10 位编码匹配，便可以查询出来。如果报关单需要代理申报，核注清单对应报关时需要把核注清单表头中的"对应报关单申报单位编码"填写成实际报关申报单位的编码；核注清单关联报关时，需要把核注清单表头中的"关联报关单申报单位编码"填写成实际报关申报单位的编码。

国际贸易"单一窗口":加贸及跨境电商篇

图 2-90

问 33 核注清单生成报关单时,备案号是如何对应的?

答 核注清单生成报关单时,根据表头中的"报关类型"来生成报关单的备案号,如果是"对应报关",填写表头的"手(账)册编号";如果是"关联报关",则填写"关联手(账)册备案号"。

问 34 之前申报的保税核注清单在查询时查不到,是怎么回事?

答 核注清单查询页面的条件是联合查询,请确认所查询的清单是否满足界面的查询条件,尤其是"进出口类型"和"录入日期"是否符合要求(见图2-91)。

图 2-91

问 35 在加工贸易手册系统中,操作保税核注清单(进口),暂存后发现币制录错需要修改,企业调出该份暂存的保税核注清单,修改币制后,在备注录入框内敲回车键,系统提示"报关单序号已经存在,但是与对应的报关商品信息归并条件不同,不能进行归并",点击"确定"按钮后,系统提示暂存成功,但企业重新查询该暂存的保税核注清单时,币制仍为修改前的数据,并未修改成功。请问是否无法修改币制?企业应该怎么做?

答 币制是归并条件,不允许修改,只能删掉错误的表体,重新录入。

问 36 在金关二期系统中,暂存时系统提示"获取不到 session 卡中的海关10 位编码,请确认后再试",是什么原因?

答 这种情况是由该操作用户绑定的卡号是无效卡号导致的。请确认该操作用户所绑定的卡号是正确有效的卡号。

问 37 进行金关二期加工贸易系统操作时，需要电子口岸 IC 卡吗？

答 "单一窗口"用户使用金关二期加工贸易系统前，需要绑定电子口岸 IC 卡才能正常进入系统操作，申报时需要插卡申报。

问 38 金关二期加工贸易系统对浏览器有要求吗？

答 金关二期系统推荐使用 IE、Google Chrome、火狐等浏览器，对 Windows10 自带的 Microsoft Edge 不兼容，不建议使用。

问 39 通过全自动导入对接方式对接金关二期的随附单据能否导入？

答 随附单据可以导入，但需要和结构化的业务报文分开导入，发送到不同的接收方 ID，且一个文件生成一个报文。

问 40 在使用金关二期全自动导入方式进行对接时，请问金关二期的随附单据报文中的 PocketId 能否重复？

答 同一个业务单证的随附单据报文中的 PocketId 必须相同，CurPocket 不能重复。不同业务单证报文中的 PocketId 不能重复。

问 41 在使用金关二期全自动导入方式进行对接时，请问金关二期的随附单据报文可以直接压缩后发送吗？

答 随附单据报文不能直接压缩成 zip 格式直接发送，需按照《金关工程二期加工贸易系统随附单证导入接口说明》中的"详细说明"来组织报文。

问 42 如何申请、开通"单一窗口"导入客户端，开展导入业务？

答 先注册"单一窗口"的管理员账号，添加操作员账号，再使用操作员账号登录。

进入操作员账户管理界面，选择"自动导入客户端申请"菜单栏，输入相关信息并点击"申请开通"即可（将鼠标悬停在"申请开通"按钮时，系统弹出红色提示"点击申请开通按钮，'单一窗口'系统将会为您开通导入客户端使用权限"）。

注意：企业需先在联调测试环境中下载客户端，将业务完全测通后，才可以进入运行环境。联调测试环境登录网址为 http：//test.singlewindow.cn。

问 43 采用全自动对接报文导入时，系统退单提示"导入过程发生异常，请检查报文后重新导入"，应如何处理？

答 请确认报文是否按照接口报文拼接，报文是否采用压缩格式。

问 44 保税核注清单（进口）表体录入时，企业录入了总价和数量，系统自动算出单价。申报之后单价和数量没变，但是总价出现了两位小数，与录入时不一致，是何原因？

答 出现此情况应该是企业输入完总价后，又在单价字段点击了回车键，

国际贸易"单一窗口": 加贸及跨境电商篇

总价重新计算了。

问 45 加工贸易手册表头中的"自核资格标记"是什么意思?

答 "自核资格标记"是根据业务"四自一简"要求增加的,为特殊区域企业使用,非特殊区域企业不用填写,非必填。

第三章 加工贸易账册系统

第一节 业务简介

一、企业资质申请

企业可自行录入或者委托预录入机构完成企业资质申请数据录入，录入完成后向海关发送申报信息。通过该功能模块，可实现企业资质申请的备案新增、修改、删除、查询、暂存、申报、打印、变更等功能，主要内容包括联网监管企业基本信息、商务部门业务批准证相关信息等。

二、加工贸易账册

加工贸易账册分为E账册、工单账册及企业为单元。

E账册为单耗核销式账册，企业备案时需要备案单损耗，核销时按照单损耗进行核算。单耗申报环节分为出口前和报核前，企业在账册备案时自行选择。

工单账册为工单核销式账册，目前企业通过"单一窗口"系统进行账册的申请及报核，其工单信息按照海关要求发送。

企业为单元是海关的新监管模式，参与试点的企业必须是以自己名义开展加工贸易业务的生产型企业，且符合以下条件之一：

海关信用等级为一般认证及以上的；

海关信用等级为一般信用企业，且企业内部加工贸易货物流和数据流透明清晰，逻辑链完整，耗料可追溯，满足海关监管要求的。

三、加工贸易账册报核

用户可通过该功能模块，按照报核周期，对本核销周期内的核注清单、库存情况进行申报，实现账册的滚动核销。该功能模块包括新增、录入、修改、删除、暂存、查询、打印等功能。

四、保税核注清单

为推进实施以保税核注清单核注账册的管理改革，实现与加工贸易及保税监管企业料号级数据管理的有机衔接，海关总署决定全面启用保税核注清单，

国际贸易"单一窗口"：加贸及跨境电商篇

自 2018 年 7 月 1 日起，按照《关于启用保税核注清单的公告》（海关总署公告 2018 年第 23 号）执行。

保税核注清单是金关二期保税底账核注的专用单证，属于办理加工贸易及保税监管业务的相关单证。加工贸易及保税监管企业已设立金关二期保税底账的，应按照金关二期保税核注清单系统设定的格式和填制要求向海关报送保税核注清单数据信息，再根据实际业务需要办理报关手续。

核注清单（报关标志为"报关"）申报成功，系统按照核注清单归并报关单的原则，自动生成报关单草稿，企业按照返回的报关单统一编号，登录货物申报系统查询并补录信息，即可进行报关单的申报。

💡 **小提示**

海关接受企业报送的保税核注清单后，保税核注清单如需修改或者撤销的，按以下方式处理：

货物进出口报关单（备案清单）需撤销的，其对应的保税核注清单应一并撤销；

保税核注清单无须办理报关单（备案清单）申报或对应报关单（备案清单）尚未申报的，只能申请撤销；

货物进出口报关单（备案清单）修改项目涉及保税核注清单修改的，应先修改清单，确保清单与报关单（备案清单）的一致性；

报关单、保税核注清单修改项目涉及保税底账已备案数据的，应先变更保税底账数据；

保税底账已核销的，保税核注清单不得修改、撤销。

五、外发加工

外发加工是指经营企业因受自身生产特点和条件的限制，经海关批准并办理有关手续，委托承揽企业对加工贸易货物进行加工，在规定期限内将加工后的产品运回本企业并最终复出口的行为。

用户通过该功能模块，可实现外发加工申报表的预录入功能，包括新增、录入、修改、删除、暂存、查询、打印等功能。

第二节　基本操作

相关业务数据有严格的填制规范，如在系统内录入数据的过程中，字段右侧弹出红色提示，代表当前录入的数据有误，需根据要求重新录入。

点击界面上方的蓝色按钮（见图 3-1）所进行的操作，将影响当前整票申报的数据。

图 3-1

点击界面中的各类白色按钮（见图 3-2）进行的操作，所影响的数据仅为当前涉及的页签或字段。

图 3-2

一、企业资质申请

用户可自行录入或者委托预录入机构完成企业资质申请数据录入，录入完成后向海关发送申报信息。海关收到企业资质申请信息后，由关员进行审核，审核后将审核结果发送到电子口岸。用户可通过电子口岸查询审核结果。该功能模块包括企业资质申请录入新增、修改、删除、申报、查询、打印功能。（注：若企业需委托预录入机构完成企业资质申请，需先进入委托授权系统进行企业间授权和企业内授权，才可进行后续操作）

点击选择菜单中的"数据录入"—"企业资质申请"，系统默认打开企业资质申请新增录入界面（见图 3-3）。界面分为表头、料件、成品、随附单据。

点击界面上方的蓝色按钮所进行的操作，将影响当前的整票数据。

图 3-3

（一）企业资质申请录入

1. 表头

企业资质申请表头部分的新增、暂存、删除、申报、打印等具体操作可参考加工贸易手册录入部分。

表头数据录入完毕并暂存成功后，方可录入料件、成品、随附单据的数据。

57

国际贸易"单一窗口"：加贸及跨境电商篇

2. 料件

（1）料件新增

点击企业资质申请料件界面中的白色"新增"按钮，系统弹出料件新增录入框（见图3-4）。点击录入框中的"保存""新增""复制"按钮所进行的操作，将影响当前整票料件信息的数据。

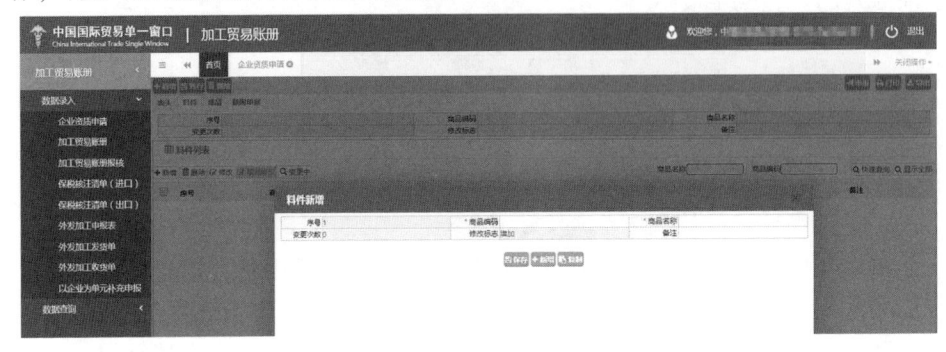

图 3-4

💡**小提示**

界面中带有红色星号的字段为必填项。如不填，将无法继续进行保存或申报等操作。

点击录入框中的"新增"按钮，系统将自动清空当前所有已录入的数据，用户可重新录入一票数据（见图3-5）。

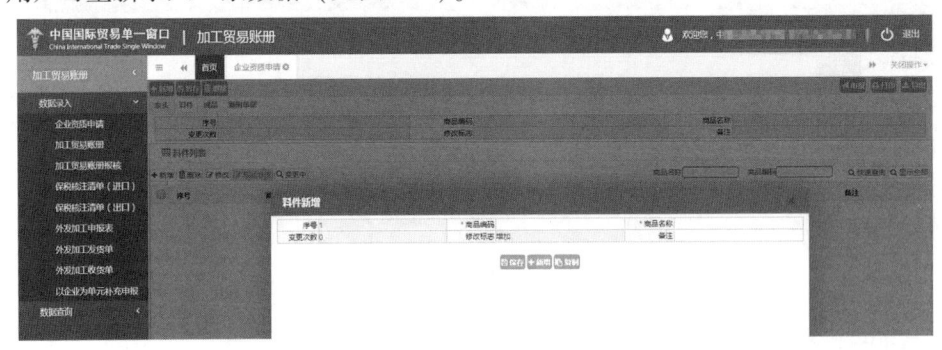

图 3-5

💡**小提示**

如在录入数据的过程中，点击了"保存"按钮，系统将自动保存当前所录入的数据，即使进行新增操作，已录入的数据也不会丢失。

（2）料件保存

点击录入框中的"保存"按钮，系统将自动校验并保存当前已录入的数据（见图3-6）。

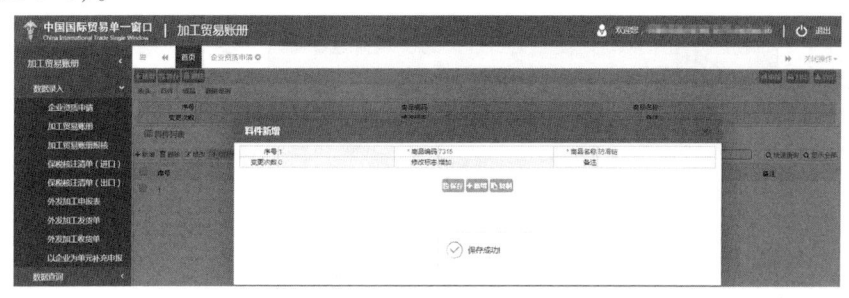

图 3-6

（3）料件复制

点击录入框中的"复制"按钮，系统将复制当前已录入的数据，序号自动累加（见图3-7）。

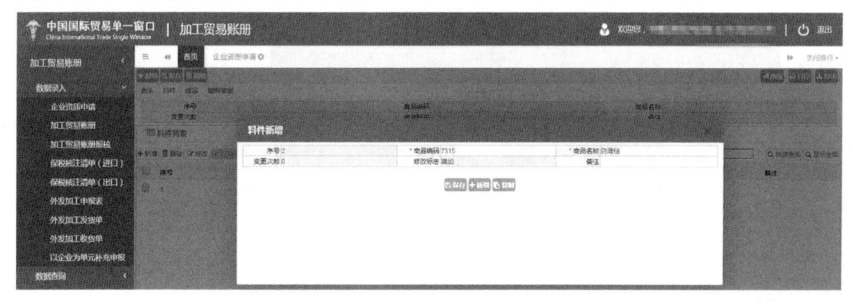

图 3-7

（4）料件删除

在企业资质申请料件界面中选中某条料件表体，点击白色"删除"按钮，再点击"确定"，系统将删除本条表体数据（见图3-8）。

图 3-8

(5) 料件修改

在企业资质申请料件界面中选中某条料件表体,点击白色"修改"按钮,系统将弹出该条料件修改界面(见图3-9),用户可修改相应数据。

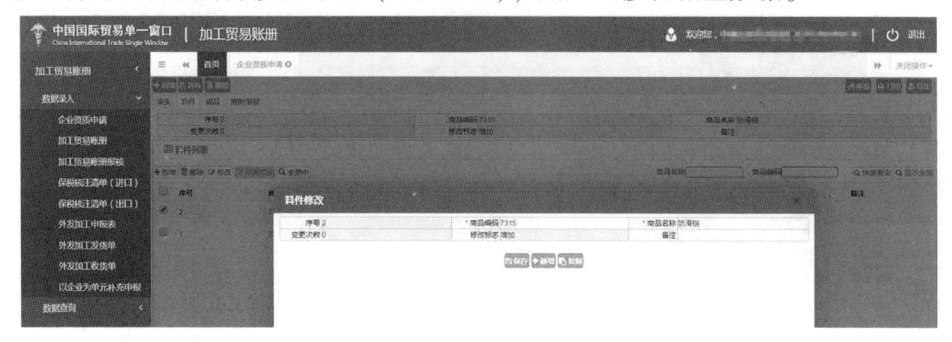

图 3-9

(6) 料件取消修改

该功能仅限海关终审通过,进行变更业务时使用。用户修改某条数据成功后,若想取消修改,可选中已修改的数据,点击"取消修改"按钮,修改标志恢复为"未修改"(见图3-10)。

图 3-10

(7) 料件变更

该功能仅限海关终审通过,进行变更业务时使用。用户修改数据成功后,可点击"变更中"按钮,系统将本次变更修改的数据全部列出(见图3-11)。

图 3-11

(8) 料件快速查询

用户输入相应的查询条件，点击"快速查询"按钮，系统将查询出符合条件的数据（见图 3-12）。

图 3-12

(9) 料件全部查询

用户使用"快速查询"或"变更中"功能查询出某条数据后，需要查看全部数据时，点击"显示全部"按钮，系统将数据全部列出（见图 3-13）。

图 3-13

3. 成品

点击企业资质申请成品界面中的白色"新增"按钮，系统弹出成品新增录入框(见图3-14)。点击录入框中的"新增""保存""复制"按钮所进行的操作,将影响当前整票成品信息的数据。

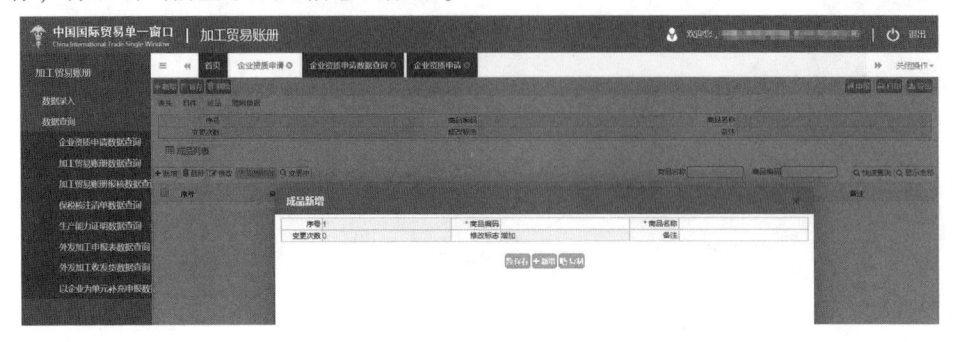

图 3-14

💡 小提示

成品部分的新增、删除、修改等具体操作可参考料件部分。

4. 随附单据

点击企业资质申请随附单据界面中的白色"新增""暂存""删除""上传""下载"(见图3-15)按钮所进行的操作,将影响当前整票随附单据信息的数据。

图 3-15

(1)随附单据暂存

录入完随附单据各项信息后,点击"文件选择"按钮,选择文件存储路径,文件加载成功后,点击白色"暂存"按钮,文件状态显示为"待上传"(见图3-16)。

图 3-16

（2）随附单据上传

在随附单据暂存界面中，选中待上传的随附单据，点击"上传"按钮，上传成功后，界面显示"已上传"（见图 3-17）。

图 3-17

（3）随附单据下载

在随附单据上传界面中，选中某条随附单据数据，点击"下载"按钮，系统将该票随附单据下载至本地（见图 3-18）。

图 3-18

国际贸易"单一窗口":加贸及跨境电商篇

(4)随附单据删除

在随附单据上传界面中,选中某条随附单据数据,点击"删除"按钮,系统将该票随附单据直接删除(见图3-19)。

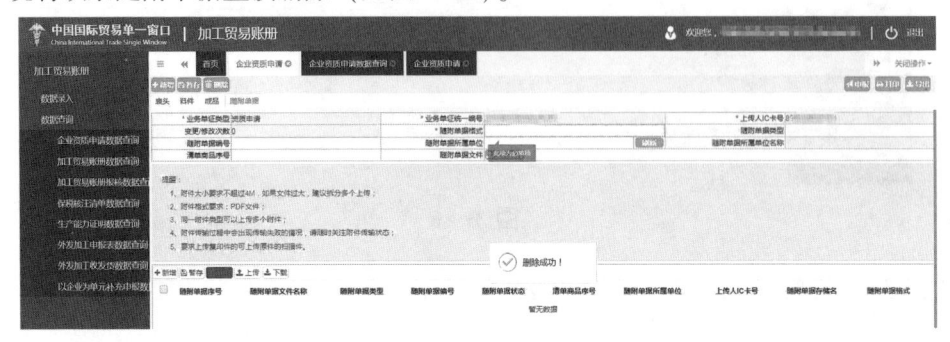

图3-19

(5)随附单据新增

在随附单据界面中,点击白色"新增"按钮,系统将清空已录入的信息,界面恢复初始化(见图3-20)。

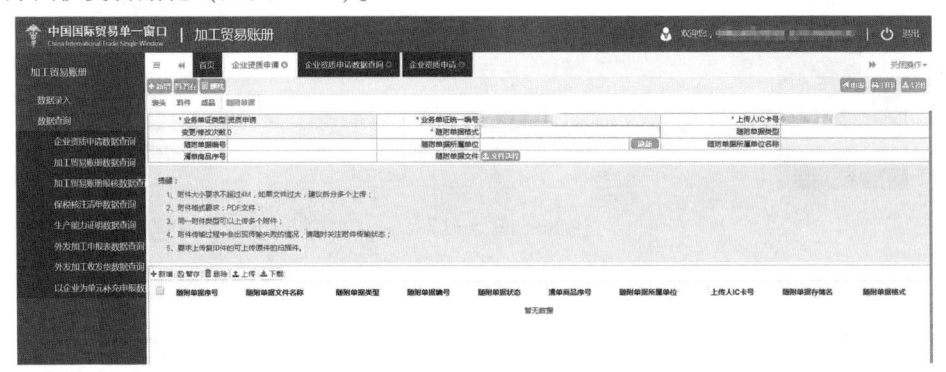

图3-20

(二)企业资质申请变更

用户可自行录入或者委托预录入机构完成企业资质申请变更录入,录入完成后,系统向海关发送申报信息。海关收到企业资质申请变更信息后进行审核,并将审核结果发送至"单一窗口",企业可通过"单一窗口"查询审核结果。该功能模块包括企业资质申请录入新增、修改、删除、申报、查询、打印功能。

点击"数据查询"—"企业资质申请数据查询",进入查询界面,输入查询条件,系统将符合条件的数据全部列出。用户选中需要变更的数据,点击"变更"按钮(见图3-21)。

金关工程（二期）加工贸易保税监管系统

图 3-21

系统提示"是否确认变更该数据"，点击"确定"，进入变更录入界面。用户可以对表头、料件、成品和随附单据的数据进行修改、新增或删除。

💡 **小提示**

企业资质申请状态只有为"海关终审通过"时才可以进行变更，具体操作可参考企业资质申请录入部分。

二、加工贸易账册

加工型企业录入加工贸易账册数据，向海关申请加工贸易账册。海关审核通过，返回加工贸易账册编号，完成账册设立。

（一）加工贸易账册表头

点击选择菜单中的"数据录入"—"加工贸易账册"（见图 3-22）。

图 3-22

💡 **小提示**

界面中带有红色星号或浅黄底色的字段为必填项。灰色字段为系统返填项，不允许录入。白色字段为选填项，根据实际需要填写。

65

国际贸易"单一窗口":加贸及跨境电商篇

加工贸易账册录入界面中,账册类型字段需在参数中调取(使用键盘空格键,可调出下拉菜单并在其中进行选择),说明如下:

选择"E账册",即此类业务模式下,加工贸易账册表头中有关单耗的字段、料件、成品、单耗表体均需录入。

选择"工单账册",即此类业务模式下,加工贸易账册表头中有关单耗的字段[包括企业档案库编号、最大周转金额(万美金)、单耗申报环节、单耗版本号控制标志等字段]变为灰色,不允许录入;料件、成品表体可录入;单耗表体不可录入。

选择"企业为单元",即此类业务模式下,加工贸易账册表头中联网企业档案库编号、最大周转金额(万美金)字段必填;核销周期录入框清空并置灰,不允许录入;核销类型默认为"单耗"。

表头字段录入完成后,点击蓝色"暂存"按钮暂存成功后,方可继续录入料件、成品、单损耗等内容(见图3-23)。

图 3-23

(二)表体列表(料件、成品、单损耗、随附单据)

1. 料件

(1)料件新增

点击加工贸易账册料件界面中的白色"新增"按钮,界面弹出表体料件信息(见图3-24)。

图 3-24

序号项由系统根据账册已有料件记录条数自动累计。

商品编码按《中华人民共和国进出口税则》和《中华人民共和国海关统计商品目录》规范录入。敲击回车键，系统根据所录编码弹出商品列表窗口（见图3-25），选择相应商品，点击"确定"后，系统自动补全商品编码，并返填商品名称、申报计量单位、法定计量单位等。

图 3-25

币制、征免方式等项，可直接录入相应代码或名称并敲击回车键确认，也可从弹出的下拉列表中选取。

（2）料件保存

按要求编辑完料件数据后，点击蓝色"保存"按钮，系统将自动校验并保存当前界面内已录入的数据，提示暂存成功，完成料件数据的新增（见图3-26）。

图 3-26

（3）料件连续新增

点击图3-27中的蓝色"新增"按钮，系统将自动清空当前界面内所有已

国际贸易"单一窗口":加贸及跨境电商篇

录入的数据,序号自动累加,用户可继续录入一票数据(见图3-28)。

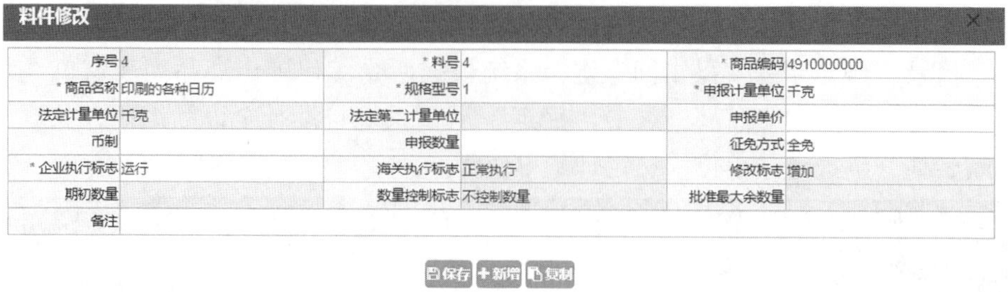

图 3-27

图 3-28

💡**小提示**

如在录入数据的过程中,点击了"保存"按钮,系统将自动保存当前所录入的数据,即使进行新增操作,已录入的数据也不会丢失。

(4)料件复制

点击图3-29中的蓝色"复制"按钮,系统将复制当前界面内已录入的数据,序号自动累加,按需修改料件信息后,点击"保存",完成料件信息的快速新增(见图3-30)。

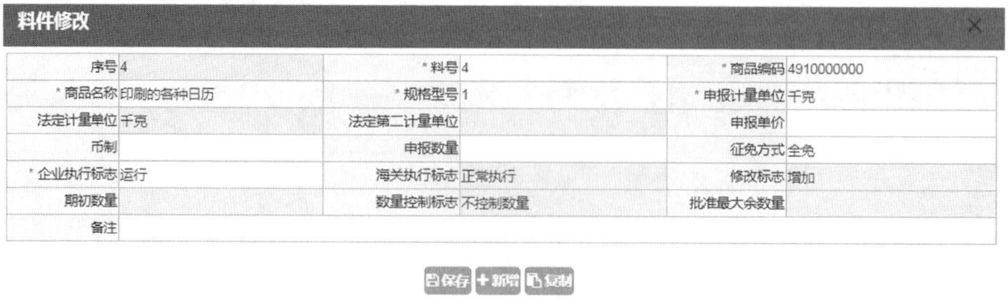

图 3-29

图 3-30

(5) 料件删除

在加工贸易账册料件界面中选中某条料件表体,点击白色"删除"按钮,再点击"确定",系统将删除本条料件表体数据(见图3-31)。

图 3-31

(6) 料件批量删除

在加工贸易账册料件界面中选中需要删除的多条料件表体,点击"批量删除"按钮,再点击"确定",系统将删除所选中的多条表体数据(见图3-32)。

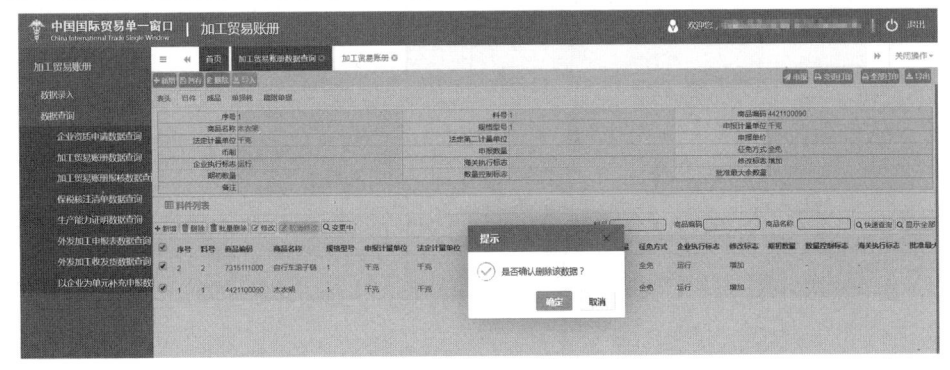

图 3-32

(7) 料件修改

在加工贸易账册料件界面中选中某条料件表体，点击"修改"按钮，系统将弹出本条料件录入界面（见图3-33），修改相应数据后，点击"保存"，完成修改操作。

图3-33

(8) 料件取消修改

该功能仅限海关终审通过，进行变更业务时使用。用户修改某条数据成功后，若想取消修改，可选中已修改的数据，点击"取消修改"按钮，修改标志恢复为"未修改"（见图3-34）。

图3-34

(9) 料件变更

该功能仅限海关终审通过，进行变更业务时使用。企业修改数据成功后，可点击"变更中"按钮（见图3-35），系统将本次变更修改的数据全部列出。

图 3-35

(10) 料件快速查询

输入料号、商品编码或商品名称等查询条件，点击"快速查询"按钮，系统自动列出符合查询条件的料件记录（见图 3-36）。

图 3-36

(11) 料件全部查询

用户使用"快速查询"或"变更中"功能查询出某条数据后，可点击"显示全部"按钮，系统将数据全部列出（见图 3-37）。

图 3-37

💡 小提示

在料件、成品、单损耗等页签内，可输入相应的查询条件，点击"快速查询"按钮，系统将查询出相应数据。使用"快速查询"或"变更中"功能查询

国际贸易"单一窗口":加贸及跨境电商篇

出特定数据后,如果需要查看全部数据,点击"显示全部"按钮,系统将数据全部列出。

(12)料件导入

表头暂存成功后,即可使用导入功能导入料件数据。点击蓝色"导入"按钮,在弹窗中打开料件导入模板具体保存路径,选择导入模板,点击弹窗上的"上传"按钮,系统自动导入料件数据(见图3-38)。

图 3-38

2. 成品

点击加工贸易账册成品界面中的白色"新增"按钮(见图3-39),界面弹出成品信息录入窗口(见图3-40),编辑录入成品数据。

图 3-39

图 3-40

> 💡 小提示
>
> 成品数据的新增、删除、修改、导入、查询等具体操作可参考料件部分。

3. 单损耗

点击加工贸易账册单损耗界面中的白色"新增"按钮（见图3-41），界面弹出单损耗信息录入窗口（见图3-42），编辑录入单损耗数据。

图 3-41

图 3-42

> 💡 小提示
>
> 单损耗数据的新增、删除、修改、导入、查询等具体操作可参考料件部分。

4. 随附单据

表头暂存成功后，方可进行随附单据的新增、暂存、上传及删除等操作。点击随附单据页签，系统默认打开随附单据新增编辑界面（见图3-43）。

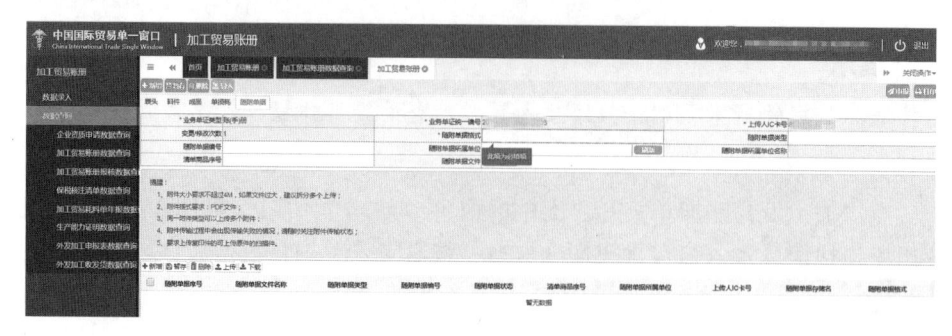

国际贸易"单一窗口"：加贸及跨境电商篇

图 3-43

随附单据格式、随附单据类型等录入项，可直接录入相应代码或名称并敲击回车键确认，也可从弹出的下拉列表中选取。

随附单据所属单位录入项填写海关 10 位编码，点击录入项右侧的蓝色"刷新"按钮或敲回车键，系统会自动返填随附单据所属单位名称。

随附单据格式录入"非结构化"时，随附单据文件录入项的蓝色"文件选择"按钮才可点击，并弹窗选择需上传的随附单据文件。

（1）随附单据暂存

填写随附单据录入项信息，选择随附单据文件（见图 3-44）。点击白色"暂存"按钮，将随附单据文件保存至表体，状态为"待上传"（见图 3-45）。

图 3-44

图 3-45

(2) 随附单据上传

在图 3-45 所示界面中选中待上传的随附单据，点击"上传"按钮，系统提示上传成功（见图 3-46）。

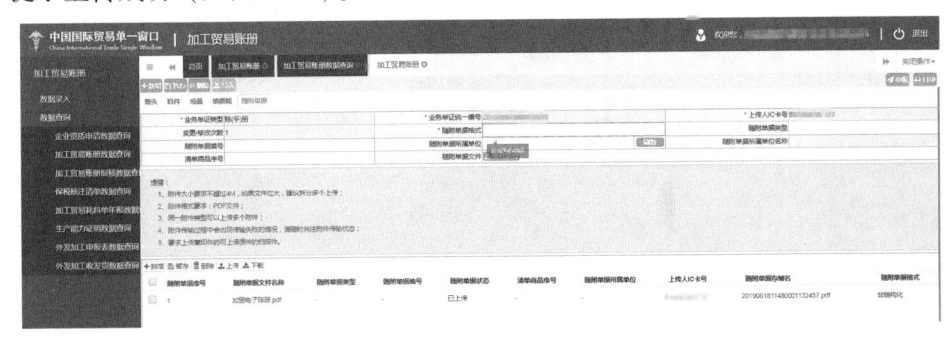

图 3-46

(3) 随附单据下载

在图 3-46 所示界面中选中某一条随附单据数据，点击"下载"按钮，系统将该票随附单据下载至本地。

(4) 随附单据删除

在图 3-46 所示界面中选中某一条随附单据数据，点击白色"删除"按钮，系统将该票随附单据直接删除。

(5) 随附单据新增

在随附单据界面中填写部分随附单据表头信息时，点击白色"新增"按钮，系统将清空界面，界面恢复初始化。

（三）加工贸易账册变更

该功能模块包括加工贸易账册录入新增、修改、删除、申报、查询、打印功能。

在加工贸易账册数据查询界面中，输入查询条件进行查询，选中需要变更的数据，点击"变更"按钮（见图 3-47）。

图 3-47

国际贸易"单一窗口":加贸及跨境电商篇

系统提示"是否确认变更该数据"(见图3-48),点击"确定",进入变更录入界面。用户可以对表头、料件、成品、单损耗和随附单据数据进行修改。表体可以新增或删除。

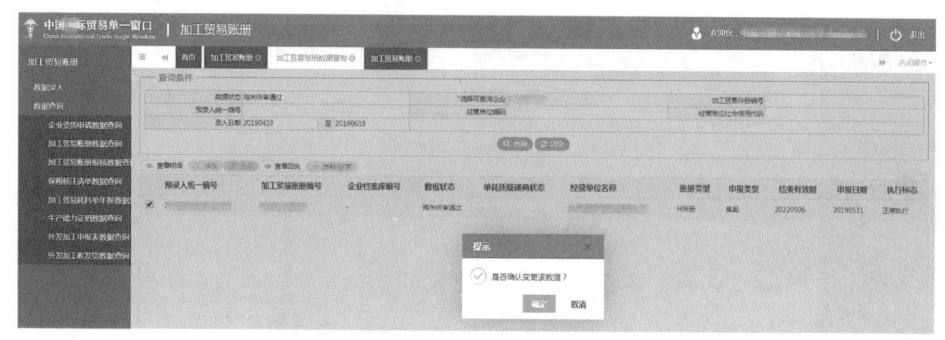

图 3-48

💡小提示

加工贸易账册状态只有为"海关终审通过"时,才可以进行变更,加工贸易账册变更涉及的新增、修改、删除、申报、查询、打印等具体操作可参考加工贸易账册备案。

(四)加工贸易账册单损耗质疑/磋商

企业可自行录入或者委托预录入机构完成加工贸易账册数据录入,录入完成后向海关发送申报信息。海关收到加工贸易账册信息后进行审核,审核时若发现成品对应的单损耗数据有问题,会向企业发送单损耗质疑通知书或磋商通知书。企业收到质疑通知书后,可以针对本次质疑补充证明材料并将随附单据的情况申报给海关,海关审核确认无误后,向企业发送质疑入库成功回执,然后再发送该账册数据的审批通过回执。

如企业发送的质疑补充材料海关未认可,海关将再次给企业发送磋商通知书。企业收到磋商通知书后,双方进行磋商,达成一致意见后,海关向企业发送磋商记录回执,然后再发送该账册数据的审批通过回执。

点击选择菜单中的"加工贸易账册数据查询",进入查询界面,选择单耗质疑磋商状态为"海关发起单耗质疑"的数据(见图3-49)。

金关工程（二期）加工贸易保税监管系统

图 3-49

点击"质疑/磋商"按钮，进入质疑磋商通知书信息及商品信息界面（见图 3-50）。

图 3-50

选中通知书记录，点击"商品信息"，系统显示该通知书中需质疑磋商的商品记录信息；点击下方的"随附单据"按钮，选择需要上传的补充证明文件；点击下方的"申报"按钮，申报质疑申报数据。

💡 小提示

补充的证明材料需通过账册的随附单据报送给海关，具体操作可参考随附单据部分。

点击"打印通知"按钮，系统将生成一个 PDF 文件，可直接打印或保存，文件具体内容及格式见图 3-51。

77

国际贸易"单一窗口"：加贸及跨境电商篇

中华人民共和国░░关区
加工贸易单耗质疑通知书

单耗质疑（2018）░░░░░░号

北░░░░░░░░░░░公司：

你公司/单位于2018年07月25日向我关申报的第1、1项成品（手/账册号或预录入号：░░░░░░░░░），我关现提出质疑。

根据《中华人民共和国海关加工贸易单耗管理办法》第十一条的规定，请自收到本通知之日起五个工作日内提供情况说明，并补充申报材料，例如：样品图片、合同、订单以及品质、规格等资料；成品结构图、设计图、线路图、排版图、工艺流程图，成品和料件的成分、配方，生产记录、会计资料及损耗产生的环节、原因、数值；计算方法、计算公式及计算过程等。若明确不能提供，或者逾期不提供资料，或者所提供的资料不足以证明申报单耗的真实性或者准确性的，海关将按相关规定处理。

2018年07月25日

图 3-51

💡 小提示

海关对加工贸易企业申报单耗的真实性、准确性有疑问的，应当制发"中华人民共和国海关加工贸易单耗质疑通知书"（以下简称"单耗质疑通知书"），将质疑理由书面告知加工贸易企业的法定代表人或者其代理人。

加工贸易企业的法定代表人或者其代理人应当自收到"单耗质疑通知书"之日起10个工作日内，以书面形式向海关提供有关资料。

加工贸易企业未能在海关规定期限内提供有关资料、提供的资料不充分或者提供的资料无法确定单耗的，海关应当对单耗进行核定。

如海关对企业申报的单耗质疑申报仍有疑义，则会发送单耗磋商通知书，组织企业面谈。

选中磋商记录，点击"质疑/磋商"按钮（见图3-52），进入质疑磋商通知书信息及商品信息界面（见图3-53）。

图 3-52

图 3-53

选中通知书记录，点击"商品信息"，查看需磋商的商品记录信息（见图3-54）。

图 3-54

企业与海关磋商沟通完毕后，海关按照磋商情况发送磋商记录，企业进入质疑磋商界面，点击"磋商记录"按钮（见图 3-55）。

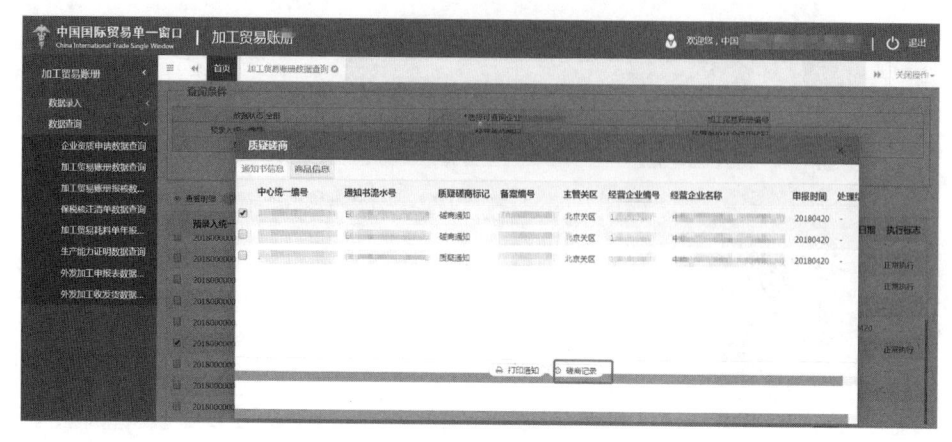

国际贸易"单一窗口"：加贸及跨境电商篇

图 3-55

系统将生成一个 PDF 文件，可直接打印或保存。文件具体内容及格式见图 3-56。

图 3-56

（五）加工贸易账册结案通知书打印

该功能模块提供加工贸易账册结案通知书打印的功能。用户点击选择菜单中的"数据查询"—"加工贸易账册数据查询"，进入查询界面，输入查询条件，系统将符合条件的数据全部列出。选中需要打印结案通知书的数据，点击"结案通知书打印"按钮（见图 3-57）。

金关工程（二期）加工贸易保税监管系统

图 3-57

系统跳转至结案通知书页面，用户点击"打印"图标，可进行结案通知书的打印（见图 3-58）。

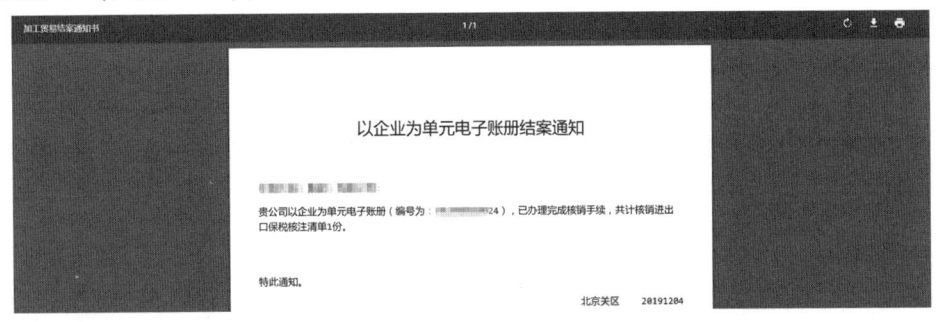

图 3-58

💡 **小提示**

加工贸易账册状态只有为"结案"时，才可以进行结案通知书的打印。

三、加工贸易账册报核

（一）加工贸易账册报核表头

点击选择菜单中的"数据录入"—"加工贸易账册报核"，系统默认打开加工贸易账册报核新增录入界面。也可点击表头上方的蓝色"新增"按钮，进入新增录入界面（见图 3-59）。

国际贸易"单一窗口"：加贸及跨境电商篇

图 3-59

加工贸易账册编号项录入需报核的账册编号，按回车键，系统自动将账册相关信息返填到表头灰色项中。

申报单位编码录入海关 10 位编码，点击录入项右侧的蓝色"刷新"按钮或按回车键，系统自动返填对应的申报单位社会信用代码和申报单位名称。

点击界面上方的蓝色按钮所进行的操作，将影响当前的整票数据。

表头暂存成功后，方可进行清单、料件、随附单据的新增、修改、删除等操作。

💡 **小提示**

加工贸易账册报核的新增、暂存、删除、导入、申报、打印等具体操作，可参考加工贸易手册录入部分。

（二）清单

1. 清单新增

点击加工贸易账册报核清单界面中的白色"新增"按钮（见图 3-60），界面弹出清单新增录入框（见图 3-61）。

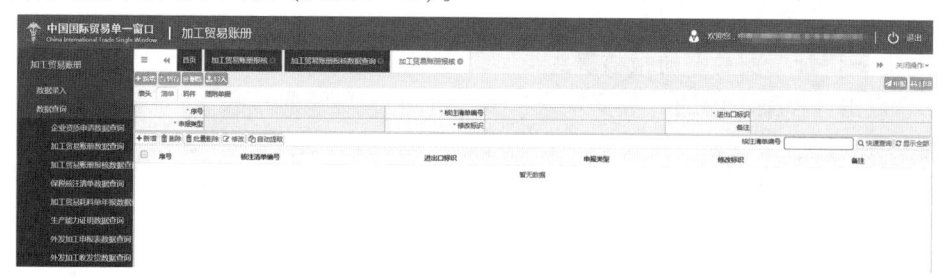

图 3-60

图 3-61

在核注清单编号项中填入已申报的核注清单编号，系统自动返填进出口标识。

点击下方的蓝色"保存"按钮，系统提示保存成功后，即完成单票核注清单的新增操作。

保存成功后，核注清单编号自动清空、进出口标识自动清空，序号自动累加，可继续录入新的核注清单数据，点击"保存"，快速添加核注清单信息。点击下方的"新增"按钮可完成相同操作。

2. 清单删除

在加工贸易账册报核清单界面中选中需要删除的清单记录，点击白色"删除"按钮，再点击"确定"，系统删除所选清单数据（见图3-62）。

图 3-62

3. 清单批量删除

在加工贸易账册报核清单界面中选中需要删除的清单记录，点击白色"批量删除"按钮，点击"确定"，系统删除所选清单数据（见图3-63）。

国际贸易"单一窗口"：加贸及跨境电商篇

图 3-63

4. 清单修改

在加工贸易账册报核清单界面（见图 3-64）中点击"修改"按钮，在系统弹出的清单录入界面中修改清单编号（见图 3-65），点击下方的蓝色"保存"按钮，完成修改操作。

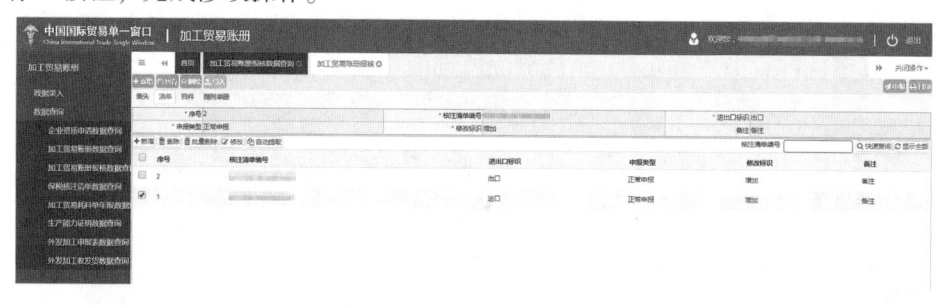

图 3-64

图 3-65

5. 清单自动提取

在加工贸易账册报核清单界面中点击"自动提取"按钮，系统将自动提取出全部核注清单信息，点击"确定"，完成操作（见图 3-66）。

图 3-66

6. 清单快速查询

在加工贸易账册报核清单界面的核注清单编号项中输入报核清单编号，点击"快速查询"按钮，系统自动列出符合查询条件的清单记录（见图 3-67）。

图 3-67

7. 清单全部查询

在加工贸易账册报核清单界面中点击"显示全部"按钮，可清除查询结果，系统将显示所有清单记录（见图 3-68）。

图 3-68

（三）料件

在加工贸易账册报核料件新增界面中，系统根据录入的"料件备案序号"自动返填料号、商品编码、商品名称和申报计量单位等项，在录入完其他各项后，直接在备注录入框中按回车键，或点击"保存"按钮，保存料件数据（见图 3-69）。

国际贸易"单一窗口"：加贸及跨境电商篇

图 3-69

💡 小提示

界面中带有红色星号的字段为必填项，料件数据的新增、删除、修改、查询等具体操作可参考清单部分。

（四）随附单据

加工贸易账册报核随附单据界面见图 3-70。随附单据数据的新增、删除、修改、查询等具体操作可参考前述随附单据部分。

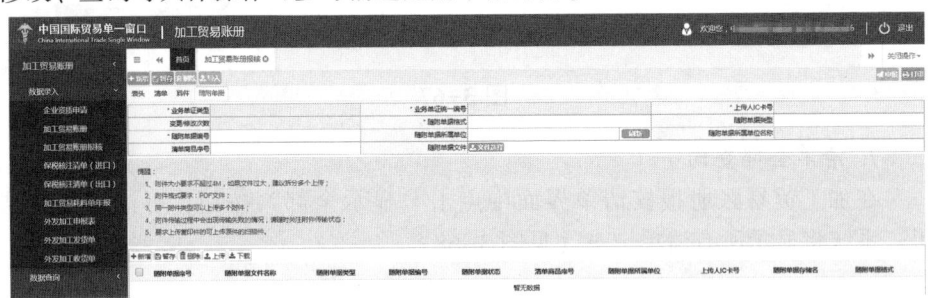

图 3-70

（五）加工贸易账册报核差异处置

申报类型分为正常申报及补充申报，系统默认为"正常申报"。当海关对企业申报的报核数据存在疑问时，将向企业发送差异处置通知单。此时加工贸易账册报核差异确认状态为"待确认"，用户点击"差异处置"按钮，系统弹出选择框，显示"企业处置"与"海关处置"按钮。企业选择"企业处置"按钮，将差异确认结果反馈海关，进入加工贸易账册报核录入界面，界面初始化为可录入修改状态，显示已经申报的加工贸易账册报核数据。此时，申报类型可选择正常申报或补充申报。当申报类型选择"正常申报"时，同现有录入申报流程；当申报类型选择"补充申报"时，清单及料件表体的已经申报项不允许修改，只允许新增，并且新增表体项的"申报类型"均置为"补充申报"。差异处置的具体操作步骤如下：

点击选择菜单中的"数据查询"——"加工贸易账册报核数据查询"，进入查询界面（见图 3-71），输入查询条件，查询出需要差异处置的加工贸易账册报核数据。

图 3-71

选中需要差异处置的报核数据，点击"差异处置"按钮，进行差异处置操作（见图 3-72）。

图 3-72

1. 企业处置

选择"是"进行企业处置，进入加工贸易账册报核录入界面（见图 3-73）。

图 3-73

选择申报类型并点击"暂存"按钮进行保存，修改报核清单、料件表体数据后，点击"申报"按钮进行申报。申报成功后，此票数据的差异确认状态更新为"企业已确认核报已发送"（见图 3-74）。

国际贸易"单一窗口"：加贸及跨境电商篇

图 3-74

2. 海关处置

选择"否"进行海关处置，将由海关进行此票数据的差异处置，企业不进行处置，此票数据的差异确认状态更新为"海关处置已发送"（见图 3-75）。

图 3-75

（六）加工贸易账册报核年度核销查询/打印

该功能模块提供加工贸易账册报核年度核销查询/打印功能。对于数据状态为"海关终审通过"，且加工贸易账册类型为以企业为单元的加工贸易账册，用户可进行年度核销查询/打印操作。

点击选择菜单中的"数据查询"—"加工贸易账册报核数据查询"，进入查询界面，输入查询条件，选中需要进行年度核销查询打印的数据，点击"年度核销查询/打印"按钮（见图 3-76）。

图 3-76

系统跳转至年度核销通知界面，点击"打印"图标，完成打印操作（见图3-77）。

图 3-77

💡 小提示

用户只能查询本企业或授权企业的以企业为单元的电子账册年度核销情况。输入的账册号非本企业账册号或授权企业账册号的，系统将提示"用户无权查询该账册年度核销情况"。

四、保税核注清单

保税核注清单为金关二期加工贸易系统的核心单据，与报关单一一对应。该功能模块可实现清单的新增、修改、删除、查询功能，主要内容包括表头、表体/成品、料件（简单加工业务）、随附电商单（跨境电商业务）数据。

（一）普通清单

此部分以保税核注清单（进口）为例，具体操作如下。

点击选择菜单中的"数据录入"—"保税核注清单（进口）"，系统默认打开保税核注清单（进口）新增录入界面。也可点击表头上方的蓝色"新增"按钮，进入新增录入界面（见图3-78）。

图 3-78

国际贸易"单一窗口"：加贸及跨境电商篇

点击界面上方的蓝色按钮所进行的操作，将影响当前的整票数据。

1. 保税核注清单表头字段

清单类型：在下拉列表中按照实际业务情况选择。其表体页签根据清单类型确定。普通清单、先入区后报关清单、保税展示交易清单、区内流转清单、区港联动清单分为表头、表体、随附单据；简单加工清单分为表头、成品、料件、随附单据；保税电商清单分为表头、表体、随附电商单、随附单据。

手（账）册编号：录入经海关核发的金关二期加工贸易及保税监管各类手（账）册的编号。

企业内部编号：填写保税核注清单的企业内部编号。

录入日期：填写保税核注清单的录入日期，由系统自动生成。

料件、成品标志：根据保税核注清单中的进出口商品类型填写。料件、边角料、物流商品、设备商品填写"I"，成品填写"E"。

监管方式：按照报关单填制规范要求填写。特殊情形下，调整库存核注清单填写AAAA；设备解除监管核注清单填写BBBB。

运输方式：在下拉列表中按照实际情况选择。

进境关别：在下拉列表中选择，按照报关单填制规范要求填写。

主管海关：在下拉列表中选择。主管海关指手（账）册主管海关。

启运国（地区）：在下拉列表中按照实际情况选择。

报关标志：根据加工贸易及保税货物是否需要办理报关单（进出境备案清单）申报手续填写。需要报关的填写"报关"，不需要报关的填写"非报关"。

报关类型："关联报关"适用于特殊监管区域、保税监管场所申报与区（场所）外进出货物，区（场所）外企业使用H2010手（账）册或无手（账）册。"对应报关"适用于特殊监管区域内企业申报的进出区货物，需要由本企业办理报关手续的。

表头暂存成功后，方可录入表体和随附单据的信息。

表体部分的新增、修改、删除、复制、快速查询等具体操作可参考加工贸易手册保税核注清单表体部分。

💡 **小提示**

普通清单及保税电商清单的表体与简单加工成品表体内容相同。

2. 保税核注清单表体字段

商品料号：填写进出口商品在保税底账中的商品料号级编号。

商品编码：参照《中华人民共和国进出口税则》和《中华人民共和国海关统计商品目录》来确定10位商品编码。

商品名称、规格型号：按照实际情况如实填写，最多录入255个字符。

币制：在下拉列表中按照报关单填制规范要求进行填写。

申报计量单位：在下拉列表中按照实际情况选择。

法定数量：按法定计量单位填写数量。

企业申报单价：填报同一项号下进出口货物实际成交的商品单位价格。无实际成交价格的，填报单位货值。（整数部分最多14位，小数部分最多5位）

企业申报总价：填报同一项号下进出口货物实际成交的商品总价格。无实际成交价格的，填报货值。（整数部分最多15位，小数部分最多2位）

产销国（地区）：在下拉列表中选择。

用途代码：在下拉列表中选择。

征免方式：按照手（账）册中备案的征免规定填报。手（账）册中的征免规定为"保金"或"保函"的，应填报"全免"。

💡 **小提示**

记账式账册（累计物流账册、加工贸易耗料账册）录入表体备案序号字段时需注意：

通过核注清单完成通关手续的已存在的备案序号，在新增表体时需要填写，通过备案序号调出商品信息；

不存在备案序号的，新增表体时备案序号为空。

3. 随附单据

保税核注清单随附单据界面见图3-79。随附单据数据的新增、删除、修改等具体操作可参考前述随附单据部分。

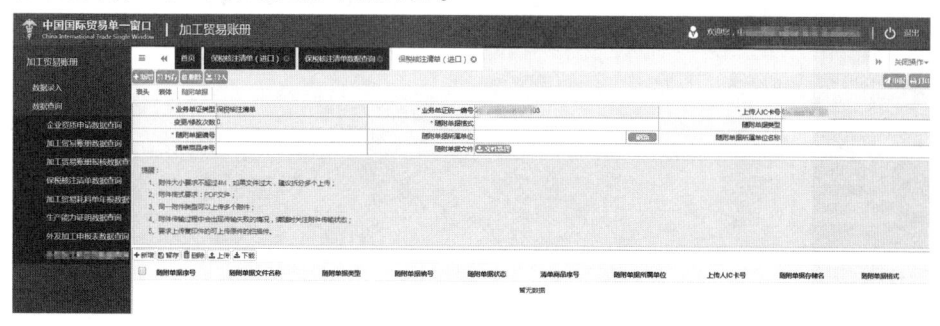

图 3-79

4. 保税核注清单两步申报

用户在报关单系统中进行概要申报后，概要申报状态为"提货放行"时，录入保税核注清单表头数据（见图3-80）。

国际贸易"单一窗口":加贸及跨境电商篇

图 3-80

> 💡 **小提示**

用户进行保税核注清单两步申报时,报关单类型选择"进口两步申报报关单",对应报关单编号项填写概要申报返回的海关编号数据。

保税核注清单申报成功后,系统在备注处返填成功信息,用户可根据生成的报关单草稿进行完整申报。

5. 保税核注清单修改申请

在保税核注清单数据查询界面中,输入查询条件,选中需要修改的数据,点击"修改申请"按钮(见图 3-81),系统弹出提示信息,点击"确定"按钮(见图 3-82)。

图 3-81

图 3-82

系统跳转至保税核注清单修改申请界面，用户可对保税核注清单部分字段进行修改（见图 3-83 和图 3-84）。

图 3-83

图 3-84

国际贸易"单一窗口":加贸及跨境电商篇

💡 **小提示**

保税核注清单数据状态为"预审批通过""审批通过",且核扣标志为"预核扣""未核扣"的,可以申请修改;

保税核注清单类型为"2-集中报关""4-简单加工""8-保税电商""9-一纳成品内销"的,不允许修改;

修改后的保税核注清单不再重新生成报关单草稿和报关单。

6. 保税核注清单删除申请

在保税核注清单数据查询界面中输入查询条件,选中需要删除的数据(见图 3-85),点击"删除申请"按钮,系统弹出提示信息(见图 3-86)。点击"确定"按钮,进入保税核注清单录入界面(见图 3-87)。

图 3-85

图 3-86

图 3-87

点击蓝色"删除申请"按钮后，系统弹出提示框，点击"确定"按钮，完成删除操作（见图 3-88）。

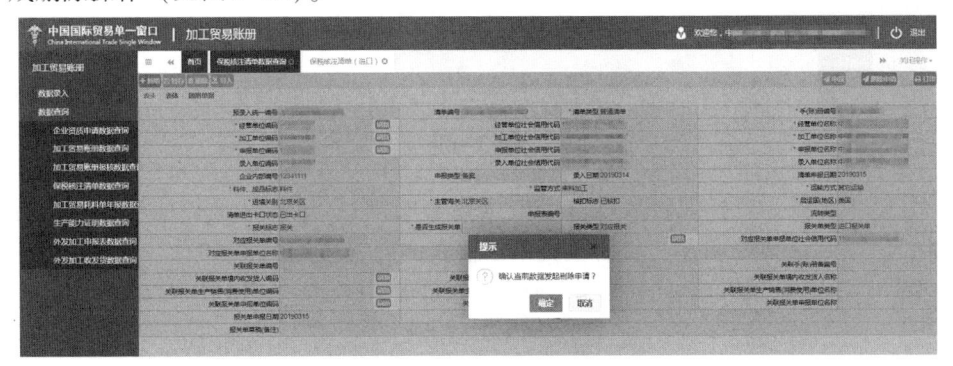

图 3-88

💡 小提示

满足如下条件的保税核注清单可以申请删除：

报关标志为"非报关"的保税核注清单，核注状态为"预核注""正式核注"时允许删除；

报关标志为"报关"的保税核注清单，核注状态为"预核注"时允许删除。

清单类型为"2-集中报关""4-简单加工""8-保税电商""9-一纳成品内销"的保税核注清单不允许删除。

7. 保税核注清单生成报关单草稿

保税核注清单预审批通过后，系统自动生成一份暂存的报关单草稿，用户可以登录货物申报系统调出并申报报关单。

国际贸易"单一窗口"：加贸及跨境电商篇

💡 **小提示**

保税核注清单表头中的报关标志字段为"报关"时，核注清单预审批通过，系统自动生成一份暂存的报关单草稿。

保税核注清单表头中的报关标志字段为"非报关"时，系统不生成暂存的报关单草稿。

点击选择菜单中的"数据查询"—"保税核注清单数据查询"，进入查询界面，输入查询条件（见图3-89）。

图 3-89

选中一条预审批通过数据，点击"查看明细"，进入保税核注清单详情界面，点击"表体"页签，查看报关单草稿表体列表（见图3-90）。

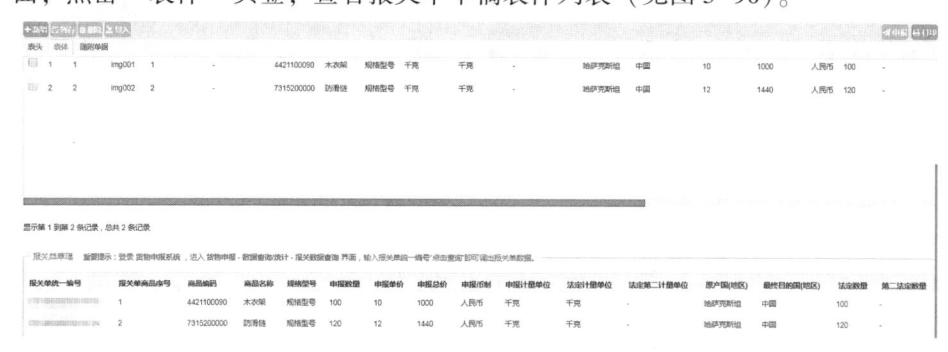

图 3-90

💡 **小提示**

登录货物申报系统，进入"货物申报"—"数据查询/统计"—"报关数据查询"界面，点击"高级查询"，操作类型选择"其他报关单数据查询"，输入报关单统一编号即可调出报关单数据。

（二）保税核注清单（出口）申报

保税核注清单（出口）申报的具体操作可参考保税核注清单（进口）申报

部分。

(三) 保税电商清单

此部分以保税核注清单（进口）为例，具体操作如下。

点击选择菜单中的"数据录入"—"保税核注清单（进口）"，进入保税核注清单（进口）录入界面，清单类型选择"保税电商"（见图3-91），系统将提示获取保税电商数据的方式。

图 3-91

1. 联网查询

选择"联网查询"，进入保税核注清单（进口）录入界面。

录入保税核注清单表头数据（此时表体不可录入，新增、删除、复制等按钮均置灰），点击"随附电商单"页签，进入随附电商单表体界面（见图3-92）。

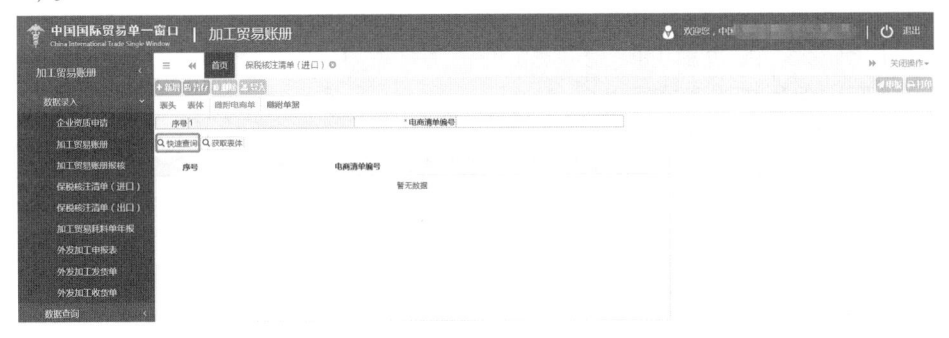

图 3-92

点击"快速查询"按钮，进入查询界面，输入起止时间，查询随附电商单信息（见图3-93）。

97

国际贸易"单一窗口": 加贸及跨境电商篇

图 3-93

> **小提示**

查询日期间隔必须小于 3 天。

点击"确定",保存随附电商单信息,选中电商清单编号,点击"获取表体"按钮,系统将显示所选电商清单合并后的表体信息。

2. 手工录入

选择"手工录入",进入保税核注清单(进口)录入界面。

录入保税核注清单表头数据,暂存成功后,手工录入表体及随附电商单数据。数据录入完成后,点击"申报"按钮,系统校验数据准确性。若校验失败,用户需修改后重新申报。

(四)保税核注清单导出

点击选择菜单中的"保税核注清单数据查询",按查询条件输入相应信息,点击"查询"按钮,选择需要导出的保税核注清单,点击"导出"按钮,完成导出操作(见图 3-94)。

图 3-94

> **小提示**
>
> 只有数据状态为"海关终审通过"的保税核注清单才可导出。

五、外发加工申报表

（一）外发加工申报表备案

点击选择菜单中的"数据录入"—"外发加工申报表"，进入外发加工申报表录入界面（见图3-95）。

图 3-95

录入委托方底账编号，按回车键，系统根据委托方底账编号自动返填委托地主管海关。外发加工申报表数据录入完毕并暂存成功后，点击上方的蓝色"申报"按钮，向海关申报备案外发加工申报表，海关审核通过后即备案成功，通过本系统的数据查询功能可查询海关的审核结果。

点击界面上方的蓝色按钮所进行的操作，将影响当前的整票数据。

（二）外发加工申报表变更

在外发加工申报表数据查询界面中输入查询条件，查询并选中需要变更的数据，点击"变更"按钮（见图3-96）。

图 3-96

系统提示"是否确认变更该数据"，点击"确定"，进入变更录入界面。用户可以对数据进行修改。

国际贸易"单一窗口"：加贸及跨境电商篇

> **小提示**
>
> 外发加工备案状态只有为"海关终审通过"时，才可以进行变更，具体操作可参考加工贸易账册备案部分。

六、以企业为单元补充申报

该功能模块为以企业为单元的账册提供补充申报的新增、修改、删除、查询、暂存、申报、打印等功能。

（一）表头

点击选择菜单中的"数据录入"—"以企业为单元补充申报"，进入以企业为单元补充申报录入界面（见图3-97）。表头部分的新增、暂存、删除、申报、打印等具体操作可参考加工贸易账册录入部分。

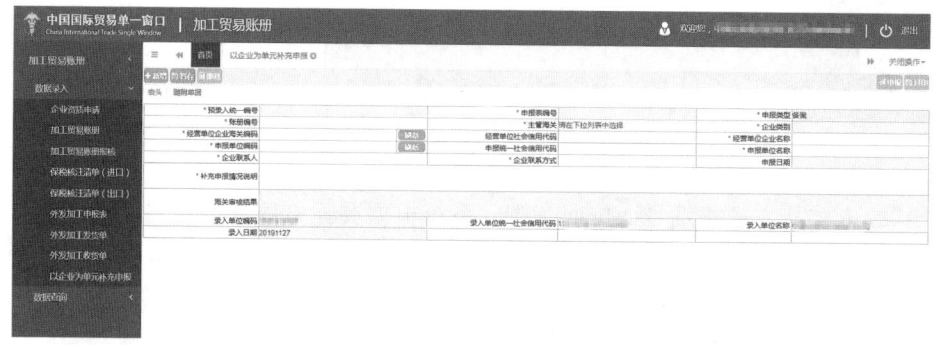

图 3-97

点击界面上方的蓝色按钮所进行的操作，将影响当前的整票数据。

（二）随附单据

随附单据部分（见图3-98）的新增、暂存、删除、修改、上传、下载等具体操作可参考前述随附单据部分。

图 3-98

第三节　常见问题

问 1　金关二期系统中企业申请设立加工贸易电子账册前，需先申请资质备案，需要提交哪些资料？

答　根据目前的要求，企业在设立电子账册（简称 E 账册）前需向海关提交资质申请。需提交的资料主要有：

商务主管部门出具的"加工贸易加工企业生产能力证明"，但是经营企业在其"加工贸易加工企业生产能力证明"的有效期限内再次申请备案的，海关收取加盖企业印章的"加工贸易加工企业生产能力证明"复印件；

经营企业对外签订的合同或者协议；

经营企业开展委托加工的，还应当提交经营企业与加工企业签订的委托加工合同；

海关认为需要提供的其他资料。

问 2　表头中的"账册结束有效期"是填写企业的经营有效期，还是填写"加工贸易加工企业生产能力证明"的有效期？

答　填写企业"加工贸易加工企业生产能力证明"的有效期。

问 3　表头中的"最大周转金额"如何填写？

答　按"加工贸易加工企业生产能力证明"中"企业生产能力"的金额填写，请注意单位是"万美元"。

问 4　表头中的"资质类型"如何填写？

答　目前，"资质类型"只有"加工账册""以企业为单元"两个选项。电子账册的资质类型应选择"加工账册"。

小技巧：先选择 2（以企业为单元），能自动调出企业在生产能力中已上报的料件与成品的清单信息，然后在申报企业资质之前改回 1（电子账册）。这样

国际贸易"单一窗口"：加贸及跨境电商篇

可免去手工录入"加工贸易加工企业生产能力证明"中对应料件与成品的信息。

问5 随附单据中"清单商品序号"如何填写？

答 暂无正式的填写规范，可不填写或者填写上传文件的顺序号，例如，1、2、3。

问6 企业在什么情况下，应办理资质变更？

答 有以下情况的企业应办理资质变更：

新增料件或成品的商品编码的前四位不在已批准的企业资质对应的料件或成品的清单之中；

企业资质备案已过有效期；

其他特殊原因。

问7 企业资质申请有效期失效了，怎么办？

答 可根据实际情况，通过变更方式对资质申请备案有效期进行延期。

问8 在金关二期系统中设立电子账册，企业应按料号级还是项号级申请备案？

答 金关二期系统全面支持料号级底账管理，同时兼容项号级管理。选择料号管理还是项号管理是企业行为，录入的料号是否为企业的真实料号，金关二期系统并不会识别，后续涉及的管理风险，由企业自行承担。根据目前金关二期的业务要求，备案时必须填写料号，故电子账册应使用料号级备案。

问9 企业申请设立加工贸易账册时，表头中的"单耗申报环节"（见图3-99）应如何填写？

答 按照加工贸易单耗管理办法的有关规定，企业应在保税加工的成品出口前、深加工结转前或内销前向海关申报单耗。但一些生产工艺流程简单、产品净耗比较稳定、产品单耗关系不太复杂的企业，可在账册备案环节向海关申报单耗。企业确实无法在上述环节向海关申报单耗，事先报经海关批准的，可在报核前向海关申报单耗。因此，对于单耗申报环节，一般企业应填写"出口前"，经海关核准在报核前申报单耗的企业（例如，参与"加工贸易单耗自核试点"的企业）可填写"报核前"。

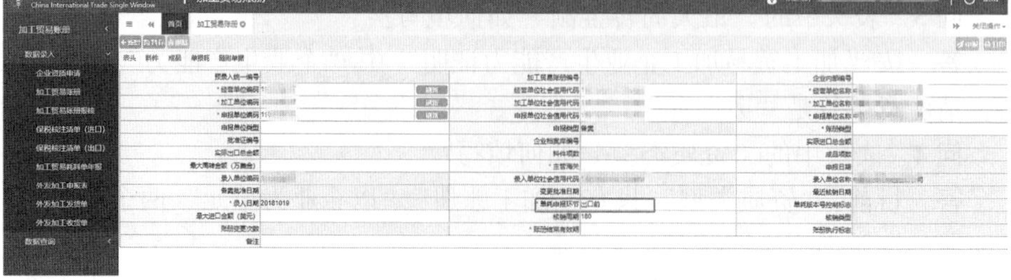

图3-99

问 10　企业在开展加工贸易账册业务时，向海关申报业务数据的方式有哪些？

答　目前有三种数据录入方式：自动对接导入方式；人工界面逐项录入；通过界面导入方式录入。

问 11　在金关二期系统中设立电子账册，备案成品和料件是否有数量指标控制？

答　目前，金关二期系统并没有设置料件与成品的数量反算逻辑，不单独控制数量，仍按整体周转量进行控制。按照目前金关二期系统的设置，无论成品或料件，实际进出口时系统暂不会核扣指标数量。

问 12　在金关二期系统中设立电子账册，备案时是否需要将料件、成品和耗量关系三者一起发送？

答　料件、成品、单损耗可以分开发送备案申请。

问 13　在金关二期系统中设立电子账册，备案成品和料件是否需注明单重？

答　目前，金关二期系统没有明确要求备案时必须注明单重。但根据海关统计的有关要求，当备案单位与法定计量单位不一致时，企业应在规格型号栏注明备案单位与法定计量单位的换算关系。具体请以当地海关的要求为准。

问 14　企业按料号级进行备案管理，品牌型号等申报要素信息是否也需要备案？

答　目前，金关二期系统没有要求必须在备案信息中录入申报要素。但在后续通关环节时，企业应根据货物的实际情况如实填报申报要素。

问 15　企业按料号级进行备案管理，但货物的价格会随市场需求而变化，请问应如何填报备案单价？

答　备案单价仅作参考之用，企业在后续通关环节时应根据货物的实际成交价格进行申报。

问 16　由国外客户提供的料件（简称客供物料）能否在金关二期电子账册中备案？

答　可以备案。根据《海关总署关于对外商提供的辅料管理问题的通知》的有关规定，对于限定的 78 种辅料，金额在 5000 美元以下的（含 5000 美元），且客供辅料的数量在对应出口成品单耗的合理范围内，可申请备案并免税进口。对 78 种辅料以外的客供物料，若是客户免费提供（无须付汇），可以"其他进出口免费"等征免性质进口。

问 17　企业如果存在同一成品料号，但对应不同的客户用料有所不同的情况，如何在金关二期系统中备案？

答　同一成品料号存在不同用料情况的，可当作不同的成品申请备案。在

103

国际贸易"单一窗口"：加贸及跨境电商篇

填报这些成品的备案信息时，需根据不同客户的用料版本分别填写 1、2、3 等自然数，用作单耗版本号。

注意：电子账册首次备案的成品单耗版本号填"1"。成功备案后，这些成品在金关二期系统中的序号、料号等信息一致，而单耗版本号及对应单耗会有所不同。在后续通关环节，企业应根据货物的实际单耗版本号进行申报。企业也可以根据不同客户建立不同的料号（例如，加后缀标识），以避免实际进出申报时出现单耗版本号混淆。

问 18 在金关二期系统中已备案耗量关系的成品，若其用料项目或数量发生了变化，应如何变更？

答 根据目前金关二期系统的设置要求，审批后已发生进出口操作的耗量关系不可修改。同一成品料号存在不同用料情况的，可当作新成品申请备案，以不同的单耗版本号作区分。在后续通关环节，企业应根据货物的实际单耗版本号进行申报。

问 19 金关二期系统中，替代料可否归并备案？

答 金关二期系统全面支持料号级底账管理，同时兼容项号级管理。企业可以将替代料按归并原则进行备案管理，出口前按照实际工单耗用情况进行备案。例如，可针对替代料在企业内部系统中建立双料号，备案时选择替代料的共用料号作为备案料号。

问 20 在金关二期系统中已备案的成品和料件，是否可以申请变更商品名称、规格型号、申报单价等信息？

答 有关要求与 H2010 系统的备案要求一致。备案通过后，未有进出记录且有合理的理由，可申请变更。原则上不允许变更备案单位和耗量关系。根据目前金关二期系统的设置，存在多个单耗版本号的同一料号的成品，变更上述字段时系统会自动退单。

问 21 加工贸易禁止类物料如何备案？若成品由禁止类料件制成，此成品能否备案？

答 加工贸易禁止类商品细分为禁止进口、禁止出口和禁止进出口三类，根据有关规定，对落在明细分类目录内的商品不予备案。例如，禁止进口的，不允许备案料件并保税进口；禁止出口的，不允许备案成品并出口。但深加工结转的，不按加工贸易禁止类管理。同时，对列入加工贸易禁止进出口而没有列入国家禁止进出口的商品，仍可按一般贸易方式开展进出口业务。

问 22 如何理解金关二期系统中耗量关系中的单耗、净耗、有形损耗、无形损耗？

答 单耗是指加工贸易企业在正常生产条件下，加工单位成品所耗用的料件量，单耗包括净耗和工艺损耗，单耗=净耗/（1-工艺损耗率）。净耗是指料件经加工后，通过物理变化或化学反应存在或者直接转化到单位成品中的量，净耗＝单耗－单耗×工艺损耗率。有形损耗和无形损耗统称工艺损耗。工艺损耗是指料件在正常加工过程中，除净耗外所必须耗用、但不能存在或者转化到成品中的量。有形损耗是指直观可见的原材料工艺损耗部分；无形损耗是指直观上看不见的原材料工艺损耗部分，例如，原材料在加工过程中挥发、溶解等的部分。

问 23 在 H2010 系统切换到金关二期系统期间，原 H2010 系统下出口的成品，现需退回返工，如何在金关二期系统中备案？

答 原 H2010 系统下的成品出口记录不会同步至金关二期系统中，因此目前不能使用金关二期系统办理成品退货进出口申报。后续应会出台相关办法，请以海关的最新通知指引为准。

问 24 企业申请设立加工贸易电子账册时，申报超过 1 天后客户端仍显示"成功发送海关"或"海关接受成功"，或者超过正常人工审核时限后客户端仍显示"转人工"，应如何处理？

答 属于异常情况，应上报属地海关查询具体账册的实际审批状态，由属地海关根据查询的状态联络相关部门处理。

问 25 企业申请设立加工贸易账册或者变更备案时，系统显示"电子审单异常终止退单"，应如何处理？

答 属于系统异常情况，企业可尝试重新发送（必要时更换电脑重新发送），如仍无法解决，需报告属地海关联络相关部门解决。

问 26 切换到金关二期系统后，企业如何申报进出口？

答 使用金关二期系统的加工贸易企业，如需报关，应先申报保税核注清单，保税核注清单预审核通过后，系统会根据保税核注清单上的数据自动归并生成报关单，企业根据报关单的申报要求，使用货物申报系统向海关正式申报。

问 27 关检融合后，金关二期系统中的国别、币制、监管方式等代码参数与货物申报系统中的不一样，应如何处理？

答 金关二期系统核注清单生成报关单后，企业从货物申报系统查询出该报关单后，系统会自动进行新老参数的转换，对于参数代码一对多的情况，系统不会转换，企业应核对相应的参数代码正确无误后进行申报。

问 28 在金关二期系统中申报了保税核注清单，为什么还要生成报关单进行申报？

答 保税核注清单是金关二期保税底账核注的专用单证，可以反映企业端的细化数据。而由保税核注清单自动归并生成的报关单，则能简化报关手续，便利于验放通关环节。

问 29 制单过程中，出口保税核注清单表体中的"单耗版本号"如何填写？

国际贸易"单一窗口"：加贸及跨境电商篇

答　必填项，填写实际出口成品对应的正确的单耗版本号。

问30　制单过程中，保税核注清单表体中的"毛重"一定要录入内容吗？

答　非必填项，可以不录入。

问31　企业在申报保税核注清单时，是否需要填写申报要素，以及需要上传哪些单据？

答　目前，在金关二期系统中录入保税核注清单时不用录入申报要素，也不用上传相关随附单据。但由保税核注清单生成报关单后，在"单一窗口"货物申报系统中，申报前需录入申报要素和上传相关随附单据。

问32　在申报报关单时，原账册备案的"规格型号"栏的内容是否可以修改？

答　可将原账册备案的规格型号修改为实际进出口货物的规格型号向海关申报。

问33　保税核注清单的流转类型为"加工贸易深加工结转"时，其对应的报关类型是什么？

答　保税核注清单的流转类型为"加工贸易深加工结转"时，其对应的报关类型应为"对应报关"，关联手（账）册备案号填写对方的账册备案号。

问34　报关单已放行，但保税核注清单"核扣标记"没有显示"已核扣"，应如何处理？

答　入区报关单审结就可以核扣，出区必须结关后才能核扣，如满足此条件但仍出现上述问题，则属系统异常情况，需报告属地海关联络相关部门处理。

问35　切换到金关二期系统后，原H2010账册报关单下的货物是否可以与金关二期账册报关单下的货物同一部车出口？

答　可以。

问36　切换到金关二期系统后，加工贸易账册内销征税业务应如何办理？

答　按照目前金关二期系统的设置，金关二期账册项下的加工贸易货物申请内销，企业无须申报内销征税联系单，直接申报内销核注清单，以保税核注清单为基础申报内销报关单。

问37　H2010系统下账册的余料，如何结转到金关二期系统下的加工贸易账册中？

答　现有H2010系统账册剩余料件需结转至金关二期系统加工贸易账册的，取消余料结转前置审核环节，企业无须办理余料结转申请表，直接申报保税核注清单及报关单即可。

问38　H2010系统下账册的余料数量大于金关二期账册周转量的数量时，能不能结转？

答　根据目前金关二期系统的设置，余料数量大于周转量时并不会自动退单，可以结转。

问39 金关二期系统下，加工贸易账册核销期的规定有何变化？

答 有关核销期的规定目前没有变化，企业仍需在海关规定的时间内向海关报核。

问40 金关二期系统下，加工贸易账册核销的主要内容是什么？

答 加工贸易账册报核主要是对核销周期内的核注清单及已备案料件的库存情况等进行对比核销。

问41 加工贸易账册的报核数据能否自动提取？

答 根据目前金关二期系统的设置，清单信息既可自动提取，也可手工录入。手工录入清单信息时，可以在清单编号中手工录入有关的进出口核注清单（QD开头）的统一编号，系统会自动返填其他信息；也可以在清单模块中点击"自动提取"，此时系统会自动调出核销期内的核注清单信息。

问42 电子账册报核时，输入账册号后系统显示"服务器响应信息：没有获取到对应的账册数据"，该如何处理？

答 在账册查询模块中，输入该账册号，数据状态选择"全部"，如果能查询出该本账册，请确认是否是"审批通过状态"，如果查询不到，需联系现场海关，申请同步账册数据到申报端。

问43 电子账册报核申请已发送，什么情况下需做差异处置？

答 当申报端本次报核数据状态为"差异确认"时，企业需要进行差异处置。企业认可海关核算差异时，可选择"海关处置"，将差异确认结果反馈海关；否则，选择"企业处置"进行补充申报。

问44 电子账册逾期未发送报核申请的，系统是否会锁机？应如何解决？

答 根据目前金关二期系统的设置，企业逾期未报核的，在发送其他进出口通关数据时会被系统退单。企业应按时报核，逾期未报核导致无法申报进出口核注清单的，需报告属地海关，联络相关部门处理。

问45 企业账册的资质备案已审批通过，账册备案时提示查不到以企业为单元的企业资质申请数据，不允许申报，应该怎么处理？

答 确认企业资质备案中的资质类型是否是"以企业为单元"，如果不是，需要企业重新申请以企业为单元的资质备案。

问46 账册报核时，如果在本报核期内的清单没有结关，或者有些核注清单不想在本期报核的，要转下期报核应如何操作？

答 可以根据实际情况，只申报本次参与核算的清单。

问47 在加工贸易账册系统中，为什么已经录入的核注清单在系统里却查不到了？

答 核注清单模块在加工贸易账册、加工贸易手册、海关特殊监管区域等

国际贸易"单一窗口":加贸及跨境电商篇

几个系统里都可以录入,但在不同系统里不能相互查询,即如果是在海关特殊监管区域系统或者加工贸易手册系统里录入的核注清单,那么在加工贸易账册系统里是查询不到的。故用户在做业务时,要弄清楚自己所使用的是哪个系统。

问 48 企业在录入加工贸易账册报关单时,系统提示"您没有当前备案信息的报关权限(金关二期)",应怎么处理?

答 对于代理报关的企业,需要账册的经营单位给代理报关企业进行委托授权,先做企业间授权,再做企业内授权。具体请参见委托授权系统的操作说明。

问 49 什么是保税核注清单?它有什么作用?

答 保税核注清单是金关二期保税底账核注的专用单证,属于办理加工贸易及保税监管业务的相关单证。具体请参见《关于启用保税核注清单的公告》(海关总署公告 2018 年第 23 号)。

问 50 同批申报的多份报关单,大部分显示"已放行",但仍有一份显示"审结",这是什么情况?如何处理?

答 请检查该份"审结"状态的报关单录入是否有误,如录入无误,则属系统异常情况,需报告属地海关,联络相关部门处理。

问 51 目前保税核注清单没有项数的限制,但每份报关单最多只有 50 项,一份保税核注清单可以生成多份报关单吗?

答 根据目前金关二期系统的设置,一份保税核注清单只能对应一份报关单。

问 52 核注清单生成报关单时,如何让系统不按归并原则进行自动合并?

答 核注清单生成报关单时,系统会根据归并原则进行自动合并。企业若不希望报关单自动合并,可在填写核注清单时,在"报关单商品序号"处手工录入每项商品在报关单中的序号(排序),则生成的报关单的内容顺序将与核注清单的内容顺序一致。

问 53 原 H2010 系统下已审结的集报清单的有效期是 3 天,终审通过后的保税核注清单的有效期也是 3 天吗?

答 《关于启用保税核注清单的公告》(海关总署公告 2018 年第 23 号)中,未提到保税核注清单的有效期问题。根据金关二期系统的设置,目前不存在自动作废的情况。

问 54 终审通过后的保税核注清单可以修改或者撤销吗?

答 根据《关于启用保税核注清单的公告》(海关总署公告 2018 年第 23 号)第六条,海关接受企业报送的保税核注清单后,保税核注清单需要修改或者撤销的,企业需联系现场海关按以下方式处理:

货物进出口报关单(备案清单)需撤销的,其对应的保税核注清单应一并撤销；

保税核注清单无须办理报关单（备案清单）申报或对应报关单（备案清单）尚未申报的，只能申请撤销；

货物进出口报关单（备案清单）修改项目涉及保税核注清单修改的，应先修改清单，确保清单与报关单（备案清单）的一致性；

报关单、保税核注清单修改项目涉及保税底账已备案数据的，应先变更保税底账数据；

保税底账已核销的，保税核注清单不得修改、撤销；

海关对保税核注清单数据有布控复核要求的，在办结相关手续前不得修改或者撤销保税核注清单。

问 55 企业报送保税核注清单后，如何撤销？

答 根据目前金关二期系统的设置，企业报送保税核注清单后，如需撤销，需到现场海关申请。

问 56 在金关二期系统中办理深加工结转，录入核注清单时，"报关类型"和"清单类型"分别填写什么？

答 在金关二期系统中办理深加工结转，录入核注清单时，"报关类型"填写"对应报关"，"清单类型"填写"普通清单"。

问 57 核注清单生成的报关单，如何进行后续申报？

答 核注清单预审核通过后，可以从核注清单表体的"报关单草稿"部分找到报关单统一编号，然后登录货物申报系统，进入"货物申报"—"数据查询/统计"—"报关数据查询"界面，点击"高级查询"，操作类型选择"其他报关单数据查询"，输入报关单统一编号即可调出报关单数据，补充确认完整后即可进行申报。

问 58 在货物申报系统查询页面的高级查询中，输入核注清单生成的报关单暂存号后，点击查询，系统提示"服务调用失败，海关返回消息：权限检查不通过"，如何处理？

答 在货物申报系统的高级查询中，如果报关单的境内收发货人、消费使用单位、申报单位、录入单位之一与当前登录用户对应的海关10位编码匹配，便可以查询出来。如果报关单需要代理申报，核注清单对应报关时，需要将核注清单表头的"对应报关单申报单位编码"填写成实际报关申报单位；核注清单关联报关时，需要把核注清单表头的"关联报关单申报单位编码"填写成实际报关申报单位。

问 59 核注清单生成报关单时，备案号是如何对应的？

答 核注清单生成报关单时，根据表头中的"报关类型"来生成报关单的备案号，如果是"对应报关"，填写表头中的手（账）册编号；如果是"关联报关",则填写关联手(账)册备案号。

问60 之前申报的保税核注清单在查询时查不到,是怎么回事?

答 核注清单查询页面的条件是联合查询,请确认所查询的清单是否满足界面的查询条件,尤其是"进出口类型"和"录入日期"是否符合要求。

问61 在加工贸易账册系统中,操作保税核注清单(进口),暂存后发现币制录错需要修改,企业调出该份暂存的保税核注清单,修改币制后,在备注录入框内敲回车键,系统提示"报关单序号已经存在,但是与对应的报关商品信息归并条件不同,不能进行归并",点击"确定"按钮后,系统提示暂存成功,但企业重新查询该暂存的保税核注清单时,币制仍为修改前的数据,并未修改成功。请问是否无法修改币制?企业应该怎么做?

答 币制是归并条件,不允许修改,只能删掉错误表体,重新录入。

问62 加工贸易账册报核清单的"自动提取"功能可以多次使用吗?

答 "自动提取"功能在本报核期内只能使用一次。

问63 导入客户端联调测试环境的加工贸易电子账册申请被海关退单,可否通过报文进行修改,还是只能重新申请?

答 只能重新申请。

问64 请问金关二期系统账册资质备案申请,通过客户端对接,第一次发送被退单后,重新发送时需要加上第一次给的中心编号吗?

答 需要,如果不附上第一次的统一编号,系统会默认为是新的数据,会再次生成新的统一编号。

第四章　海关特殊监管区域系统

第一节　业务简介

海关特殊监管区域管理包括保税加工、保税物流、服务贸易、新兴业务（检测、维修、研发等生产性服务业）等海关业务管理，海关特殊监管区域系统以企业为单元，以账册和记账凭证管理作为基础，根据实际业务需要，设立委托授权、保税加工账册和物流账册备案、账册报核、业务申报表、耗料单、核注清单、出入库单、核放单、集中报关、车辆信息备案等功能，实现国际贸易企业通过"单一窗口"一点接入，一次性提交满足口岸监管部门要求的特殊监管区域申报信息，管理部门按照确定的规则进行审核，并将审核结果通过"单一窗口"统一反馈，便于企业查询。

海关特殊监管区域围网以内的区域，是本信息系统服务的主要目标。特殊监管区域主要包括保税区、出口加工区、保税物流园区、跨境工业园区、保税港区、综合保税区等。

一、加工贸易账册

区内加工贸易账册分为备案式和记账式两种。其中，备案式账册分为H账册及工单账册；记账式账册为耗料账册。

H账册为单耗核销式账册，企业备案时需要备案单损耗，核销时按照单损耗进行核算。单耗申报环节分为出口前和报核前，企业在账册备案时自行选择。

工单账册为工单核销式账册，目前企业通过"单一窗口"系统进行账册的申请及报核，其工单信息按照海关要求发送。

耗料账册为耗料核销式账册，企业按照海关要求定期申报耗料单信息。

二、加工贸易账册报核

加工贸易账册报核功能模块可实现按照报核周期，对本核销周期内的核注清单、库存情况进行申报，实现账册的滚动核销。加工贸易账册报核功能包括新增、录入、修改、删除、暂存、查询、打印等。

国际贸易"单一窗口"：加贸及跨境电商篇

三、物流账册

物流账册包括物流账册的备案、变更两个环节。

备案环节：物流账册为记账式账册，只需备案表头，表体账册数据由核注清单审批通过记入底账，无须备案时申报。

变更环节：表体只能修改已有数据的商品编码和存储（监管）期限字段，不允许进行表体新增和删除操作。

四、加工贸易耗料单

加工贸易耗料单仅适用于耗料账册，加工贸易耗料账册备案成功后，企业按照海关要求定期申报耗料单信息。耗料单信息包括：耗料单基本信息、清单列表、料件耗用表、边角料数量表。

五、保税核注清单

为推进实施以保税核注清单核注账册的管理改革，实现与加工贸易及保税监管企业料号级数据管理的有机衔接，海关总署决定全面启用保税核注清单，自2018年7月1日起，按照《关于启用保税核注清单的公告》（海关总署公告2018年第23号）执行。

保税核注清单是金关二期保税底账核注的专用单证，属于办理加工贸易及保税监管业务的相关单证。加工贸易及保税监管企业已设立金关二期保税底账的，在办理货物进出境、进出海关特殊监管区域、进出保税监管场所，以及开展海关特殊监管区域、保税监管场所、加工贸易企业间保税货物流（结）转业务时，应按照金关二期保税核注清单系统设定的格式和填制要求向海关报送的保税核注清单数据信息，再根据实际业务需要办理报关手续。

核注清单（报关标志为"报关"）申报成功，系统按照核注清单归并报关单的原则，自动生成报关单草稿，企业按照返回的报关单统一编号登录货报系统查询并补录信息，即可进行报关单的申报。

💡 **小提示**

海关接受企业报送的保税核注清单后，保税核注清单需要修改或者撤销的，按以下方式处理：

货物进出口报关单（备案清单）需撤销的，其对应的保税核注清单应一并撤销；

保税核注清单无须办理报关单（备案清单）申报或对应报关单（备案清单）尚未申报的，只能申请撤销；

货物进出口报关单（备案清单）的修改项目涉及保税核注清单修改的，应先修改清单，确保清单与报关单（备案清单）的一致性；

报关单、保税核注清单的修改项目涉及保税底账已备案数据的，应先变更保税底账数据；

保税底账已核销的，保税核注清单不得修改、撤销。

六、业务申报表

业务申报表是日常出入区统一业务审批单证，企业在日常出入区（出入区时不需要报关）前，需要事先申报业务申报表，在业务申报表中填写需要临时出入区的商品的基本信息和数量，经海关审核通过后，企业才可以根据业务申报表，申报出入库单进行出入区。

业务申报表的业务类型包含 A-分送集报、B-外发加工、C-保税展示交易、D-设备检测、E-设备维修、F-模具外发、G-简单加工、H-其他业务。其中，G-简单加工业务需要报送核注清单，其他业务通过出入库单进行申报。

业务申报表包含备案、变更、结案三个环节。

备案环节：海关审核通过后，会根据情况征收担保金。

变更环节：增加商品，需要增加担保金额。表头可变更担保编号、有效期；表体只允许新增商品项；单耗只允许新增。

结案环节：商品全部出入库后，申报结案申请。

七、出入库单

业务申报表审核通过后，货物在具体进出区时，企业可根据业务申报表申报出入库单。出入库单中的商品信息和数量在业务申报表范围内。

出入库单的业务类型从业务申报表中调取，但仅包括 A-分送集报、B-外发加工、C-保税展示交易、D-设备检测、E-设备维修、F-模具外发、H-其他业务。G-简单加工业务通过核注清单录入，不通过出入库单录入。

出入库单包含备案、作废两个环节。

备案环节：海关审核通过后，企业可根据出入库单录入核放单；

作废环节：只发送作废申请，不发送数据。

八、核放单

核放单是车辆进出特殊区域（场所）卡口的唯一单证。核注清单、出入库单审核通过后，货物进出区前，企业需要录入核放单，并将核放单与车辆信息对应。车辆在进出卡口时，卡口系统会根据车辆信息找到对应的核放单信息，再进行通道判别。

核放单类型分为：先入区后报关、一线一体化进出区、二线进出区、非报关进出区、卡口登记货物、空车核放单。

核放单与关联单证的关系为1∶1、1∶N、N∶1。

核放单包括备案、作废两个环节。

备案环节：海关审核通过后，车辆可进出卡口；

作废环节：只发送作废申请，不发数据。

九、集中报关

集中报关是经主管海关核准，企业需要多批次进出区，在规定的期限内（审核通过后一个月）集中办理报关手续的特殊通关方式。本系统的集中报关是根据出入库单自动归并生成集中报关核注清单（以下简称集报核注清单），企业集中向海关申报。

出入库单合并生成集报核注清单的原则为：申报表编号相同；非退货单。

💡 **小提示**

对于已生成的集报清单，可以取消生成。

十、车辆信息

车辆在绑定核放单进出卡口之前，需先进行车辆信息备案。

车辆信息分为备案、变更两个环节。

十一、清单结关

对分送集报、保税展示交易、区内流转、一线企业进出区等业务，相应核注清单申报后，由企业端进行清单结关申请，触发报关单结关。

十二、两步申报核放单

企业进行两步申报时，先在货物申报系统录入概要申报报关单，报关单放行后，进行两步申报核放单的录入。两步申报核放单录入成功后，根据核放单，货物过卡进出区后，在进行两步申报核注清单的备案。

十三、核放单调取授权

企业可在核放单调取授权模块中，对需要查询出相应核放单的企业进行授权。

第二节　基本操作

相关业务数据有严格的填制规范，如在系统内录入数据的过程中，字段右侧弹出红色提示，代表当前录入的数据有误，需根据要求重新录入。

点击界面上方的蓝色按钮（见图4-1）所进行的操作，将影响当前整票申报的数据。

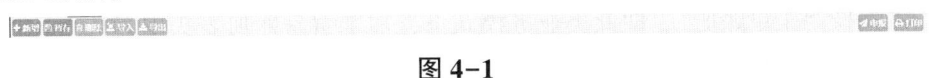

图 4-1

点击界面中的各类白色按钮（见图4-2）进行的操作，所影响的数据仅为当前涉及的页签或字段。

图 4-2

一、加工贸易账册

海关特殊监管区域（场所）的加工型企业录入加工贸易账册数据，向海关申请加工贸易账册，海关审核通过，返回加工贸易账册编号，完成账册设立。

点击选择菜单中的"数据录入"—"加工贸易账册"（见图4-3）。

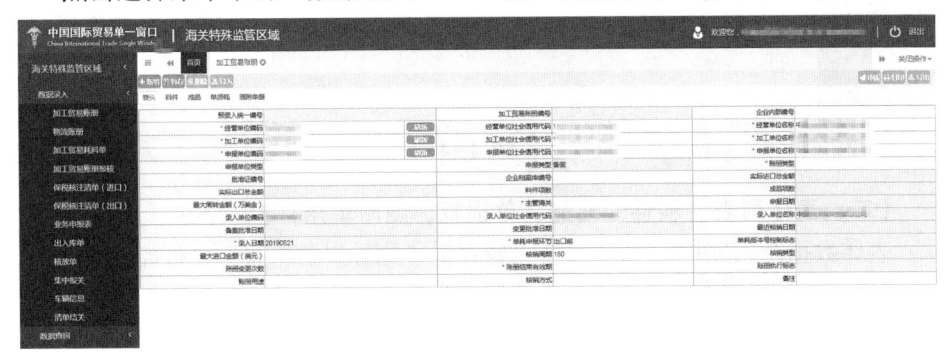

图 4-3

💡 **小提示**

界面中带有红色星号或浅黄底色的字段为必填项。灰色字段为系统返填项，不允许录入。白色字段为选填项，根据实际需要填写。

国际贸易"单一窗口":加贸及跨境电商篇

(一)加工贸易账册表头

加工贸易账册录入界面中,账册类型字段需在参数中调取(使用键盘空格键,可调出下拉菜单并在其中进行选择),说明如下:

选择"耗料账册",即此类业务模式下,加工贸易账册表头中有关单耗的字段(包括企业档案库编号、最大周转金额、单耗申报环节、单耗版本号控制标志等字段)变为灰色,不允许录入。料件、成品、单耗表体的内容为灰,不允许录入。

选择"工单账册",即此类业务模式下,加工贸易账册表头中有关单耗的字段(包括企业档案库编号、最大周转金额、单耗申报环节、单耗版本号控制标志等字段)变为灰色,不允许录入。料件、成品表体可录入,单耗表体不可录入。

选择"H账册",即此类业务模式下,加工贸易账册表头中有关单耗的字段、料件、成品、单耗表体均需录入。

表头字段录入完成后,点击蓝色"暂存"按钮,暂存成功后,方可继续录入料件、成品、单损耗等内容(见图4-4)。

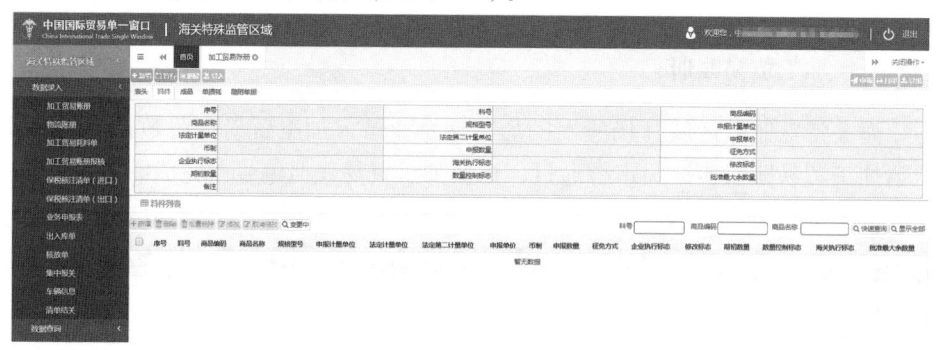

图 4-4

(二)表体列表(料件、成品、单损耗、随附单据)

表体数据录入完成,点击蓝色"暂存""删除""申报""打印""导出"按钮时,可实现相应操作。

1. 料件

(1)料件新增

点击加工贸易账册料件界面中的白色"新增"按钮,界面弹出表体料件信息(见图4-5)。

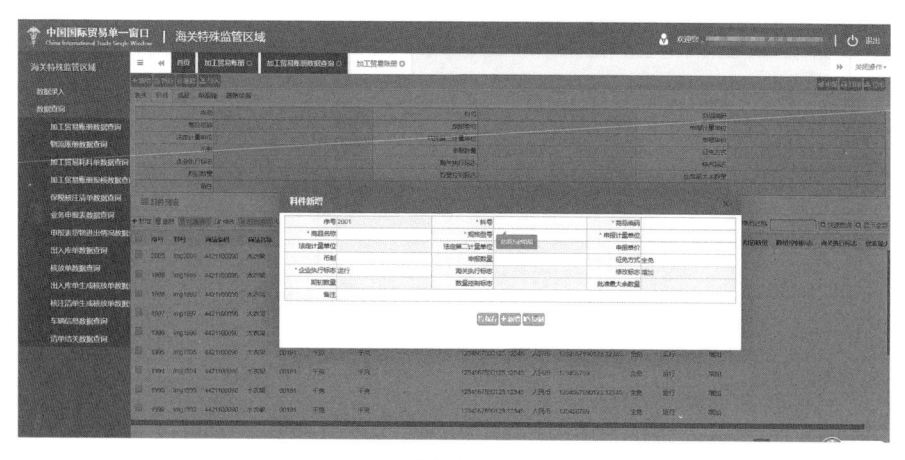

图 4-5

序号项由系统根据账册已有料件记录条数自动累计。

商品编码按《中华人民共和国进出口税则》和《中华人民共和国海关统计商品目录》规范录入。敲击回车键，系统根据所录编码弹出商品列表窗口（见图 4-6），选择相应商品，点击"确定"后，系统自动补全商品编码，并返填商品名称、申报计量单位、法定计量单位等。

图 4-6

币制、征免方式等项，可直接录入相应代码或名称并敲击回车键确认，也可从弹出的下拉列表中选取。

（2）料件保存

按要求编辑完料件数据后，点击蓝色"保存"按钮，系统将自动校验并保存当前界面内已录入的数据，提示暂存成功，完成料件数据的新增（见图 4-7）。

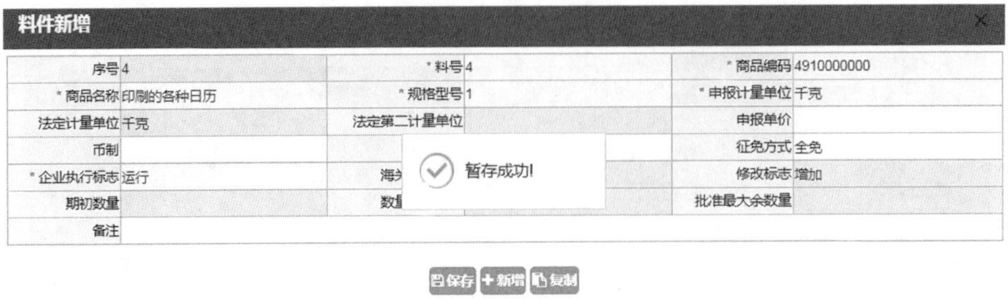

国际贸易"单一窗口":加贸及跨境电商篇

图 4-7

(3)料件连续新增

点击图 4-8 中的蓝色"新增"按钮,系统将自动清空当前界面内所有已录入的数据,序号自动累加,用户可继续录入一票数据(见图 4-9)。

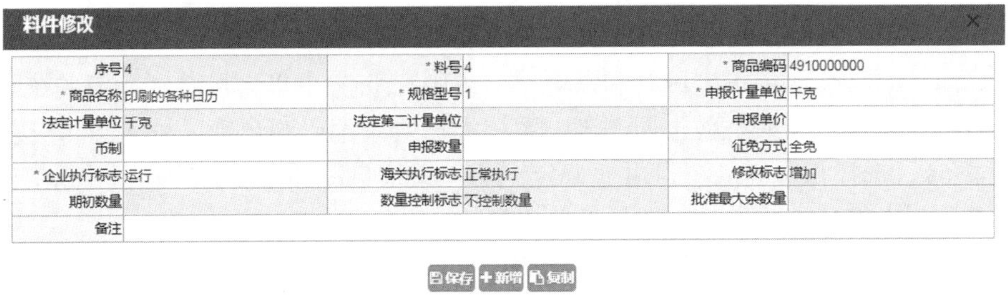

图 4-8

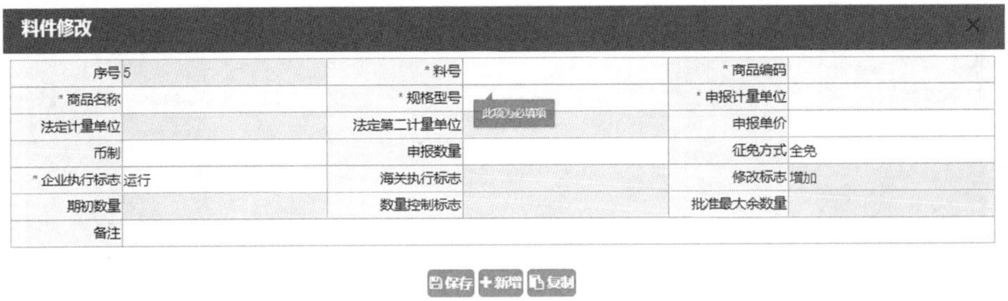

图 4-9

💡 小提示

如在录入数据的过程中,点击了"保存"按钮,系统将自动保存当前所录入的数据,即使进行新增操作,已录入的数据也不会丢失。

(4)料件复制

点击图 4-10 中的蓝色"复制"按钮,系统将复制当前界面已录入的数据,序号自动累加,按需修改料件信息后,点击"保存",完成料件信息的快速新增(见图4-11)。

图 4-10

图 4-11

(5)料件删除

在加工贸易账册料件界面中选中某条料件表体,点击白色"删除"按钮,再点击"确定",系统将删除本条料件表体数据(见图4-12)。

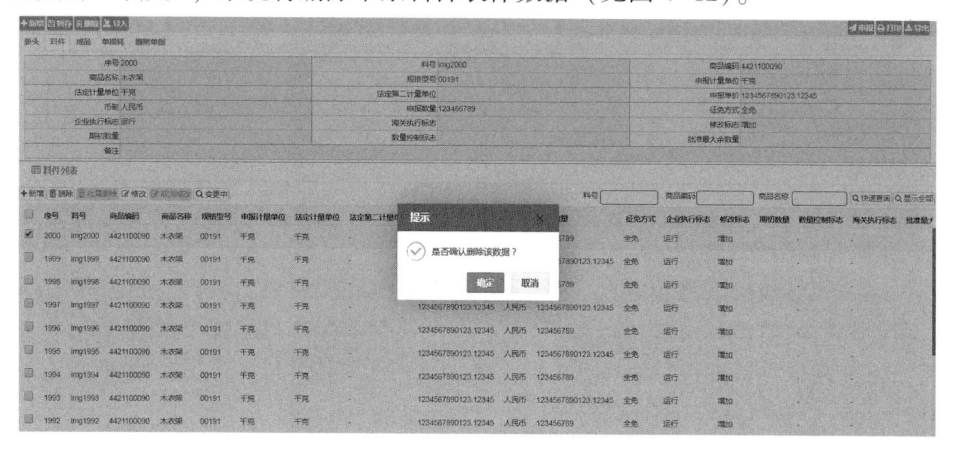

图 4-12

国际贸易"单一窗口"：加贸及跨境电商篇

(6) 料件批量删除

在加工贸易账册料件界面中选中多条需要删除的料件表体，点击"批量删除"按钮，再点击"确定"，系统将删除所选中的料件表体数据（见图4-13）。

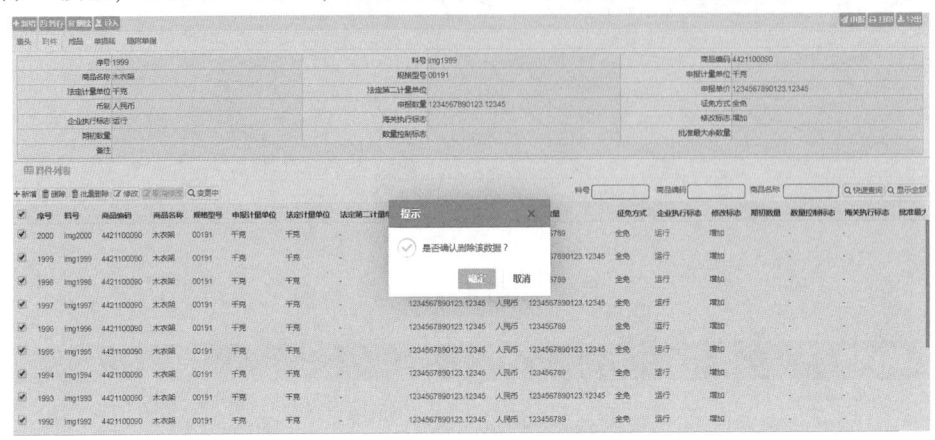

图 4-13

(7) 料件修改

在加工贸易账册料件界面中选中某条料件表体，点击"修改"按钮，系统将弹出本条料件录入界面（见图4-14），修改相应数据后，点击"保存"，完成修改操作。

图 4-14

(8) 料件取消修改

该功能仅限海关终审通过，进行变更业务时使用。用户修改某条数据成功后，若想取消修改，可选中已修改的数据（见图4-15），点击"取消修改"按钮，系统恢复到修改前的数据。

图 4-15

（9）料件变更

该功能仅限海关终审通过，进行变更业务时使用。企业修改数据成功后，可点击"变更中"按钮（见图 4-16），系统将本次变更修改的数据全部列出。

图 4-16

（10）料件快速查询

输入料号、商品编码或商品名称等查询条件，点击"快速查询"按钮，系统自动列出符合查询条件的料件记录（见图 4-17）。

图 4-17

国际贸易"单一窗口":加贸及跨境电商篇

(11) 料件全部查询

用户使用"快速查询"或"变更中"功能查询出某条数据后,可点击"显示全部"按钮,系统将数据全部列出(见图4-18)。

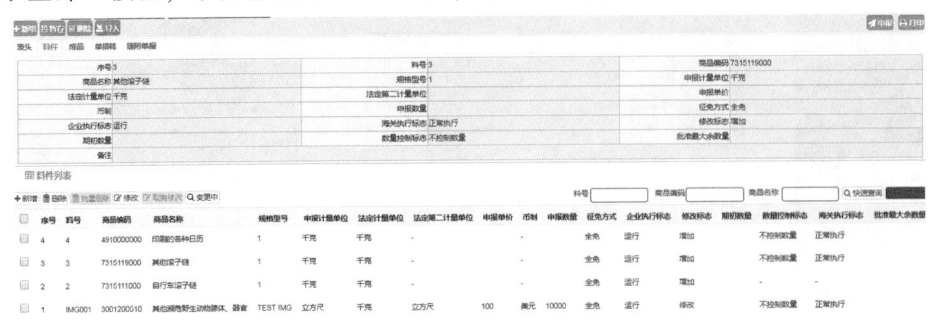

图 4-18

💡 **小提示**

在料件、成品、单损耗等页签内,可输入相应的查询条件,点击"快速查询"按钮,系统将查询出相应数据。点击"快速查询"或"变更中"按钮查询出特定数据后,如果需要查看全部数据,点击"显示全部"按钮,系统将数据全部列出。

(12) 料件导入

表头暂存成功后,即可使用导入功能导入料件数据。点击蓝色"导入"按钮,在弹窗中打开料件导入模板具体保存路径,选择导入模板,点击弹窗上的"上传"按钮,系统自动导入料件数据(见图4-19)。

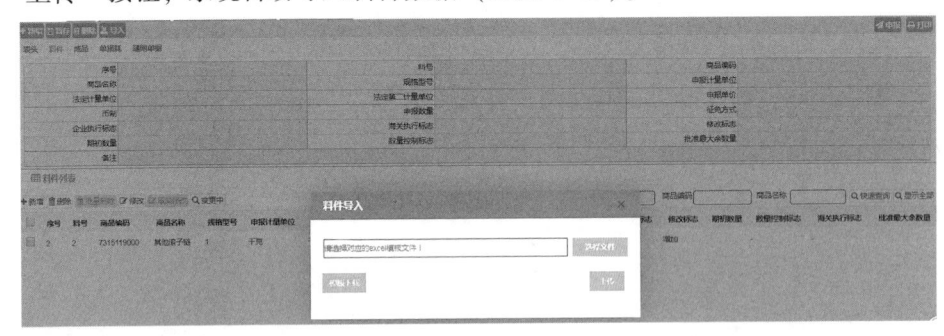

图 4-19

2. 成品

点击加工贸易账册成品界面中的白色"新增"按钮(见图4-20),界面弹出成品信息录入窗口(见图4-21),编辑录入成品数据。

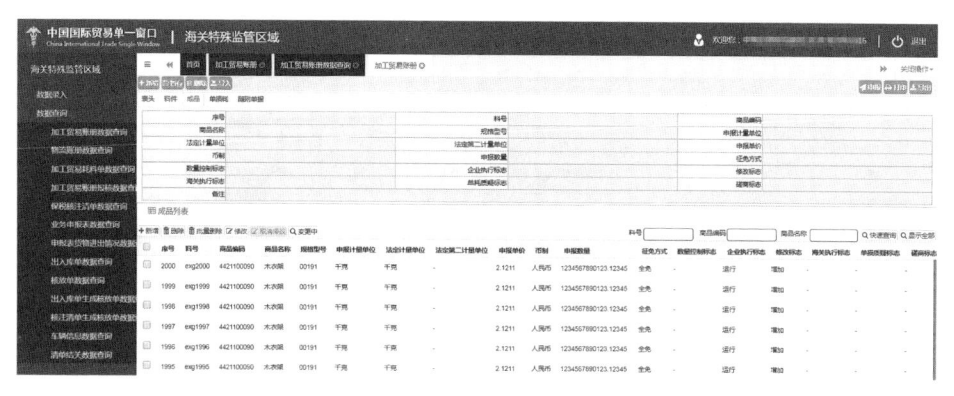

图 4-20

图 4-21

💡 小提示

成品数据的新增、删除、修改、导入、查询等具体操作可参考料件部分。

3. 单损耗

点击加工贸易账册单损耗界面中的白色"新增"按钮（见图 4-22），界面弹出单损耗信息录入窗口（见图 4-23），编辑录入单损耗数据。

图 4-22

国际贸易"单一窗口"：加贸及跨境电商篇

图 4-23

> **小提示**
>
> 单损耗数据的新增、删除、修改、导入、查询等具体操作可参考料件部分。

4. 随附单据

表头暂存成功后，方可进行随附单据的新增、暂存、删除及上传等操作。点击随附单据页签，系统默认打开随附单据新增编辑界面（见图 4-24）。

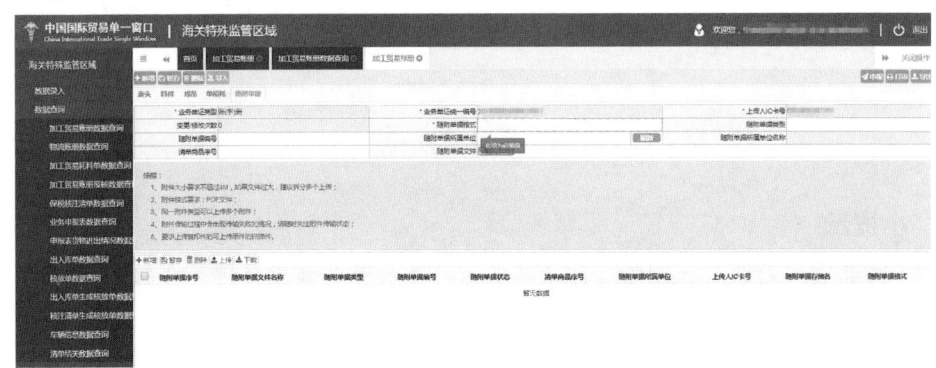

图 4-24

随附单据格式、随附单据类型等录入项，可直接录入相应代码或名称并敲击回车键确认，也可从弹出的下拉列表中选取。

随附单据所属单位录入项填写海关 10 位编码，点击录入项右侧的蓝色"刷新"按钮或敲回车键，系统会自动返填随附单据所属单位名称。

随附单据格式录入"非结构化"时，随附单据文件录入项的蓝色"文件选择"按钮才可点击，并弹窗选择需上传的随附单据文件。

（1）随附单据暂存

填写随附单据录入项信息，选择随附单据文件（见图 4-25）。点击白色"暂存"按钮，将随附单据文件保存至表体，状态为"待上传"（见图 4-26）。

图 4-25

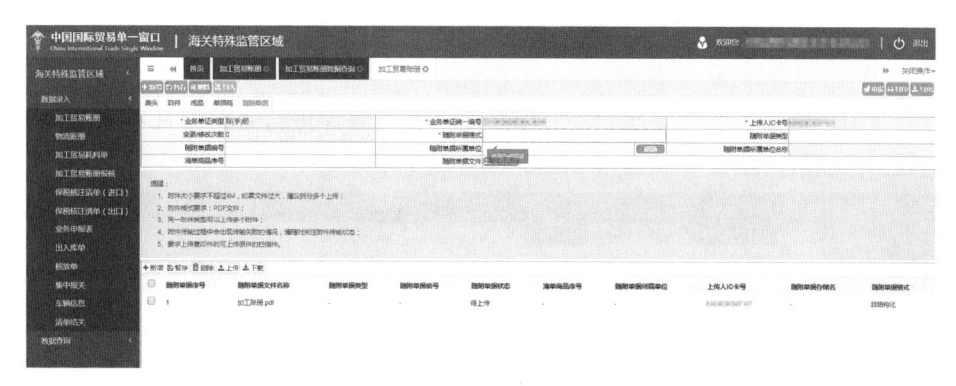

图 4-26

（2）随附单据上传

在图 4-26 所示界面中，选中待上传的随附单据，点击"上传"按钮，系统提示上传成功（见图 4-27）。

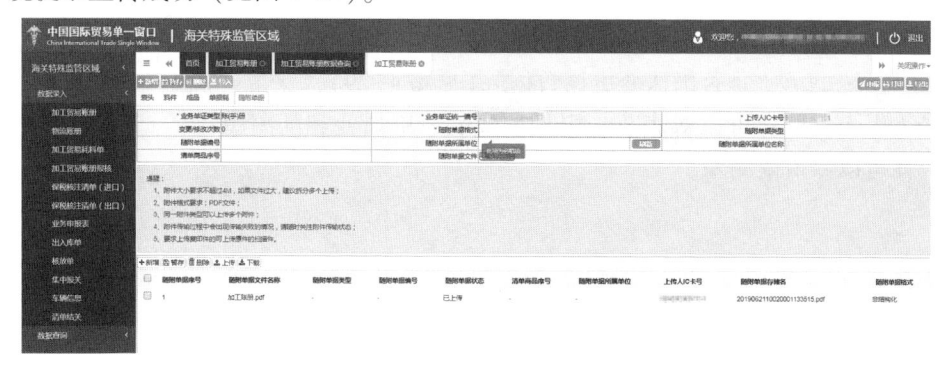

图 4-27

国际贸易"单一窗口"：加贸及跨境电商篇

（3）随附单据下载

在图4-27所示界面中选中某一条随附单据数据，点击"下载"按钮，系统将该票随附单据下载至本地。

（4）随附单据删除

在图4-27所示界面中选中某一条随附单据数据，点击白色"删除"按钮，系统将该票随附单据直接删除。

（5）随附单据新增

在随附单据界面中填写部分随附单据表头信息时，点击白色"新增"按钮，系统将清空界面，界面恢复初始化。

（三）加工贸易账册变更

该功能模块包括加工贸易账册录入新增、修改、删除、申报、查询、打印功能。

在加工贸易手册数据查询界面中，输入查询条件进行查询，选中需要变更的数据，点击"变更"按钮（见图4-28）。

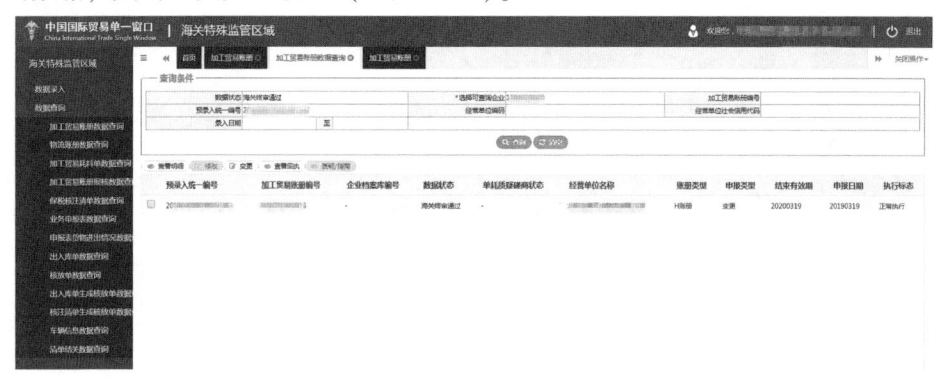

图 4-28

系统提示"是否确认变更该数据"（见图4-29），点击"确定"，进入变更录入界面。用户可以对表头、料件、成品、单损耗和随附单据数据进行修改，表体可以新增或删除。

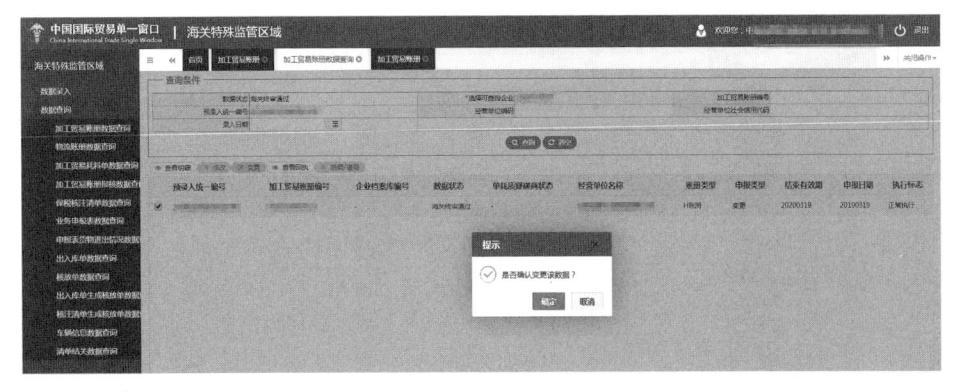

图 4-29

> 💡 **小提示**
>
> 加工贸易账册状态只有为"海关终审通过"时,才可以进行变更,加工贸易账册变更涉及的新增、修改、删除、申报、查询、打印等具体操作可参考加工贸易账册备案。

(四) 加工贸易账册单损耗质疑/磋商

企业可自行录入或者委托预录入机构完成加工贸易账册数据录入,录入完成后向海关发送申报信息。海关收到加工贸易账册信息后进行审核,审核时若发现成品对应的单损耗数据有问题,会向企业发送单损耗质疑通知书或磋商通知书。企业收到质疑通知书后,可以针对本次质疑补充证明材料,并将随附单据的情况申报给海关,海关审核确认无误后,向企业发送质疑入库成功回执,然后再发送该账册数据的审批通过回执。

如企业发送的质疑补充材料海关未认可,海关将再次给企业发送磋商通知书。企业收到磋商通知书后,双方进行沟通,达成一致意见后,海关向企业发送磋商记录回执,然后再发送该账册数据的审批通过回执。

点击选择菜单中的"加工贸易账册数据查询",进入查询界面,选择单耗质疑磋商状态为"海关发起单耗质疑"的数据(见图 4-30)。

国际贸易"单一窗口"：加贸及跨境电商篇

图 4-30

点击"质疑/磋商"，进入质疑磋商通知书信息及商品信息界面（见图 4-31）。

图 4-31

选中通知书记录，点击"商品信息"，系统显示该通知书中需质疑磋商的商品记录信息，点击下方的"随附单据"按钮，选择需要上传的随附单据文件；点击下方的"申报"按钮进行申报。

💡 **小提示**

补充的证明材料需通过账册的随附单据报送给海关，具体操作可参考随附单据部分。

点击"打印通知"按钮，系统将生成一个 PDF 文件，可直接打印或保存，文件的具体内容及格式见图 4-32。

金关工程（二期）加工贸易保税监管系统

中华人民共和国▢▢关区
加工贸易单耗质疑通知书

单耗质疑（2018）▢▢▢▢▢号

北▢▢▢▢▢▢公司：

你公司/单位于2018年07月25日向我关申报的第1、1项成品（手/账册号或预录入号：▢▢▢▢▢▢），我关现提出质疑。

根据《中华人民共和国海关加工贸易单耗管理办法》第十一条的规定，请你收到本通知之日起五个工作日内提供情况说明，并补充申报材料，例如：样品图片、合同、订单以及品质、规格等资料；成品结构图、设计图、线路图、排版图、工艺流程图、成品和料件的成分、配方、生产记录、会计资料及损耗产生的环节、原因、数值；计算方法、计算公式及计算过程等。若确不能提供，或者逾期不提供资料，或者所提供的资料不足以证明申报单耗的真实性或者准确性的，海关将按相关规定处理。

2018年07月25日

图 4-32

💡 小提示

　　海关对加工贸易企业申报单耗的真实性、准确性有疑问的，应当制发"中华人民共和国海关加工贸易单耗质疑通知书"（以下简称"单耗质疑通知书"），将质疑理由书面告知加工贸易企业的法定代表人或者其代理人。

　　加工贸易企业的法定代表人或者其代理人应当自收到"单耗质疑通知书"之日起10个工作日内，以书面形式向海关提供有关资料。

　　加工贸易企业未能在海关规定期限内提供有关资料、提供的资料不充分或者提供的资料无法确定单耗的，海关应当对单耗进行核定。

　　如海关对企业申报的单耗质疑申报仍有疑义，则会发送单耗磋商通知书，组织企业面谈（见图4-33）。

图 4-33

129

国际贸易"单一窗口":加贸及跨境电商篇

选中磋商记录,点击"质疑/磋商",进入磋商通知书及商品信息界面(见图4-34)。

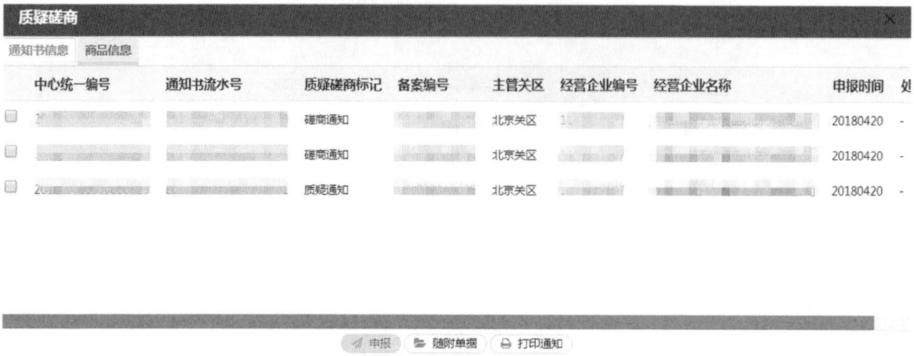

图 4-34

选中通知书记录,点击"商品信息",查看需磋商的商品记录信息(见图4-35)。

图 4-35

企业与海关磋商沟通完毕,海关会按照磋商情况发送磋商记录,企业进入质疑磋商界面,点击"磋商记录"按钮(见图4-36)。

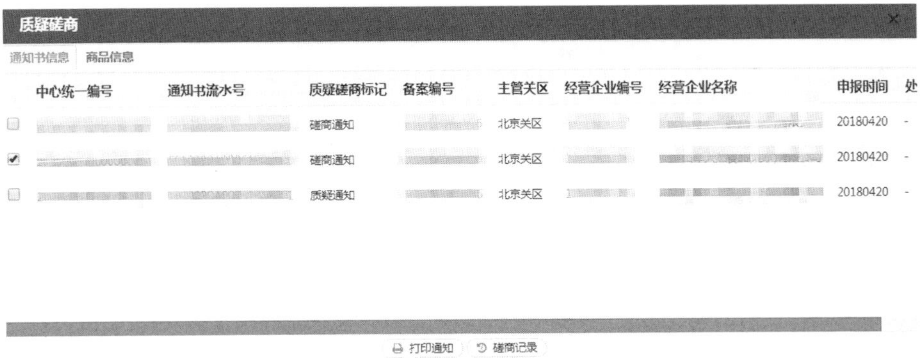

图 4-36

系统将生成一个 PDF 文件，可直接打印或保存。文件的具体内容及格式见图 4-37。

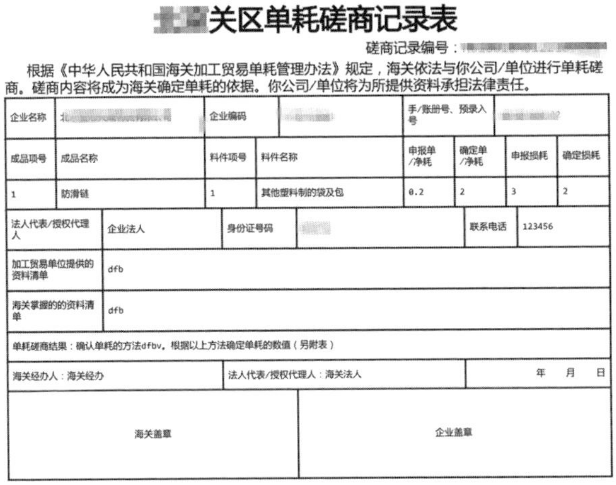

关区单耗磋商记录表

磋商记录编号：

根据《中华人民共和国海关加工贸易单耗管理办法》规定，海关依法与你公司/单位进行单耗磋商。磋商内容将成为海关确定单耗的依据。你公司/单位将为所提供资料承担法律责任。

企业名称		企业编码		手/账册号、预录入号			
成品项号	成品名称	料件项号	料件名称	申报单/净耗	确定单/净耗	申报损耗	确定损耗
1	防滑链	1	其他塑料制的袋及包	0.2	2	3	2
法人代表/授权代理人	企业法人	身份证号码		联系电话	123456		
加工贸易单位提供的资料清单	dfb						
海关掌握的的资料清单	dfb						
单耗磋商结果：确认单耗的方法dfbv。根据以上方法确定单耗的数值（另附表）							
海关经办人：海关经办		法人代表/授权代理人：海关法人			年　月　日		
海关盖章				企业盖章			

图 4-37

（五）加工贸易账册结案通知书打印

该功能模块提供加工贸易账册结案通知书打印的功能。用户点击选择菜单中的“数据查询”—“加工贸易账册数据查询”，进入查询界面，输入查询条件，系统将符合条件的数据全部列出。选中需要打印结案通知书的数据，点击“结案通知书打印”按钮（见图 4-38）。

国际贸易"单一窗口"：加贸及跨境电商篇

图 4-38

系统跳转至结案通知书页面，用户点击"打印"图标，可进行结案通知书打印的操作（见图 4-39）。

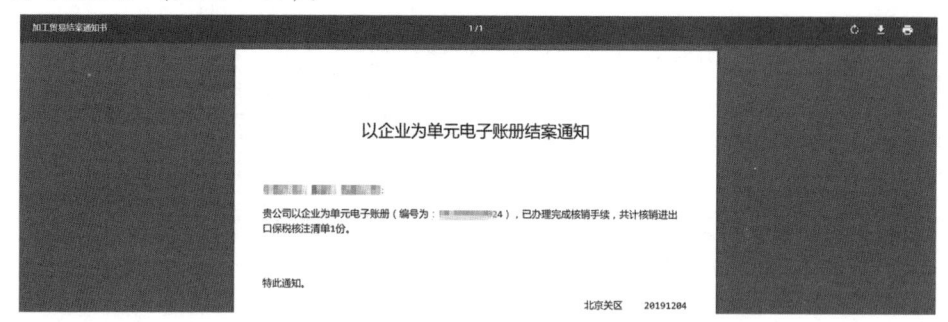

图 4-39

> 💡 **小提示**
>
> 加工贸易账册状态只有为"结案"时，才可以进行结案通知书的打印。

二、加工贸易账册报核

（一）加工贸易账册报核录入

点击选择菜单中的"数据录入"——"加工贸易账册报核"，系统默认打开加工贸易账册报核新增录入界面。也可点击表头上方的蓝色"新增"按钮，进入新增录入界面（见图 4-40）。

图 4-40

点击界面上方的蓝色按钮所进行的操作，将影响当前的整票数据。

表头暂存成功后，方可进行清单、料件、随附单据的新增、删除、查询等操作。具体操作可参考加工贸易账册系统中加工贸易账册报核部分。

（二）加工贸易账册报核差异处置

申报类型分为正常申报及补充申报，系统默认为"正常申报"。当海关对企业申报的报核数据存在疑问时，将给企业发送差异处置通知单。此时加工贸易账册报核差异确认状态为"待确认"，用户点击"差异处置"按钮，系统弹出选择框，显示"企业处置""海关处置"按钮。企业选择"企业处置"按钮，将差异确认结果反馈海关，进入加工贸易账册报核录入界面，界面初始化为可录入修改状态，显示已经申报的加工贸易账册报核数据。此时，申报类型可选择"正常申报"或"补充申报"。当申报类型选择"正常申报"时，同现有录入申报流程；当申报类型选择"补充申报"时，清单及料件表体的已经申报项不允许修改，只允许新增，并且新增表体项的"申报类型"均置为"补充申报"。差异处置具体操作步骤如下：

点击选择菜单中的"数据查询"—"加工贸易账册报核数据查询"，进入查询界面，输入查询条件，查询出需要差异处置的加工贸易账册报核数据（见图 4-41）。

国际贸易"单一窗口":加贸及跨境电商篇

图 4-41

选中需要差异处置的报核数据,点击"差异处置"按钮,进行差异处置操作(见图 4-42)。

图 4-42

1. 企业处置

选择"是"进行企业处置,进入加工贸易账册报核录入界面(见图 4-43)。

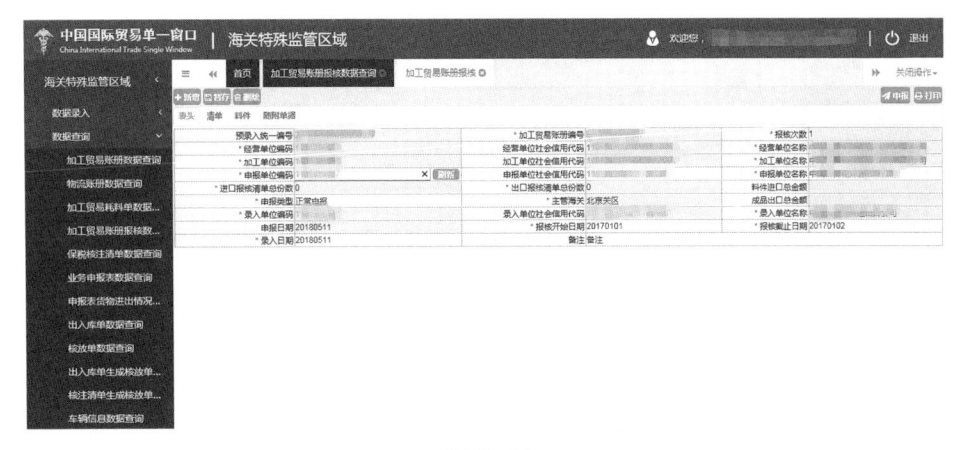

图 4-43

选择申报类型并点击"暂存"按钮进行保存，修改报核清单、料件表体数据后，点击"申报"按钮进行申报。申报成功后，此票数据的差异确认状态更新为"企业处置已发送"（见图 4-44）。

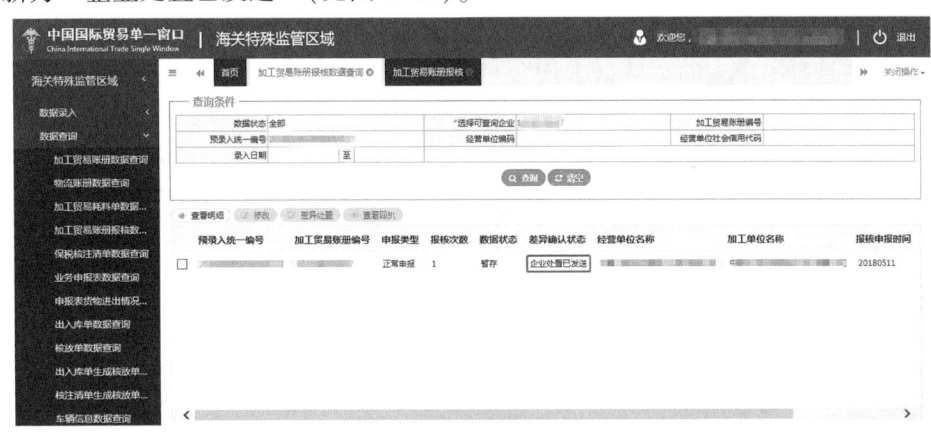

图 4-44

2. 海关处置

选择"否"进行海关处置，将由海关进行此票数据的差异处置，企业不进行处置，此票数据的差异确认状态更新为"海关处置已发送"（见图 4-45）。

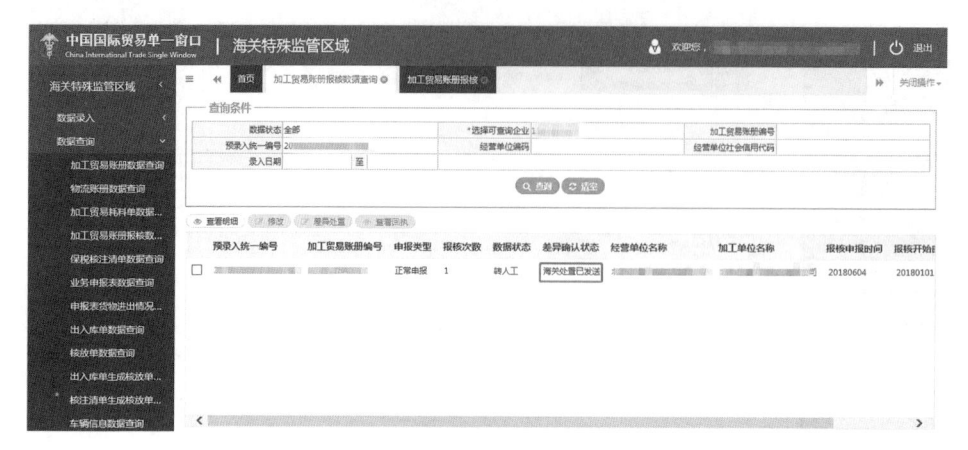

国际贸易"单一窗口":加贸及跨境电商篇

图 4-45

(三) 加工贸易账册报核年度核销查询/打印

该功能模块提供加工贸易账册报核年度核销查询/打印功能。对于数据状态为"海关终审通过",且加工贸易账册类型为以企业为单元的加工贸易账册,用户可进行年度核销查询/打印操作。

点击选择菜单中的"数据查询"—"加工贸易账册报核数据查询",进入查询界面,输入查询条件,选中需要进行年度核销查询打印的数据,点击"年度核销查询/打印"按钮(见图 4-46)。

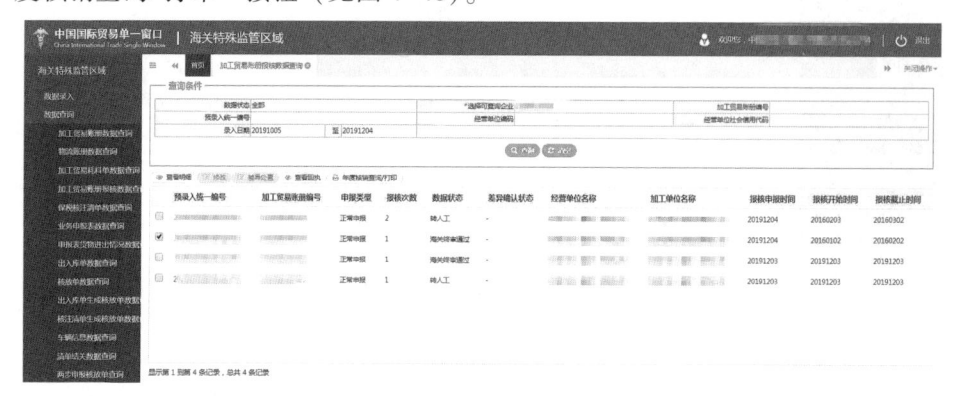

图 4-46

系统跳转至年度核销查询界面,点击"打印"图标,完成打印操作(见图 4-47)。

图 4-47

> 💡 **小提示**
>
> 用户只能查询本企业或授权企业的以企业为单元的电子账册年度核销情况。输入的账册号非本企业账册号或授权企业账册号的，系统将提示"用户无权查询该账册年度核销情况"。

三、物流账册

海关特殊监管区域（场所）的物流型企业录入物流账册数据，向海关申请物流账册。海关审核通过，返回物流账册编号，完成账册设立。

（一）物流账册备案

点击选择菜单中的"数据录入"—"物流账册"，进入录入界面（见图4-48）。

图 4-48

1. 物流账册表头

区域场所类别与企业类型参数一致，包括以下内容：A-保税物流中心A、B-保税物流中心B、D-公共保税仓库、E-液体保税仓库、F-寄售维修保税仓

137

国际贸易"单一窗口":加贸及跨境电商篇

库、G-暂为空、H-特殊商品保税仓库、I-备料保税仓库、P-出口配送监管仓、J-国内结转监管仓、K-保税区、L-出口加工区、M-保税物流园区、N-保税港区、Z-综合保税区、Q-跨境工业园区、S-特殊区域设备账册,企业根据实际情况选择。

记账模式按照进口商品是否可累计至已有表体,选择"可累计"或"不累计"。

对于特殊监管区域企业无仓库代码的情况,仓库代码可以填写经营单位代码。

2. 物流账册表体

物流账册表体备案时无须录入(见图4-49),只能查询。变更时仅能变更商品编码和存储(监管)期限字段。

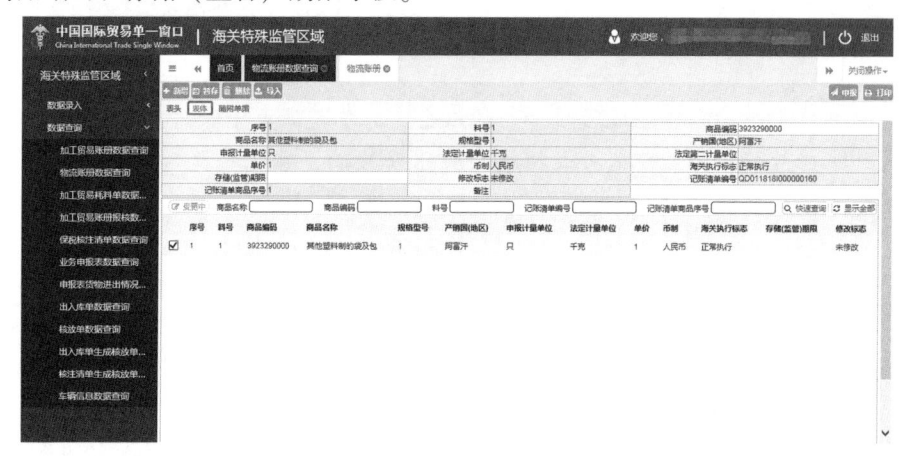

图4-49

(1)表体变更

该功能仅限海关终审通过,进行变更业务时使用。用户修改数据成功后,可点击"变更中"按钮,系统将本次变更修改的数据全部列出。

(2)表体快速查询

在物流账册表体界面中,输入料号、商品编码或商品名称等查询条件,点击"快速查询"按钮,系统自动列出符合查询条件的料件记录(见图4-50)。

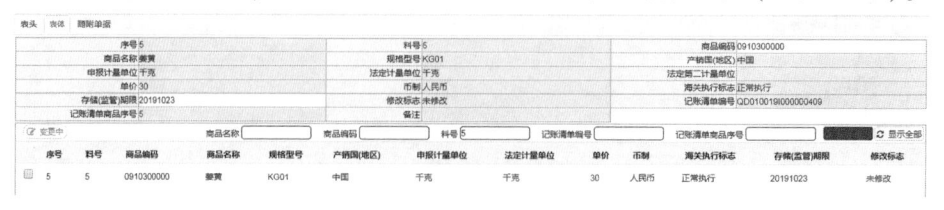

图4-50

(3) 表体全部查询

用户使用"快速查询"或"变更中"功能查询出某条数据后，可点击"显示全部"按钮，系统将数据全部列出（见图4-51）。

图 4-51

3. 随附单据

表头暂存成功后，方可进行随附单据的新增、暂存、删除、上传等操作。点击"随附单据"页签，系统默认打开随附单据新增编辑界面（见图4-52）。

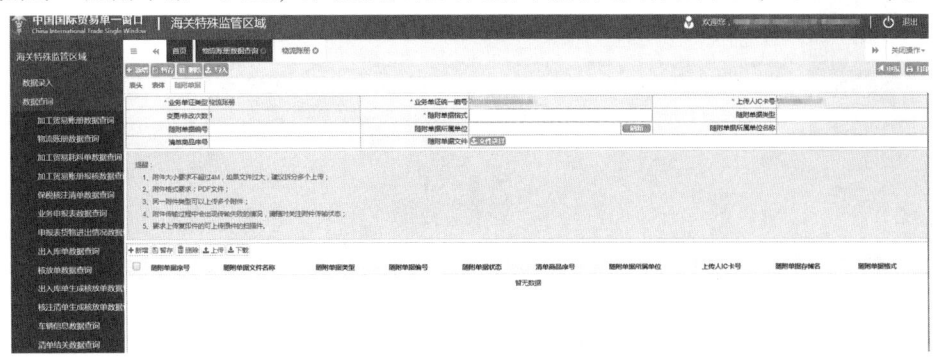

图 4-52

随附单据格式、随附单据类型等录入项，可直接录入相应代码或名称并敲击回车键确认，也可从弹出的下拉列表中选取。

随附单据所属单位录入项填写海关10位编码，点击录入项右侧的蓝色"刷新"按钮或敲回车键，系统会自动返填随附单据所属单位名称。

随附单据格式录入"非结构化"时，随附单据文件录入项的蓝色"文件选择"按钮才可点击，并弹窗选择需上传的随附单据文件。

(1) 随附单据暂存

填写随附单据录入项信息，选择随附单据文件（见图4-53）。点击白色"暂存"按钮，将随附单据文件保存至表体，状态为"待上传"（见图4-54）。

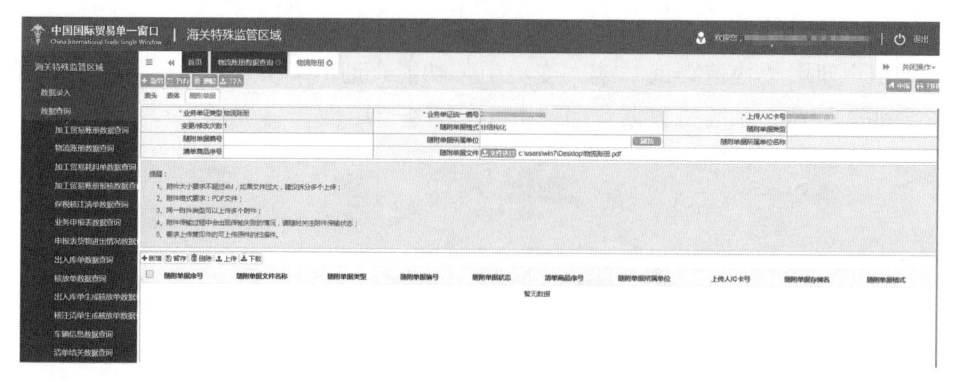

国际贸易"单一窗口":加贸及跨境电商篇

图 4-53

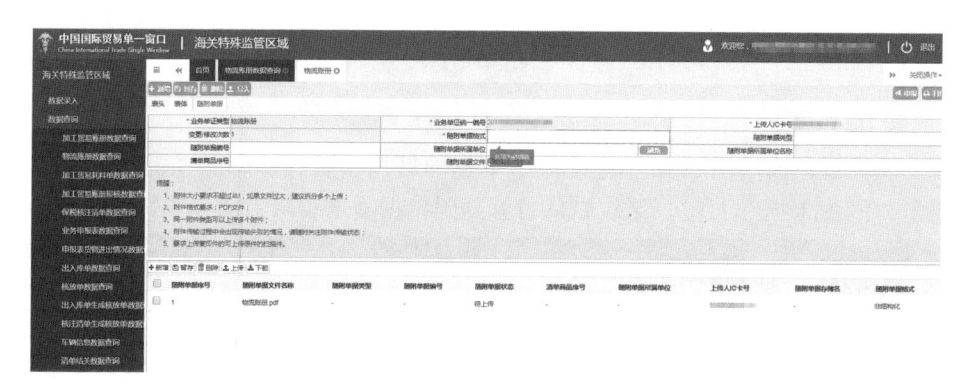

图 4-54

(2) 随附单据上传

在随附单据暂存界面中,选中待上传的随附单据,点击"上传"按钮,系统提示上传成功(见图 4-55)。

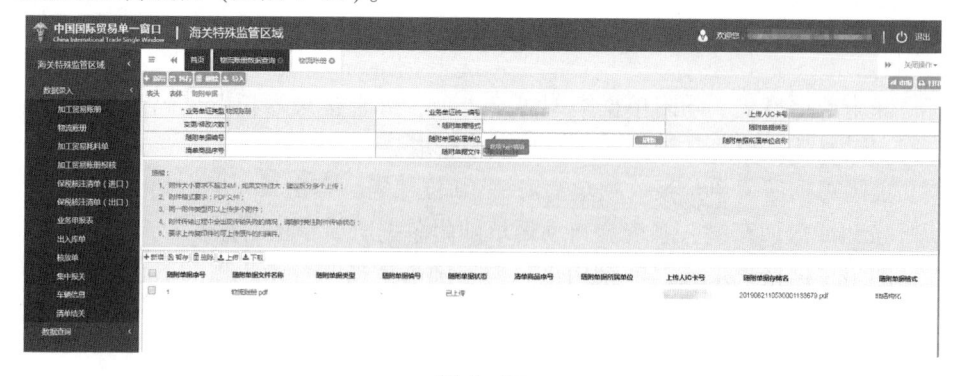

图 4-55

(3) 随附单据下载

在随附单据上传界面中选中某一条随附单据数据，点击"下载"按钮，系统将该票随附单据下载至本地。

(4) 随附单据删除

在随附单据上传界面中选中某一条随附单据数据，点击白色"删除"按钮，系统将该票随附单据直接删除。

(5) 随附单据新增

在随附单据界面中填写部分随附单据表头信息时，点击白色"新增"按钮，系统将清空界面，界面恢复初始化。

(二) 物流账册变更

在物流账册数据查询界面中，输入查询条件进行查询，选中需要变更的数据，点击"变更"按钮（见图4-56）。

图 4-56

系统提示是否确认变更数据，点击"确定"，进入变更录入界面。用户可以对表头、表体和随附单据数据进行修改，表体可以新增或删除（见图4-57）。

图 4-57

国际贸易"单一窗口":加贸及跨境电商篇

💡 **小提示**

物流账册状态只有为"海关终审通过"时才可以进行变更,物流账册变更涉及的新增、修改、删除、申报、查询、打印等具体操作可参考物流账册备案。

(三)物流账册导入

物流账册的导入功能仅限变更业务时,批量变更表体商品编码及存储(监管)期限信息时使用,根据模板格式点击"选择文件",从本地选择需要上传的表体文件(见图4-58)。

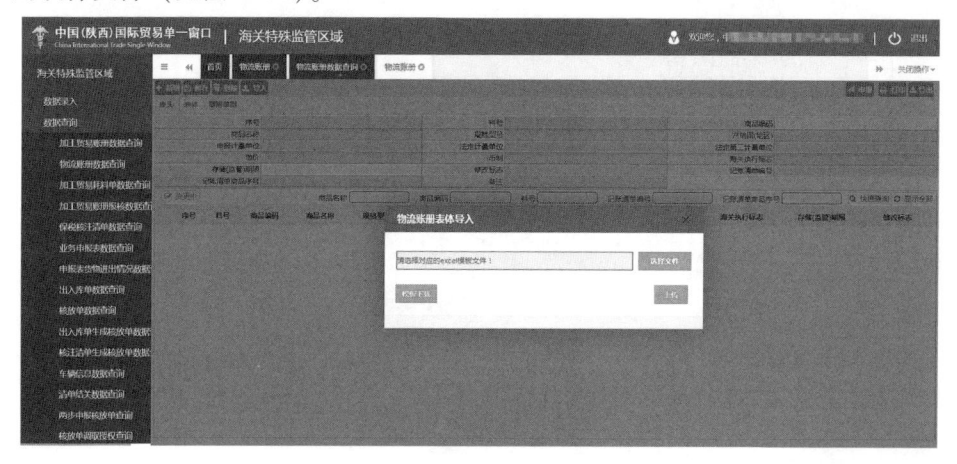

图 4-58

用户点击"上传"按钮,选择本地导入数据(见图4-59)。

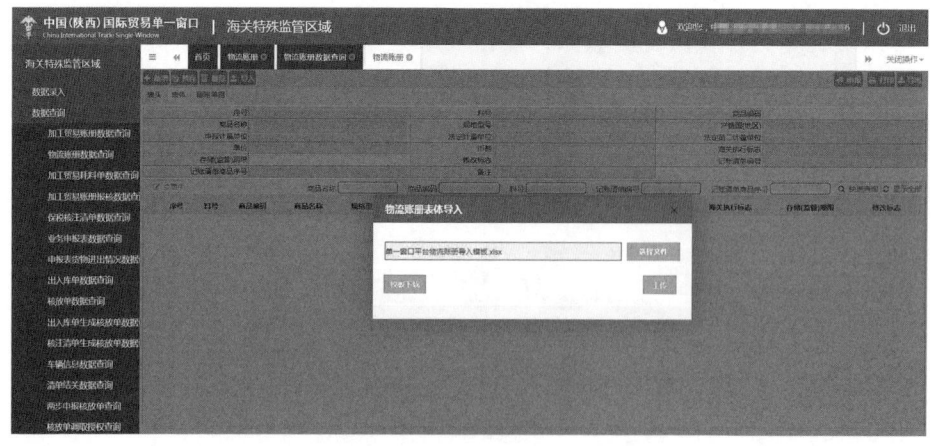

图 4-59

💡 小提示

物流账册进行变更时才可导入表体，根据导入模板进行导入。

四、加工贸易耗料单

海关特殊监管区域系统中增加的耗料单模块，仅配合加工贸易耗料账册使用。该功能模块包括加工贸易耗料单的备案新增、修改、删除、查询、变更、作废等功能，主要内容包括加工贸易耗料单企业基本信息、清单、料件和边角料等数据。

点击选择菜单中的"数据录入"—"加工贸易耗料单"，进入录入界面（见图4-60）。

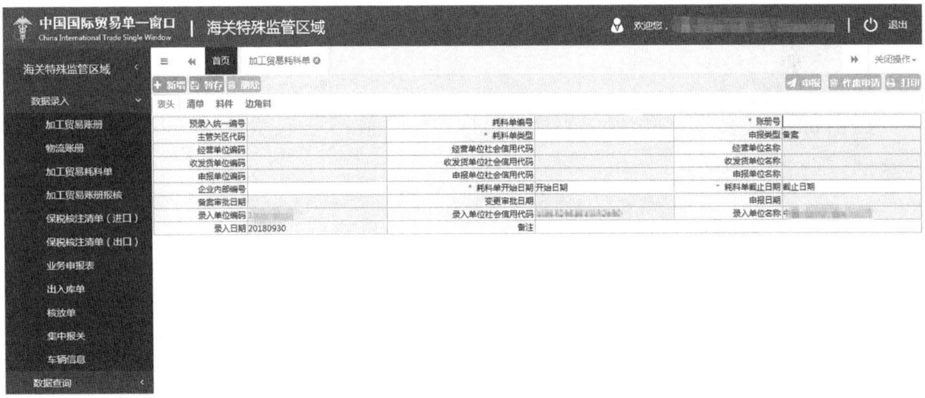

图 4-60

（一）表头

账册号录入海关审批通过的耗料账册编号。

耗料单类型分为正向耗料及反向耗料，正向耗料为正常业务情况下的料件耗用情况；反向耗料为冲减已报料件的耗用情况，例如，成品退运入境业务。

表头暂存成功后，进入清单录入界面（见图4-61）。

国际贸易"单一窗口"：加贸及跨境电商篇

图 4-61

（二）清单

1. 清单录入

点击加工贸易耗料单清单界面中的白色"新增"按钮，界面弹出清单信息录入框（见图 4-62）。

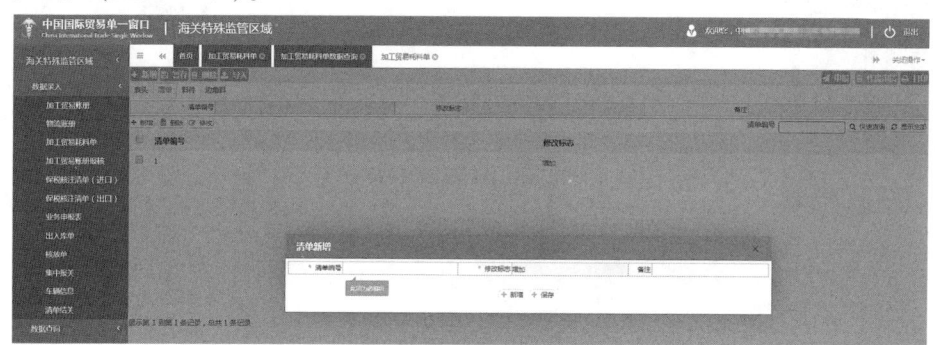

图 4-62

清单编号项填入已申报的清单编号，系统自动返填修改标志。

点击下方的"保存"按钮，系统提示保存成功后，即完成单票耗料单清单的新增操作。

保存成功后，清单编号项、修改标志项自动清空，可继续录入新的清单编号，点击"保存"，快速添加清单信息。点击下方的"新增"按钮可完成相同操作。

2. 清单删除

在加工贸易耗料单清单界面中选中需要删除的清单记录，点击白色"删除"按钮，再点击"确定"，系统将删除所选清单数据（见图 4-63）。

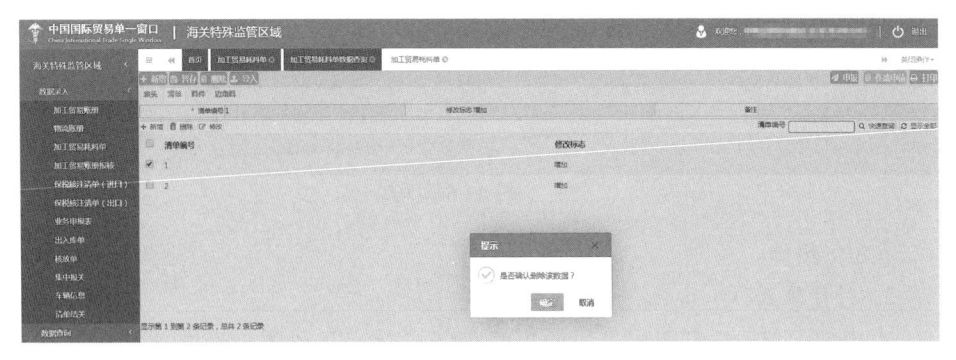

图 4-63

3. 清单修改

在加工贸易耗料单清单界面中，点击"修改"按钮，在系统弹出的清单修改界面中修改清单编号，点击下方的"保存"，完成修改操作（见图 4-64）。

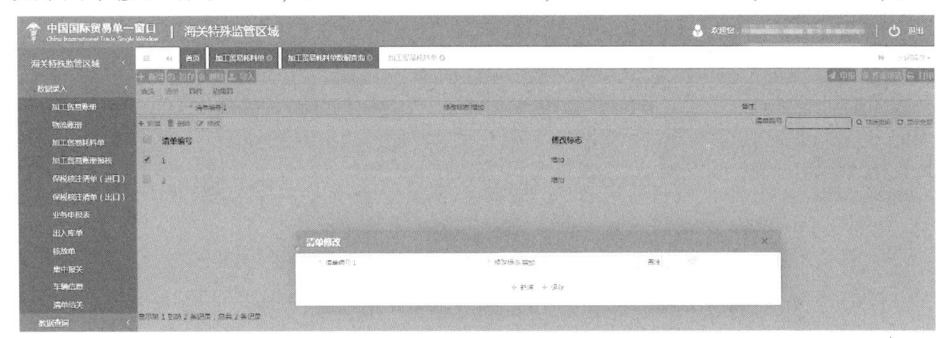

图 4-64

4. 清单快速查询

在加工贸易耗料单清单界面中输入清单编号，点击"快速查询"按钮，系统自动列出符合查询条件的清单记录（见图 4-65）。

图 4-65

5. 清单全部查询

点击"显示全部"按钮，可清除查询结果，系统显示所有清单记录（见图 4-66）。

国际贸易"单一窗口":加贸及跨境电商篇

图 4-66

(三) 料件

1. 料件录入

点击加工贸易耗料单料件界面中的白色"新增"按钮,界面弹出料件录入框(见图 4-67)。

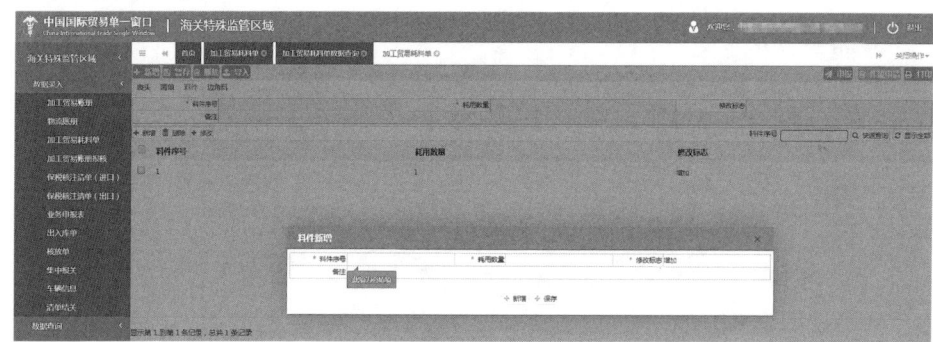

图 4-67

料件序号项填入底账中的料件序号,在耗用数量中填写实际耗用数量,系统自动返填修改标志。

点击下方的"保存"按钮,系统提示保存成功后,即完成单票耗料单料件的新增操作。

保存成功后,料件序号项、耗用数量项、修改标志项自动清空,可继续录入新的料件序号,点击"保存",快速添加料件信息。点击下方的"新增"按钮可完成相同操作。

2. 料件删除

在加工贸易耗料单料件界面中选中需要删除的料件记录,点击白色"删除"按钮,再点击"确定",删除所选料件数据(见图 4-68)。

金关工程（二期）加工贸易保税监管系统

图 4-68

3. 料件修改

在加工贸易耗料单料件界面中，点击"修改"按钮，在系统弹出的料件修改界面中修改料件序号、耗用数量，点击下方的"保存"，完成修改操作（见图 4-69）。

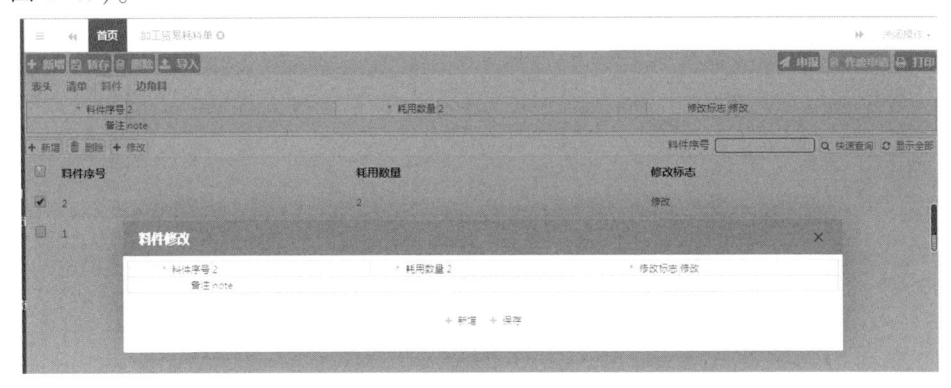

图 4-69

4. 料件快速查询

在加工贸易耗料单料件界面中输入料件序号，点击"快速查询"按钮，系统自动列出符合查询条件的料件记录（见图 4-70）。

图 4-70

147

5. 料件全部查询

点击"显示全部"按钮,可清除查询结果,系统显示所有料件记录(见图 4-71)。

图 4-71

(四)边角料

1. 边角料录入

点击加工贸易耗料单边角料界面中的白色"新增"按钮,界面弹出边角料录入框(见图 4-72)。

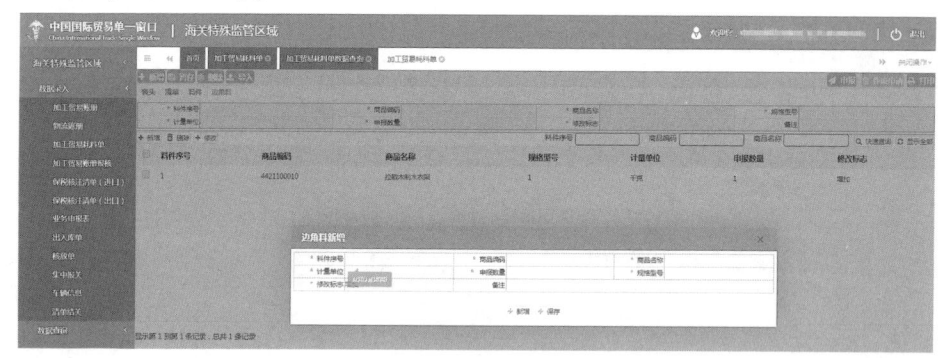

图 4-72

料件序号项填入底账中的料件序号,系统自动返填修改标志。其他商品字段是该料件序号对应的边角料的商品信息,需要用户自行录入。

点击下方的"保存"按钮,系统提示保存成功后,即完成单票耗料单边角料的新增操作。

保存成功后,料件序号、商品编码、商品名称、计量单位、申报数量和规格型号各项自动清空,可继续录入新的料件序号,点击"保存",快速添加边角料信息。点击下方的"新增"按钮可完成相同操作。

2. 边角料删除

在加工贸易耗料单边角料界面中选中需要删除的边角料记录,点击白色"删除"按钮,再点击"确定",系统删除所选边角料数据(见图 4-73)。

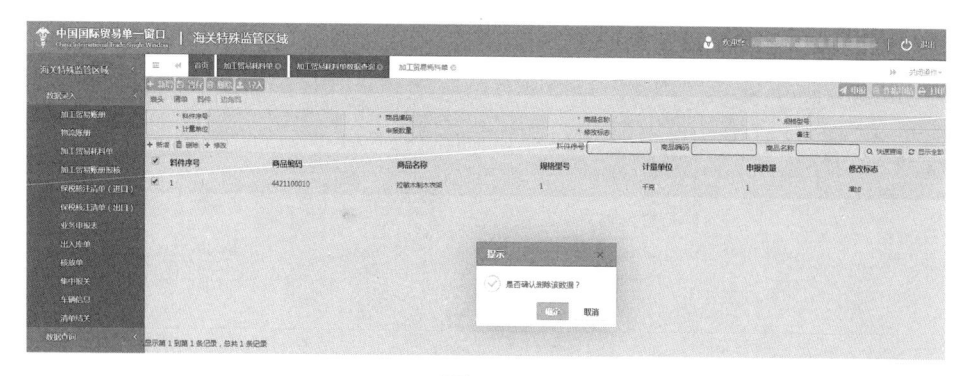

图 4-73

3. 边角料修改

在加工贸易耗料单边角料界面中，点击"修改"按钮，在系统弹出的边角料修改界面中修改料件序号、商品编码、商品名称、计量单位、申报数量或规格型号，点击"保存"，完成修改操作（见图 4-74）。

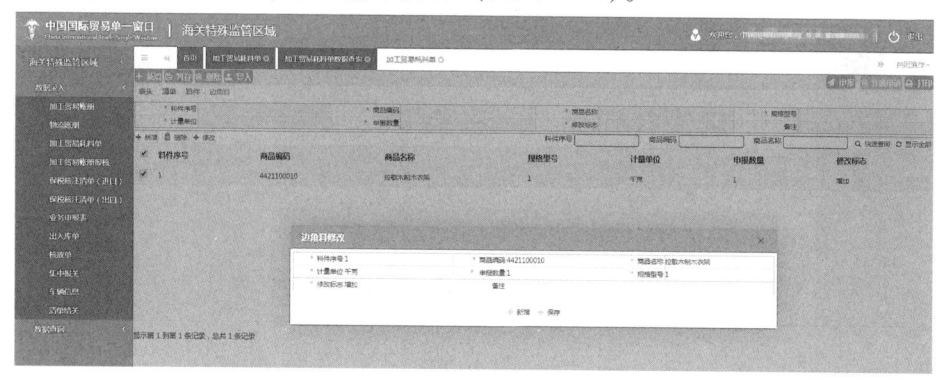

图 4-74

4. 边角料快速查询

在加工贸易耗料单边角料界面中输入料件序号、商品编码或商品名称，点击"快速查询"按钮，系统自动列出符合查询条件的边角料记录（见图 4-75）。

图 4-75

国际贸易"单一窗口":加贸及跨境电商篇

5. 边角料全部查询

点击"显示全部"按钮,可清除查询结果,系统显示所有边角料记录(见图4-76)。

图 4-76

(五)耗料单变更

该功能模块包括耗料单录入新增、修改、删除、申报、查询、打印功能。

点击选择菜单中的"数据查询"—"加工贸易耗料单数据查询",进入查询界面,输入查询条件进行查询,选中需要变更的数据,点击"变更"按钮(见图4-77)。

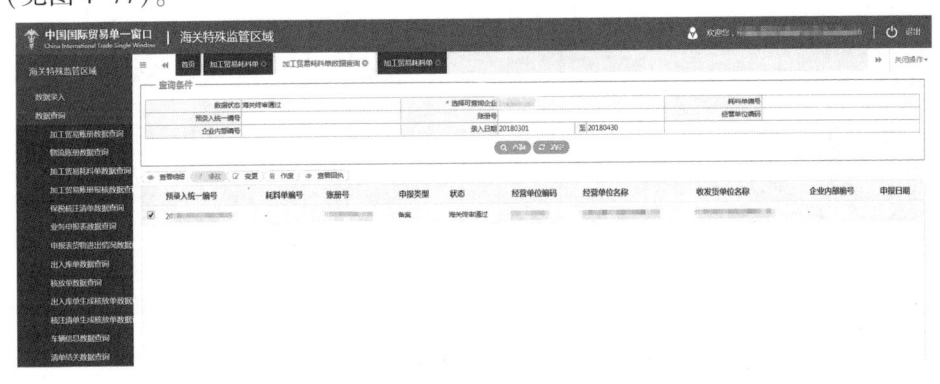

图 4-77

系统提示"是否确认变更该数据",点击"确定"(见图4-78),进入变更录入界面。用户可以对表头、清单、料件和边角料数据进行修改,表体可以新增或删除。

金关工程（二期）加工贸易保税监管系统

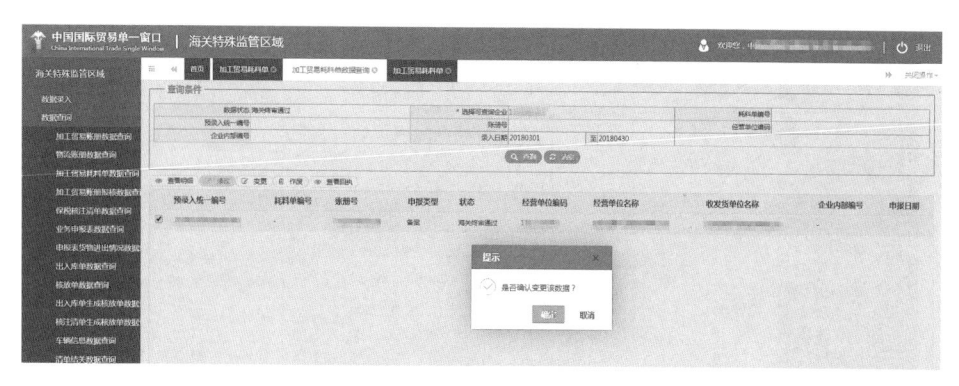

图 4-78

💡 小提示

耗料单状态只有为"海关终审通过"时才可以进行变更，耗料单变更涉及的新增、修改、删除、申报、查询、打印等具体操作可参考耗料单备案。

（六）耗料单作废

点击选择菜单中的"数据查询"—"加工贸易耗料单数据查询"，进入查询界面，输入查询条件，点击"查询"按钮，选中要作废的耗料单数据，点击"作废"按钮（见图 4-79）。

图 4-79

系统弹出作废确认框（见图 4-80），点击"确定"，进入数据录入详情页（见图 4-81）。

151

国际贸易"单一窗口":加贸及跨境电商篇

图 4-80

图 4-81

点击"作废申请",系统提示"作废申请成功"(见图 4-82)。

图 4-82

152

五、保税核注清单

保税核注清单为金关二期加工贸易系统的核心单据，与报关单一一对应。该功能模块可实现清单的新增、修改、删除、查询功能，主要内容包括表头、表体/成品、料件（简单加工业务）、随附电商单（跨境电商业务）数据。

（一）普通清单

此部分以保税核注清单（进口）为例，具体操作如下。

点击选择菜单中的"数据录入"—"保税核注清单（进口）"，系统默认打开保税核注清单（进口）新增录入界面。也可点击表头上方的蓝色"新增"按钮，进入新增录入界面（见图4-83）。

点击界面上方的蓝色按钮所进行的操作，将影响当前的整票数据。

图 4-83

1. 保税核注清单表头字段

清单类型：在下拉列表中按照实际业务情况选择。其表体页签根据清单类型确定。普通清单、先入区后报关清单、保税展示交易清单、区内流转清单、区港联动清单分为表头、表体、随附单据；简单加工清单分为表头、成品、料件、随附单据；保税电商清单分为表头、表体、随附电商单、随附单据。

手（账）册编号：录入经海关核发的金关二期加工贸易及保税监管各类手（账）册的编号。

料件、成品标志：根据保税核注清单中的进出口商品类型填写。料件、边角料、物流商品、设备商品填写"I"，成品填写"E"。

监管方式：按照报关单填制规范要求填写。特殊情形下，调整库存核注清单填写AAAA；设备解除监管核注清单填写BBBB。

进口口岸：在下拉列表中选择，按照报关单填制规范要求填写。

国际贸易"单一窗口"：加贸及跨境电商篇

主管海关：在下拉列表中选择。主管海关指手（账）册主管海关。

报关标志：根据加工贸易及保税货物是否需要办理报关单（进出境备案清单）申报手续填写。需要报关的填写"报关"，不需要报关的填写"非报关"。

报关类型：分为关联报关和对应报关。关联报关适用于特殊监管区域（场所）内企业申报与区域（场所）外的进出区货物，需要由区域（场所）外企业办理报关手续的情况；对应报关适用于特殊监管区域（场所）内企业申报的进出区货物，需要由本企业办理报关手续的情况。

表头暂存成功后，方可录入表体和随附单据的信息。

表体部分的新增、修改、删除、复制、快速查询等具体操作可参考加工贸易手册保税核注清单表体部分。

> 💡 **小提示**
>
> 普通清单及保税电商清单的表体与简单加工成品表体内容相同。

2. 保税核注清单表体字段

备案序号：物流账册中为空；加工贸易账册中填写已审批通过的备案序号。

报关单商品序号：该字段为空时，系统将按照归并原则自动归并；用户自行填写时，系统将按照归并原则进行归并校验。

流转申报表序号：流转类专用，用于建立清单商品与流转申请表商品之间的关系。表头填写申报表编号，表体流转申报表序号从该申报表中调取。

自动备案序号：物流账册核注清单终审通过，系统返填商品的备案序号。

3. 随附单据

保税核注清单随附单据界面见图 4-84。随附单据数据的新增、删除、修改等具体操作可参考前述随附单据部分。

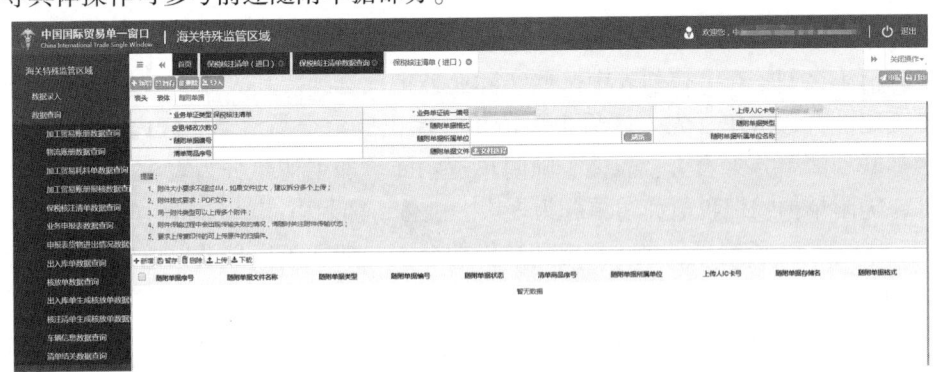

图 4-84

4. 保税核注清单两步申报

用户在报关单系统中进行概要申报后，概要申报状态为"提货放行"时，录入保税核注清单表头数据（见图4-85）。

图 4-85

> 💡 **小提示**

用户进行保税核注清单两步申报时，报关单类型选择"进口两步申报备案清单"，对应报关单编号项填写概要申报返回的海关编号数据。

保税核注清单申报成功后，系统在备注处返填成功信息，用户可根据生成的报关单草稿进行完整申报。

5. 保税核注清单修改申请

在保税核注清单数据查询界面中，输入查询条件，选中需要修改的数据，点击"修改申请"按钮（见图4-86），系统弹出提示信息，点击"确定"按钮。系统跳转至保税核注清单修改申请界面，用户可对保税核注清单部分字段进行修改。

图 4-86

国际贸易"单一窗口"：加贸及跨境电商篇

6. 保税核注清单删除申请

在保税核注清单数据查询界面中输入查询条件，选中需要删除的数据，点击"删除申请"按钮（见图 4-87），系统弹出提示信息后，点击"确定"按钮，进入保税核注清单录入界面。

图 4-87

在保税核注清单录入界面中点击蓝色"删除申请"按钮，系统弹出提示信息，点击"确定"按钮，完成删除操作。

7. 保税核注清单生成报关单草稿

保税核注清单预审批通过后，系统自动生成一份暂存的报关单草稿，用户可以登录货物申报系统调出并申报报关单。

💡 **小提示**

保税核注清单表头中的报关标志字段为"报关"时，核注清单预审批通过，系统自动生成一份暂存的报关单草稿。

保税核注清单表头中的报关标志字段为"非报关"时，系统不生成暂存的报关单草稿。

点击选择菜单中的"数据查询"—"保税核注清单数据查询"，进入查询界面，输入查询条件（见图 4-88）。

金关工程（二期）加工贸易保税监管系统

图 4-88

选中一条预审批通过数据，点击"查看明细"，进入保税核注清单详情界面，点击"表体"页签，查看报关单草稿表体列表（见图 4-89）。

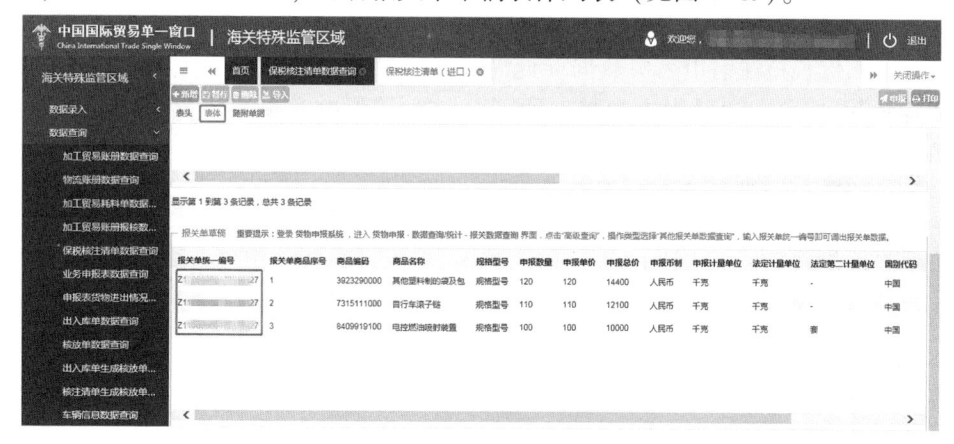

图 4-89

💡小提示

用户登录货物申报系统，进入"货物申报"——"数据查询/统计"——"报关数据查询"界面，点击"高级查询"，操作类型选择"其他报关单数据查询"，输入报关单统一编号即可调出报关单数据。

（二）保税电商清单

此部分以保税核注清单（进口）为例，具体操作如下。

点击选择菜单中的"数据录入"——"保税核注清单（进口）"，进入保税核注清单（进口）录入界面，清单类型选择"保税电商"，系统弹出"选择获取保税电商数据方式"对话框（见图 4-90）。

157

国际贸易"单一窗口":加贸及跨境电商篇

图 4-90

1. 联网查询

选择"联网查询",进入保税核注清单(进口)录入界面。

录入保税核注清单表头数据(此时表体不可录入,新增、删除、复制等按钮均置灰),点击"随附电商单"页签,进入随附电商单表体界面(见图4-91)。

图 4-91

点击"快速查询"按钮,进入查询界面,输入起始时间,查询随附电商单信息(见图4-92)。

图 4-92

> 💡 **小提示**

查询日期间隔必须小于 3 天。

点击"确定",保存随附电商单信息。选中电商清单编号,点击"获取表体"按钮,系统将显示所选电商清单合并后的表体信息。

2. 手工录入

选择"手工录入",进入保税核注清单(进口)录入界面。

录入保税核注清单表头数据,暂存成功后,手工录入表体及随附电商单数据。数据录入完成后,点击"申报"按钮,系统校验数据准确性。若校验失败,用户需修改后重新申报。

(三)保税核注清单导出

点击选择菜单中的"保税核注清单查询",按查询条件输入相应信息,点击"查询"按钮,选择需要导出的保税核注清单,点击"导出"按钮,完成导出操作(见图 4-93)。

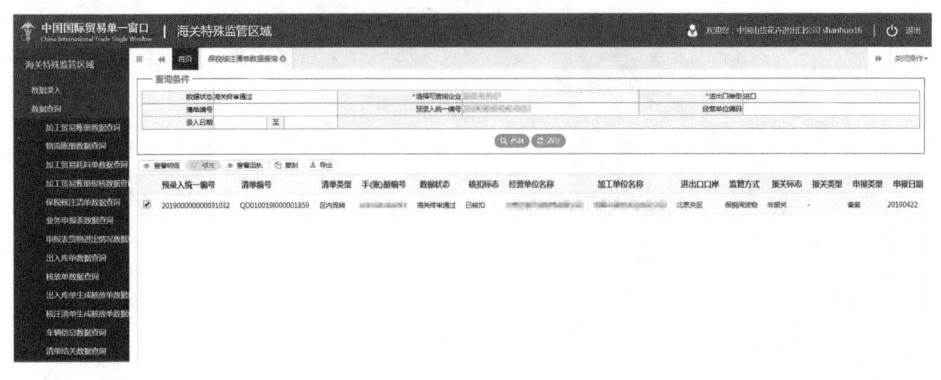

国际贸易"单一窗口"：加贸及跨境电商篇

图 4-93

> 💡 **小提示**
>
> 只有数据状态为"海关终审通过"的保税核注清单才可导出。

六、业务申报表

该功能模块包括申报表的新增、修改、删除、查询、结案及表体导入功能。

点击选择菜单中的"数据录入"—"业务申报表"，系统默认打开业务申报表新增录入界面。也可点击界面上方的蓝色"新增"按钮进入新增录入界面（见图 4-94）。

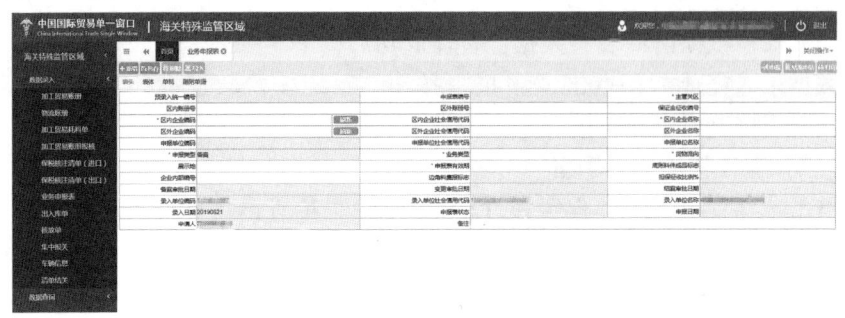

图 4-94

> 💡 **小提示**
>
> 界面中带有红色星号的字段为必填项，如不填，将无法继续进行保存或申报等操作。灰色字段为系统返填项，无须手工录入。

（一）业务申报表表头

在货物流向下拉列表中选择货物流向"入区"或"出区"，业务类型相同，货物流向不同的需要备案不同的业务申报表。

申报单位编码录入海关10位编码，敲回车键，系统自动返填对应的申报单位社会信用代码和申报单位名称。

表头字段录入完成，点击蓝色"暂存"按钮，暂存成功后，继续录入表体、单耗等内容。

(二) 业务申报表表体

1. 表体新增

点击白色"新增"按钮，系统清空界面数据编辑区（见图4-95）已有数据，进入新增编辑模式，录入完数据后，在备注录入框内敲回车键，完成数据的新增保存操作。

图 4-95

2. 表体删除

在表体列表区选中需删除的表体记录，点击白色"删除"按钮，再点击"确定"，系统将删除所选表体数据（见图4-96）。

图 4-96

3. 表体导入

表体录入时可以通过模板进行导入，点击"导入"按钮，系统弹出模板选择框（见图4-97）。

国际贸易"单一窗口":加贸及跨境电商篇

图 4-97

点击"模板下载"按钮,下载导入模板。模板整理完毕后,点击"选择文件"按钮,选择文件存储路径,点击"上传"按钮,系统校验导入数据的准确性。如数据校验成功,提示文件导入成功(见图 4-98)。

图 4-98

💡 小提示

导入数据可在录入数据的基础上继续导入其他数据,例如,界面中已录入申报序号 1 的数据,模板可导入申报序号 2 的数据及其他数据。

4. 表体快速查询

在表体界面中输入商品编码或商品名称等查询条件,点击"快速查询"按钮,系统自动列出符合查询条件的数据(见图 4-99)。

图 4-99

5. 表体全部查询

点击"显示全部"按钮，可清除查询结果，系统将数据全部列出（见图 4-100）。

图 4-100

6. 表体字段

申报表料件成品标志字段填写规则如下：

业务类型为分送集报、简单加工、保税展示交易时，申报表料件成品标志字段必填；其他业务类型时不可填写；

业务类型为分送集报、简单加工、保税展示交易且区内账册号为物流账册时，底账料件成品标志字段系统返填成 I 料件；区内账册号为加工贸易账册时，由用户录入。

底账商品序号如果有值，该商品必须已在账册中备案，否则该字段应为空。

对于 B-外发加工、G-简单加工业务，录入的半成品和成品信息都不是账册中的数据，由用户自行录入。

（三）单耗

单耗数据的新增、修改、删除及导入等具体操作可参考表体部分。

（四）随附单据

随附单据的新增、修改、删除等具体操作可参考前述随附单据部分。

（五）业务申报表变更

该功能模块提供业务申报表变更功能，包括业务申报表录入新增、修改、

国际贸易"单一窗口":加贸及跨境电商篇

删除、申报、查询、打印功能。

点击选择菜单中的"数据查询"—"业务申报表数据查询",输入查询条件,系统将符合条件的数据全部列出,选中数据状态为"海关终审通过"、需要变更的数据,点击"变更"按钮(见图4-101)。

图 4-101

系统跳转至业务申报表录入界面,用户可以对表头、表体、单耗和随附单据数据进行修改,表体可以新增或删除。具体操作可参考业务申报表备案部分。

💡 **小提示**

只有业务申报表的状态为"海关终审通过"时才可进行变更操作。否则,变更按钮不可用。

(六)业务申报表结案

点击选择菜单中的"数据查询"—"业务申报表数据查询",进入查询界面,输入查询条件,点击"查询"按钮,选中要结案的业务申报表数据,点击"结案"按钮(见图4-102)。

图 4-102

系统弹出结案确认框，点击"确定"按钮，进入数据录入详情界面（见图4-103）。

图 4-103

点击"结案申请"按钮，系统弹出提示信息，点击"确定"按钮，系统提示"结案成功"（见图4-104）。

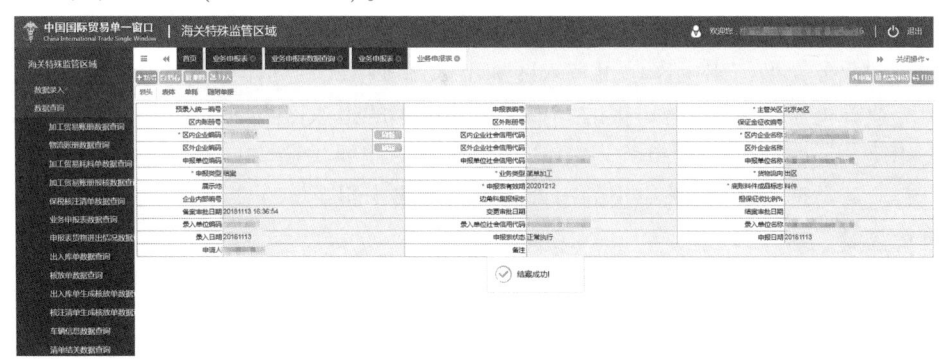

图 4-104

七、出入库单

该功能模块包括出入库单的新增、修改、删除、查询、暂存、申报、作废、表体导入、打印功能。

点击选择菜单中的"数据录入"—"出入库单"（见图4-105），系统默认打开出入库单新增录入界面。也可点击表头上方的蓝色"新增"按钮，进入新增录入界面。点击界面上方的蓝色按钮所进行的操作，将影响当前的整票数据。

国际贸易"单一窗口"：加贸及跨境电商篇

图 4-105

（一）表头

申报单位编码录入海关 10 位编码，敲回车键，系统自动返填对应的单位社会信用代码和申报单位名称。

出入库类型可在下拉列表中选择，可以与业务申报表的货物流向不同。针对每种业务类型，出入库单可有入区和出区两种情况，具体如下：

业务类型是 A-分送集报的，如果出入库单的出入区方向与对应的业务申报表相反，说明该出入库单为退货单，退货单上需要关联方向相反的出入库单。只有业务类型为 A-分送集报的出入库单需要集中报关，在集中报关时需要扣除退货数量。

业务类型是 B-外发加工的，如果出入库单的出入区方向与对应的业务申报表相反，说明出入区的是外发加工的半成品。

业务类型是 C-保税展示交易、D-设备检测、E-设备维修、F-模具外发、H-其他业务的，如果出入库单的出入区方向与对应的业务申报表相反，说明是该种业务的还回业务。

表头暂存成功后，方可录入表体信息。

（二）表体

出入库单表体界面见图 4-106。表体的新增、删除、导入、快速查询等具体操作，可参考业务申报表表体部分。

图 4-106

（三）出入库单作废

如用户需要作废出入库单，点击"数据查询"—"出入库单数据查询"，进入查询界面，选中状态为"海关终审通过"的数据，点击"作废"按钮（见图 4-107）。

图 4-107

进入出入库单录入界面，所有字段置灰，点击"作废申请"（见图 4-108）。

国际贸易"单一窗口"：加贸及跨境电商篇

图 4-108

系统弹出提示信息，点击"确定"，出入库单作废申请发往海关。

（四）出入库单修改

如用户需要修改出入库单，点击"数据查询"—"出入库单数据查询"，进入查询界面，选中状态为"海关终审通过"的数据，点击"修改申请"按钮（见图 4-109）。

图 4-109

进入出入库单录入界面，用户可对表头、表体信息进行修改，修改完成后，点击"申报"按钮进行申报（见图 4-110）。

图 4-110

💡小提示

审核通过且未置过卡标记的出入库单才可以申请修改或撤销,已集报、完全过卡的不能修改。

出入库单中表头可修改字段:件数、包装种类、备注;表体可修改字段:商品编码、商品名称、申报表序号、商品规格型号、币制、产销国(地区)、申报数量、申报单价、申报总价、单耗版本、法定数量、第二法定数量、征免方式,其中商品编码、商品名称由系统从申报表、底账中调取,不可直接修改,需先修改申报表、底账,再通过系统调取。

八、核放单

该功能模块包括核放单的新增、修改、删除、查询、暂存、申报、作废、表体导入、打印功能。

点击选择菜单中的"数据录入"—"核放单"(见图 4-111),系统默认打开核放单新增录入界面。也可点击表头上方的蓝色"新增"按钮,进入新增录入界面。点击界面上方的蓝色按钮所进行的操作,将影响当前的整票数据。

国际贸易"单一窗口"：加贸及跨境电商篇

图 4-111

（一）表头

绑定类型包括一车多票、一车一票、一票多车，每种类型的表体及关联单证表体填写规范如下：

绑定类型是1（一车多票）时，只需录入核放单表头、核放单关联单证表体信息即可。

绑定类型是2（一车一票）时，只需录入核放单表头信息即可，系统自动将关联单证编号信息插入关联单证表体。

绑定类型是3（一票多车）时，只需录入核放单表头、核放单表体信息即可，系统自动将关联单证编号信息插入关联单证表体。

核放单类型可在下拉列表中选择，每种类型的表体及关联单证表体填写规范如下：

核放单类型是5（卡口登记货物）时，核放单表头的绑定类型、关联单证类型、关联单证编号字段为空，不可录入；核放单表体信息由用户自行录入，核放单关联单证表体不可录入。

核放单类型是6（空车进出区）时，核放单表头的绑定类型、关联单证类型、关联单证编号字段为空，不可录入；核放单表体信息不可录入，核放单关联单证表体不可录入。

表头字段录入完成，点击蓝色"暂存"按钮，暂存成功后，方可继续录入表体、关联单证的内容。

（二）表体

核放单表体界面见图4-112。表体的新增、删除、导入、快速查询等具体操作，可参考业务申报表表体部分。

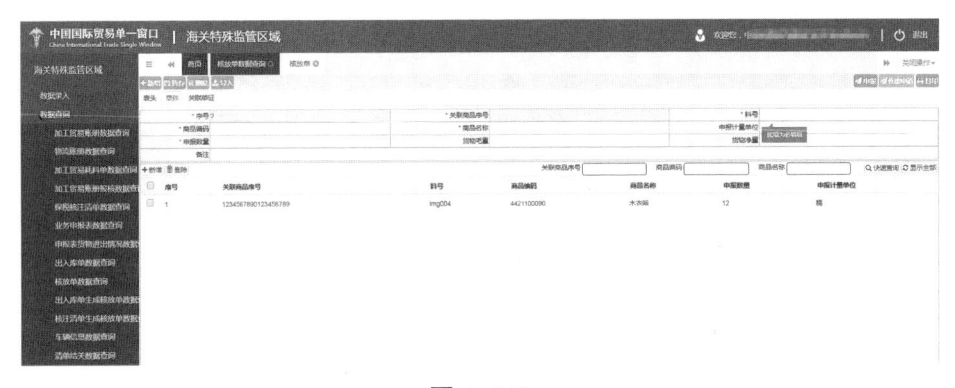

图 4-112

> 💡 **小提示**
>
> 只有核放单类型为卡口登记货物或者绑定类型为一票多车时，才需要录入表体数据。

（三）关联单证

1. 关联单证新增

点击白色"新增"按钮，系统清空界面数据编辑区（见图 4-113）已有数据，进入新增编辑模式，录入完数据后，在关联单证编号录入项内敲回车键，完成数据的新增保存操作。关联单证编号填写完毕，点击"申报"按钮，数据发往海关。

图 4-113

2. 关联单证删除

在关联单证列表区选中需删除的表体记录，点击白色"删除"按钮，再点击"确定"，系统将删除所选表体数据（见图 4-114）。

国际贸易"单一窗口":加贸及跨境电商篇

图 4-114

3. 关联单证查询

点击"查询"按钮(见图 4-115),系统弹出关联单证查询界面。

图 4-115

输入查询条件,点击"查询"按钮,系统查询出关联单证信息(见图4-116)。

图 4-116

点击"确定"按钮，系统自动新增关联单证信息（见图4-117）。

图 4-117

💡 小提示

只有绑定类型为一车多票的核放单才可以录入关联单证。

(四) 核放单作废

如用户需要作废核放单，点击"数据查询"—"核放单数据查询"，进入查询界面，选中状态为"海关终审通过"的数据，点击"作废"按钮（见图4-118）。

图 4-118

进入核放单录入界面，所有字段置灰，点击"作废申请"。系统弹出提示信息，点击"确定"，核放单作废申请发往海关（见图4-119）。

图 4-119

九、集中报关

该功能模块主要是将业务类型为 A-分送集报的出入库单生成集报核注清单。

点击选择菜单中的"数据录入"—"集中报关",进入集中报关查询界面(见图 4-120)。

图 4-120

输入查询条件,点击"查询"按钮,系统显示符合查询条件的查询结果列表(见图 4-121)。

图 4-121

选中需要生成集报核注清单的出入库单数据,或者点击全选复选框选中全部出入库单,点击"生成核注清单"按钮,系统根据归并原则,在生成核注清单单列表中生成核注清单记录(见图 4-122)。

图 4-122

选中核注清单记录，点击"修改"按钮，进入核注清单录入界面（见图4-123）。

图 4-123

补充核注清单表头信息即可申报，具体操作可参考保税核注清单部分。
取消核注清单：
选中生成的核注清单后，点击"取消核注清单"按钮，系统弹出删除核注清单成功的提示信息，该出入库单恢复为未生成核注清单状态（见图4-124）。

175

国际贸易"单一窗口":加贸及跨境电商篇

图 4-124

十、车辆信息

点击选择菜单"数据录入"—"车辆信息",进入车辆信息录入界面(见图 4-125)。

图 4-125

信息填写完毕后,点击"申报"即可。点击界面上方的蓝色按钮所进行的操作,将影响当前的整票数据。

车辆信息变更:

点击选择菜单中的"数据查询"—"车辆信息数据查询",进入查询界面,输入查询条件,点击"查询"按钮,查询出车辆信息后,选中状态为"海关终审通过"的车辆信息,点击"变更"按钮,系统弹出对话框提示"是否确认变更该数据",点击"确定"(见图 4-126),进入车辆信息录入界面(见图 4-127)。

图 4-126

图 4-127

十一、清单结关

点击选择菜单中的"数据录入"—"清单结关",进入清单结关录入界面(见图 4-128)。

图 4-128

国际贸易"单一窗口":加贸及跨境电商篇

点击核注清单编号项右侧的蓝色按钮,系统调出待结关核注清单查询界面(见图4-129)。

图 4-129

输入相应的查询信息,点击"查询"按钮,系统显示待结关的核注清单信息(见图4-130)。

图 4-130

在待结关核注清单信息中勾选需要结关的核注清单,点击"确定"按钮,系统调取出待结关核注清单的详细信息且信息无法修改,点击"暂存"后,再点击"申报"按钮完成结关(见图4-131)。

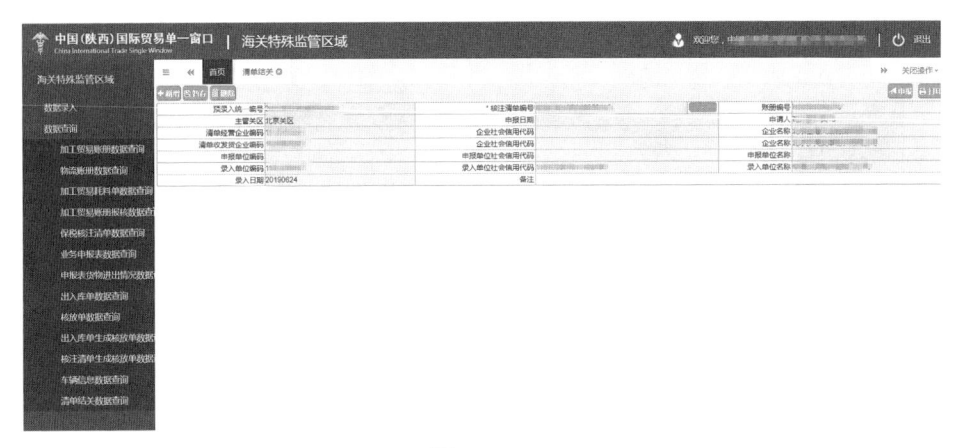

图 4-131

十二、两步申报核放单

该功能模块提供进行概要申报后的核放单的新增、暂存、修改、查询、申报等功能。

（一）两步申报核放单表头

点击选择菜单中的"数据录入"—"两步申报核放单"，进入两步申报核放单录入界面（见图4-132）。表头数据录入完毕后，点击蓝色"暂存"按钮保存成功后，方可新增表体数据。

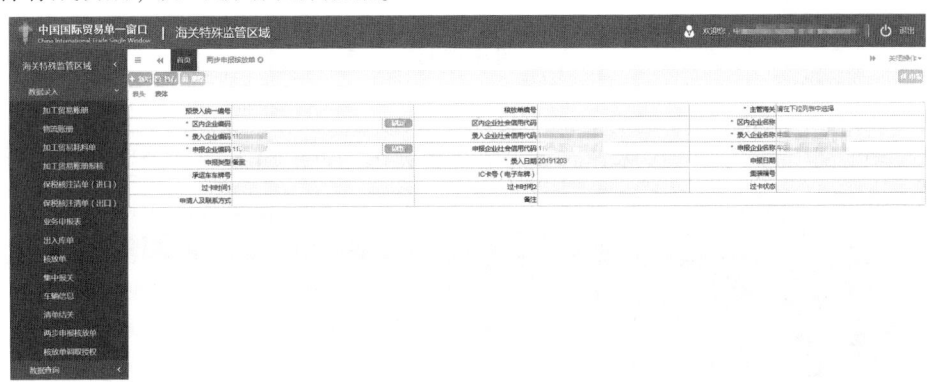

图 4-132

（二）两步申报核放单表体

1. 表体新增

在两步申报核放单表体界面中点击白色"新增"按钮，界面清空已有数据，用户进行表体录入（见图4-133）。"报关单号"栏录入在报关单系统中概

179

国际贸易"单一窗口"：加贸及跨境电商篇

要申报成功后返回的海关编号（见图4-134）。录入完成后，按回车键完成新增操作。

图4-133

图4-134

2. 表体删除

在两步申报核放单表体界面中选中某条表体，点击白色"删除"按钮，系统弹出提示信息，再点击"确定"，系统将删除本条表体数据（见图4-135）。

图4-135

180

十三、核放单调取授权

该功能模块提供企业间核放单的授权调取功能。

点击选择菜单中的"数据录入"—"核放单调取授权",进入核放单调取授权界面(见图4-136)。

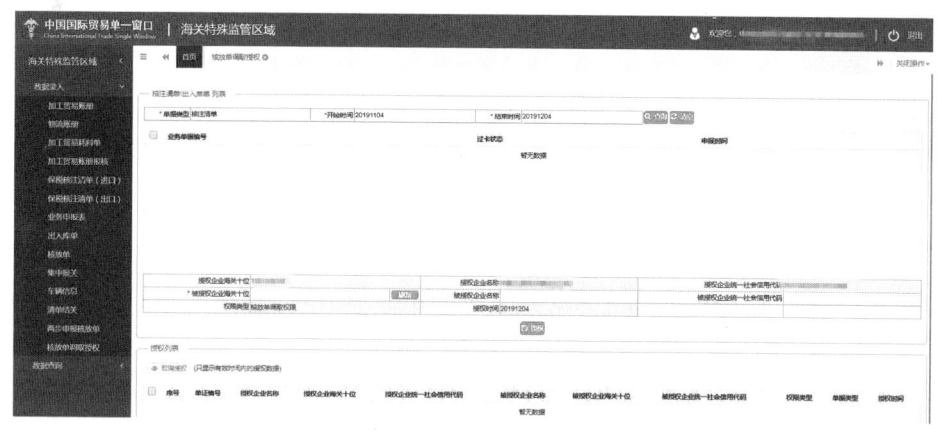

图 4-136

输入查询条件,点击"查询"按钮,系统显示符合查询条件的查询结果列表。用户在"被授权企业海关十位"栏录入需要授权的企业信息后,点击蓝色"刷新"按钮,系统自动返填"被授权企业名称""被授权企业统一社会信用代码"(见图4-137)。

图 4-137

用户选择一条需要授权的数据,点击"授权"按钮,完成对企业的授权操作(见图4-138)。

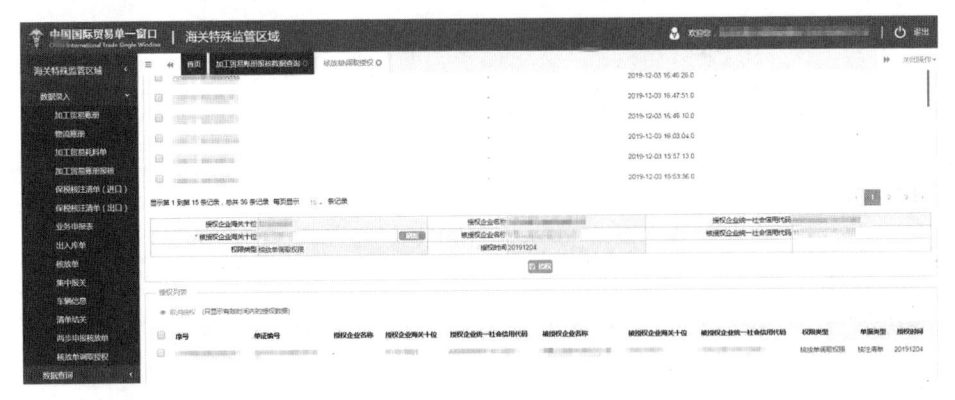

国际贸易"单一窗口":加贸及跨境电商篇

图 4-138

取消授权:

用户如需对已授权企业取消授权,可选中需要取消授权的数据,点击"取消授权"按钮即可完成相应操作(见图 4-139)。

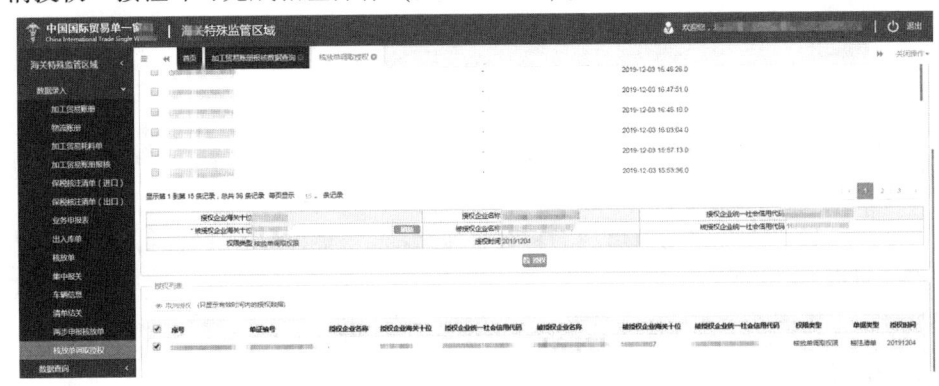

图 4-139

第三节 常见问题

问 1 切换金关二期系统后,企业申请设立物流账册备案时,表头中的"区域场所类别"应如何填写?

答 根据企业所属的特殊监管区域或场所对应的代码填报。

问 2 切换金关二期系统后,企业申请设立物流账册备案时,表头中的"账册有效期"应如何填写?

答 根据主管地海关的实际要求填写。

问 3 切换金关二期系统后,企业申请设立物流账册备案时,表头中的"企业类型"应如何填写?

答 根据企业所属的特殊监管区域或场所对应的代码填报。

问 4 切换金关二期系统后，企业申请设立物流账册备案时，客户端数据状态显示"转人工"，应如何处理？

答 当客户端数据状态显示"转人工"审核时，企业需携带以下资料，同时需将申请设立物流账册填报的信息打印出来（盖公章）一起提交主管地海关进行审批：仓库租赁凭证或产权证明；海关报关注册登记证书；营业执照；对外贸易经营者备案表；企业申请进驻场所信息备案登记表；企业管理人员情况登记表；消防验收合格证明原件及复印件（复印件盖公章）。

问 5 切换金关二期系统后，企业申请设立物流账册备案时，"记账模式"应如何填写？

答 记账模式分为可累计和不累计分为两种。"可累计"是指同商品料号对应底账中的备案序号可累计使用；"不累计"是指同商品料号每批次进口则产生新的备案序号。

问 6 切换金关二期系统后，特殊区域内企业如何申报进出口？

答 一线：企业应先申报保税核注清单，保税核注清单预审核通过后，系统会根据保税核注清单数据归并生成备案清单，企业根据备案清单申报要求，向海关申报。二线：企业应先申报保税核注清单，保税核注清单预审核通过后，系统会根据保税核注清单数据归并生成报关单，企业根据报关单申报要求，向海关申报。

问 7 切换金关二期系统后，企业在申报保税核注清单时需要上传随附单据吗？

答 目前企业在申报保税核注清单时，正常情况下不需要上传相关随附单据，具体以现场海关要求为准。

问 8 切换金关二期系统后，企业在申报保税核注清单时，应如何填报表头中的"料件、成品标志"？

答 根据保税核注清单中的进出口商品为手（账）册中的料件或成品填写。料件、边角料、物流商品、设备商品填写"I"，成品填写"E"。物流账册企业在申报保税核注清单时，表头中的"料件、成品标志"均填报料件。

问 9 切换金关二期系统后，企业在申报时，应如何填报报关标志、报关类型、报关单类型？

答 一线报关标志、报关类型、报关单类型分别为报关、对应报关、进境或者出境备案清单。

二线报关标志、报关类型、报关单类型分别为报关、对应报关、进口或者出口报关单。

二线特殊报关标志填写非报关，报关类型、报关单类型为空。

国际贸易"单一窗口"：加贸及跨境电商篇

问10 切换金关二期系统后，分送集报业务如何操作？

答 操作流程如下：

每周期申报业务申报表（视情况缴纳担保金）—每批次出货申报出入库单和核放单—每周期生成核注清单—报关—每周期业务申报表结案。

问11 切换金关二期系统后，业务申报表应如何备案？

答 按照要求填制，注意选择正确的保证金征收单编码，业务类型选择分送集报，货物流向选择出区。进入表体，填入对应信息，也可使用导入功能导入，（提交每周期备案需要的资料）导入完成后，选择需要申请的业务申报表，点击"申报"。返回主页面，选择业务申报表综合查询，选择需要打印的业务申报表，待业务申报表状态变为"转人工"即可打印申请单，待现场报关员递交资料后，业务申报表状态变为"海关审批通过"即完成业务申报表备案。

问12 切换金关二期系统后，业务申报表有效期如何选定？

答 根据企业自身需求，保证每周期出货金额不超过保函金额即可。

问13 切换金关二期系统后，业务申报表如何结案？

答 根据金关二期系统目前的设置，所有出库单、核注清单、集中报关完成后，点击业务申报表中的"结案申请"按钮，待企业端状态跳转为"海关终审通过"即完成业务申报表结案。

问14 切换金关二期系统后，出入库单申请流程是怎样的？

答 每批次出货前申报对应的出入库单，并关联相应核放单放行。

问15 切换金关二期系统后，集中报关有哪些注意事项？

答 分送集报出入库单生成核注清单时，同编码同品名会生成相同的商品序号，相同的商品序号在后续申报报关单时会合并。

问16 切换金关二期系统后，集中报关有时限要求吗？

答 对于业务类型为"分送集报"的出入库单，需要在审核通过后一个月内进行集中报关。

问17 切换金关二期系统后，哪些业务需要做核放单？

答 按照目前金关二期系统的设置，所有需车辆核放的业务类型均需做核放单。

问18 切换金关二期系统后，车架号、车架重如何填报？

答 柜车按照实际填报，根据金关二期系统目前的设置，车架重不得为0，车架号不得为空，故吨车车架号及车架重可均填报1。

问19 如何设立跨境电商账册？

答 进入海关特殊监管区域系统，选择"数据录入"—"物流账册"，进入物流账册主页面，"账册用途"选择"1-跨境电商"（见图4-140）。

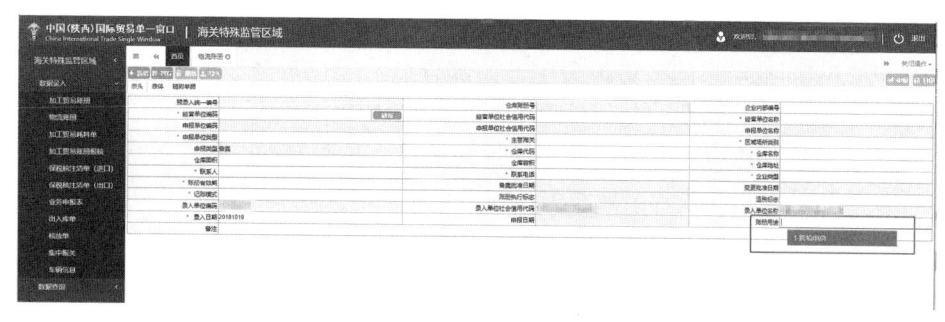

图 4-140

问 20 跨境保税电商清单如何录入和申报？

答 以保税核注清单（进口）为例，进入海关特殊监管区域系统，选择"数据录入"—"保税核注清单（进口）"，进入保税核注清单（进口）录入界面，清单类型选择"保税电商"，系统弹出"选择获取保税电商数据方式"对话框。"联网查询"方式可以根据时间段调取跨境系统电商单表体，并根据用户选择的表体自动生成核注清单表体进行申报。"手工录入"方式允许用户以全手工方式进行核注清单表体及跨境电商单的信息录入，用户申报后由跨境系统进行校验，无问题后即申报成功。

问 21 在海关特殊监管区域系统中，为什么已经录入的核注清单在系统里却查不到了？

答 核注清单模块在加工贸易账册、加工贸易手册、海关特殊监管区域等几个系统中均可录入，但在不同系统里不能相互查询，即如果是在海关特殊监管区域系统里录入的核注清单，在加工贸易账册或者加工贸易手册系统里是查询不到的。故用户在做业务时，要弄清楚自己所使用的是哪个系统。

问 22 设立跨境电商账册时，同一仓库下的不同电商需要分别建立账册吗？

答 应以企业为单位分别建立账册。

问 23 企业做设备解除监管出区，非报关，申报清单后被退单，系统提示申报表编号未填写。请问申请解除监管需要先做业务申报表吗？

答 区内设备解除监管不需要做业务申报表，在申报设备解除监管出区核注清单时，表头中的"关联核注清单编号"填写进口清单编号，表体中的"流转申报表序号"填写原进口核注清单的商品序号。

问 24 企业在录入加工贸易账册/物流账册报关单时，报关单系统提示"您没有当前备案信息的报关权限（金关二期）"，应怎么处理？

答 对于代理报关的企业，需要账册的经营单位给代理报关企业进行委托授权，先做企业间授权，再做企业内授权，具体请参见委托授权系统的操作

185

说明。

问 25 同批申报的多份报关单，大部分显示"已放行"，但仍有一份显示"审结"，这是什么情况？如何处理？

答 请检查该份"审结"状态的报关单录入是否有误，如录入无误，则属于系统异常情况，需报告属地海关，联络相关部门处理。

问 26 目前保税核注清单没有项数的限制，但每份报关单最多只有 50 项，一份保税核注清单可以生成多份报关单吗？

答 根据金关二期系统目前的设置，一份保税核注清单只能对应一份报关单。

问 27 核注清单生成报关单时，如何让系统不按归并原则进行自动合并？

答 核注清单生成报关单时，系统会根据归并原则进行自动合并。企业若不希望报关单自动合并，可在填写核注清单时，在"报关单商品序号"栏手工录入每项商品在报关单中的序号（排序），则生成的报关单的内容顺序将与核注清单的内容顺序一致。

问 28 原 H2010 系统下已审结的集报清单的有效期是 3 天，海关终审通过后的保税核注清单的有效期也是 3 天吗？

答 《关于启用保税核注清单的公告》（海关总署公告 2018 年第 23 号）中，未提及保税核注清单的有效期问题。根据金关二期系统的设置，目前不存在自动作废的情况。

问 29 海关终审通过后的保税核注清单可以修改或者撤销吗？

答 根据《关于启用保税核注清单的公告》（海关总署公告 2018 年第 23 号）第六条，海关接受企业报送的保税核注清单后，保税核注清单需要修改或者撤销的，企业需联系现场海关按以下方式处理：

货物进出口报关单（备案清单）需撤销的，其对应的保税核注清单应一并撤销；

保税核注清单无须办理报关单（备案清单）申报或对应报关单（备案清单）尚未申报的，只能申请撤销；

货物进出口报关单（备案清单）修改项目涉及保税核注清单修改的，应先修改清单，确保清单与报关单（备案清单）的一致性；

报关单、保税核注清单修改项目涉及保税底账已备案数据的，应先变更保税底账数据；

保税底账已核销的，保税核注清单不得修改、撤销；

海关对保税核注清单数据有布控复核要求的，在办结相关手续前不得修改或者撤销保税核注清单。

问 30 企业报送保税核注清单后，如何撤销？

答 根据金关二期系统的设置，企业报送保税核注清单后，如需撤销，需到现场海关申请。

问 31 在金关二期系统中办理深加工结转，录入核注清单时，"报关类型"和"清单类型"分别填写什么？

答 在金关二期系统中办理深加工结转，录入核注清单时，"报关类型"填写"对应报关"，"清单类型"填写"普通清单"。

问 32 核注清单生成的报关单如何进行后续申报？

答 核注清单预审核通过后，可以从核注清单表体的"报关单草稿"部分找到报关单统一编号，然后登录货物申报系统，进入"货物申报"—"数据查询/统计"—"报关数据查询"界面，点击"高级查询"，操作类型选择"其他报关单数据查询"，输入报关单统一编号即可调出报关单数据，补充确认完整后即可进行申报。

问 33 在货物申报系统查询页面的高级查询中，输入核注清单生成的报关单暂存号后，点击查询，系统提示"服务调用失败，海关返回信息：权限检查不通过"，如何处理？

答 在货物申报系统高级查询中，如果报关单的境内收发货人、消费使用单位、申报单位、录入单位之一与当前登录用户对应的海关10位编码匹配，便可以查询出来。如果报关单需要代理申报，核注清单对应报关时需要把核注清单表头中的"对应报关单申报单位编码"填写成实际报关申报单位的编码；核注清单关联报关时，需要把核注清单表头中的"关联报关单申报单位编码"填写成实际报关申报单位的编码。

问 34 核注清单生成报关单时，备案号是如何对应的？

答 核注清单生成报关单时，根据表头中的"报关类型"来生成报关单的备案号，如果是"对应报关"，填写表头中的手（账）册编号；如果是"关联报关"，则填写"关联手（账）册备案号"。

问 35 之前申报的保税核注清单在查询时查不到，是怎么回事？

答 核注清单查询页面的条件是联合查询，请确认所查询的清单是否满足界面的查询条件，尤其是"进出口类型"和"录入日期"是否符合要求。

问 36 在海关特殊监管区域系统中，操作保税核注清单（进口），暂存后发现币制录错需要修改，企业调出该份暂存的保税核注清单，修改币制后，在备注录入框内敲回车键，系统提示"报关单序号已经存在，但是与对应的报关商品信息归并条件不同，不能进行归并"，点击"确定"按钮后，系统提示暂存成功，但企业重新查询该暂存的保税核注清单时，币制仍为修改前的数据，并未修改成功。请问是否无法修改币制？企业应该怎么做？

答 币制是归并条件，不允许修改，只能删掉错误表体，重新录入。

国际贸易"单一窗口"：加贸及跨境电商篇

问37 企业在海关特殊监管区域系统中误操作物流账册变更，现查询状态为暂存，但是数据查询中无"删除"按钮，点击"查看明细"，发现明细里的"删除"按钮为灰色，无法操作，应如何删除这份暂存的变更申请？

答 企业需要点击"修改"进入页面中操作，而非点击"查看明细"进入页面中操作。

第五章 保税物流管理系统

第一节 业务简介

保税物流管理包括保税物流、服务贸易、新兴业务（检测、维修、研发等生产性服务业）等海关业务管理，系统以账册和记账凭证管理作为基础。根据实际业务需要，保税物流管理系统设立委托授权、物流账册备案、业务申报表、保税核注清单、出入库单、核放单、集中报关、车辆信息备案等功能，实现国际贸易企业通过"单一窗口"一点接入，一次性提交满足口岸监管部门要求的特殊监管场所申报信息，管理部门按照确定的规则进行审核，并将审核结果通过"单一窗口"统一反馈，便于企业查询。

海关保税监管场所是本信息系统服务的主要目标。保税监管场所主要包括：保税仓库、出口监管仓、保税物流中心。

一、物流账册

物流账册包括物流账册的备案、变更两个环节。

备案环节：物流账册为记账式账册，只需备案表头，表体账册数据由核注清单审批通过记入底账，无须备案时申报。

变更环节：表体只能修改已有数据的商品编码和存储（监管）期限字段，不允许进行表体新增和删除操作。

二、保税核注清单

为推进实施以保税核注清单核注账册的管理改革，实现与加工贸易及保税监管企业料号级数据管理的有机衔接，海关总署决定全面启用保税核注清单，自2018年7月1日起，按照《关于启用保税核注清单的公告》（海关总署公告2018年第23号）执行。

保税核注清单是金关二期保税底账核注的专用单证，属于办理加工贸易及保税监管业务的相关单证。加工贸易及保税监管企业已设立金关二期保税底账的，在办理货物进出境、进出海关特殊监管区域、进出保税监管场所，以及开展海关特殊监管区域、保税监管场所、加工贸易企业间保税货物流（结）转业务时，应按照金关二期保税核注清单系统设定的格式和填制要求向海关报送保

国际贸易"单一窗口"：加贸及跨境电商篇

税核注清单数据信息，再根据实际业务需要办理报关手续。

核注清单（报关标志为"报关"）申报成功，系统按照核注清单归并报关单的原则，自动生成报关单草稿，企业按照返回的报关单统一编号登录货报系统查询并补录信息，即可进行报关单的申报。

💡 **小提示**

海关接受企业报送的保税核注清单后，保税核注清单需要修改或者撤销的，按以下方式处理：

货物进出口报关单（备案清单）需撤销的，其对应的保税核注清单应一并撤销；

保税核注清单无须办理报关单（备案清单）申报或对应报关单（备案清单）尚未申报的，只能申请撤销；

货物进出口报关单（备案清单）的修改项目涉及保税核注清单修改的，应先修改清单，确保清单与报关单（备案清单）的一致性；

报关单、保税核注清单的修改项目涉及保税底账已备案数据的，应先变更保税底账数据；

保税底账已核销的，保税核注清单不得修改、撤销。

三、业务申报表

业务申报表是日常出入区统一业务审批单证，企业在日常出入区（出入区时不需要报关）前，需要事先申报业务申报表，在业务申报表中填写需要临时出入区的商品的基本信息和数量，经海关审核通过后，企业才可以根据业务申报表，申报出入库单进行出入区。

业务申报表的业务类型包含A-分送集报、B-外发加工、C-保税展示交易、D-设备检测、E-设备维修、F-模具外发、G-简单加工、H-其他业务。其中，G-简单加工业务需要报送核注清单，其他业务通过出入库单进行申报。

业务申报表包含备案、变更、结案三个环节。

备案环节：海关审核通过后，会根据情况征收担保金。

变更环节：增加商品，需要增加担保金额。表头可变更担保编号、有效期；表体只允许新增商品项；单耗只允许新增。

结案环节：商品全部出入库后，申报结案。

四、出入库单

业务申报表审核通过后，货物在具体出入区时，企业可根据业务申报表申报出入库单。出入库单中的商品信息和数量在业务申报表范围内。

出入库单的业务类型从业务申报表中调取，但仅包括A-分送集报、B-外发加工、C-保税展示交易、D-设备检测、E-设备维修、F-模具外发、H-其他业务。G-简单加工业务通过核注清单录入，不通过出入库单录入。

出入库单包含备案、作废两个环节。

备案环节：海关审核通过后，企业可根据出入库单录入核放单。

作废环节：只发送作废申请，不发送数据。

五、核放单

核放单是车辆进出特殊区域（场所）卡口的唯一单证。核注清单、出入库单审核通过后，货物进出区前，企业需要录入核放单，并将核放单与车辆信息对应。车辆在进出卡口时，卡口系统会根据车辆信息找到对应的核放单信息，再进行通道判别。

核放单类型分为：先入区后报关；一线一体化进出区；二线进出区；非报关进出区；卡口登记货物；空车核放单。

核放单与关联单证的关系为1∶1、1∶N、N∶1。

核放单分为备案、作废两个环节。

备案环节：海关审核通过后，车辆可进出卡口。

作废环节：只发送作废申请，不发送数据。

六、集中报关

集中报关是经主管海关核准，企业需要多批次进出区，在规定的期限内（审核通过后一个月）集中办理报关手续的特殊通关方式。本系统的集中报关是根据出入库单自动归并生成集中报关核注清单（以下简称集报核注清单），企业集中向海关申报。

出入库单合并生成集报核注清单的原则为：申报表编号相同；非退货单。

💡 **小提示**

对于已生成的集报清单，可以取消生成。

七、车辆信息

车辆在绑定核放单进出卡口之前，需先进行车辆信息备案。

车辆信息分为备案、变更两个环节。

八、清单结关

对分送集报、保税展示交易、区内流转、一线企业进出区等业务，相应核注清单申报后,由企业端进行清单结关申请,触发报关单结关。

九、两步申报核放单

企业进行两步申报时,先在货物申报系统录入概要申报报关单,报关单放行后,进行两步申报核放单的录入。两步申报核放单录入成功后,根据核放单,货物过卡进出区后,在进行两步申报核注清单的备案。

十、核放单调取授权

企业可在核放单调取授权模块中,对需要查询出相应核放单的企业进行授权。

第二节 基本操作

相关业务数据有严格的填制规范,如在系统内录入数据的过程中,字段右侧弹出红色提示,代表当前录入的数据有误,需根据要求重新录入。

点击界面上方的蓝色按钮(见图5-1)所进行的操作,将影响当前整票申报的数据。

图 5-1

点击界面中的各类白色按钮(见图5-2)进行的操作,所影响的数据仅为当前涉及的页签或字段。

图 5-2

一、物流账册

海关特殊监管场所的物流型企业录入物流账册数据,向海关申请物流账册。海关审核通过,返回物流账册编号,完成账册设立。

点击选择菜单中的"数据录入"—"物流账册",进入录入界面(见图5-3)。

图 5-3

（一）物流账册表头

区域场所类别与企业类型参数一致，包括以下内容：A-保税物流中心 A、B-保税物流中心 B、D-公共保税仓库、E-液体保税仓库、F-寄售维修保税仓库、G-暂为空、H-特殊商品保税仓库、I-备料保税仓库、P-出口配送监管仓、J-国内结转监管仓、K-保税区、L-出口加工区、M-保税物流园区、N-保税港区、Z-综合保税区、Q-跨境工业园区、S-特殊区域设备账册，企业根据实际情况选择。

记账模式按照进口商品是否可累计至已有表体，选择"可累计"或"不累计"。

对于特殊监管区域企业无仓库代码的情况，仓库代码可以填写经营单位代码。

（二）物流账册表体

物流账册表体（见图 5-4）备案时无须录入，只能查询。变更时仅能变更商品编码和存储（监管）期限字段。

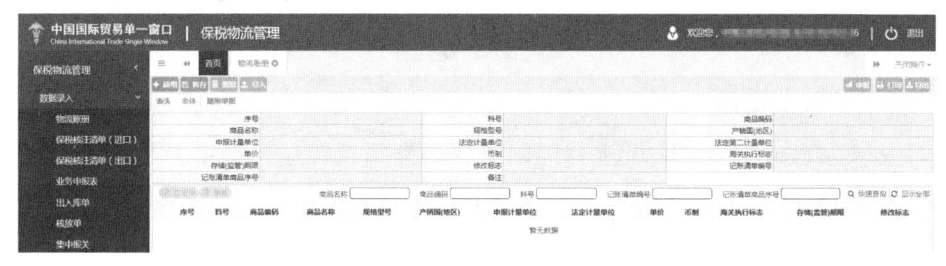

图 5-4

1. 表体变更

该功能仅限海关终审通过，进行变更业务时使用。用户修改数据成功后，可点击"变更中"按钮，系统将本次变更修改的数据全部列出。

2. 表体快速查询

在物流账册表体界面中，输入料号、商品编码或商品名称等查询条件，点击"快速查询"按钮，系统自动列出符合查询条件的料件记录（见图5-5）。

图 5-5

3. 表体全部查询

用户使用"快速查询"或"变更中"功能查询出某条数据后，可点击"显示全部"按钮，系统将数据全部列出（见图5-6）。

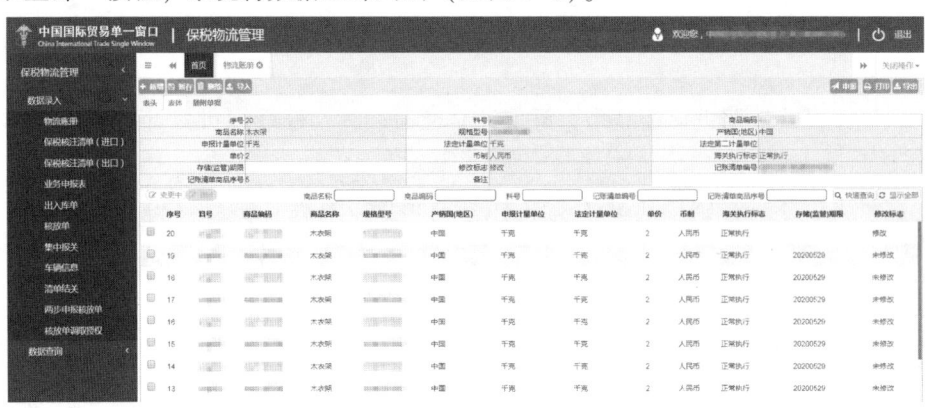

图 5-6

（三）随附单据

表头暂存成功后，方可进行随附单据的新增、暂存、删除、上传等操作。点击"随附单据"页签，系统默认打开随附单据新增编辑界面（见图5-7）。

图 5-7

随附单据格式、随附单据类型等录入项，可直接录入相应代码或名称并敲击回车键确认，也可从弹出的下拉列表中选取。

随附单据所属单位录入项填写海关10位编码，点击录入项右侧的蓝色"刷新"按钮或敲回车键，系统会自动返填随附单据所属单位名称。

随附单据格式录入"非结构化"时，随附单据文件录入项的蓝色"文件选择"按钮才可点击，并弹窗选择需上传的随附单据文件。

1. 随附单据暂存

填写随附单据录入项信息，选择随附单据文件（见图5-8）。点击白色"暂存"按钮，将随附单据文件保存至表体，状态为"待上传"（见图5-9）。

图 5-8

图 5-9

国际贸易"单一窗口"：加贸及跨境电商篇

2. 随附单据上传

在随附单据暂存界面中，选中待上传的随附单据，点击"上传"按钮，系统提示上传成功（见图5-10）。

图 5-10

3. 随附单据下载

在随附单据上传界面中选中某一条随附单据数据，点击"下载"按钮，系统将该票随附单据下载至本地。

4. 随附单据删除

在随附单据上传界面中选中某一条随附单据数据，点击白色"删除"按钮，系统将该票随附单据直接删除。

5. 随附单据新增

在随附单据界面中填写部分随附单据表头信息时，点击白色"新增"按钮，系统将清空界面，界面恢复初始化。

二、保税核注清单

保税核注清单为金关二期加工贸易系统的核心单据，与报关单一一对应。该功能模块包括清单的新增、修改、删除、查询功能，主要内容包括表头、表体/成品、料件（简单加工业务）、随附电商单（跨境电商业务）数据。

（一）普通清单

此部分以保税核注清单（进口）为例，具体操作如下。

点击选择菜单中的"数据录入"—"保税核注清单（进口）"，系统默认打开保税核注清单（进口）新增录入界面（见图5-11）。也可点击界面上方的蓝色"新增"按钮进入新增录入界面。

金关工程（二期）加工贸易保税监管系统

图 5-11

1. 保税核注清单表头字段

清单类型：在下拉列表中按照实际业务情况选择。其表体页签根据清单类型确定。普通清单、先入区后报关清单、保税展示交易清单、区内流转清单、区港联动清单分为表头、表体、随附单据；简单加工清单分为表头、成品、料件、随附单据；保税电商清单分为表头、表体、随附电商单、随附单据。

手（账）册编号：录入经海关核发的金关二期加工贸易及保税监管各类手（账）册的编号。

料件、成品标志：根据保税核注清单中的进出口商品类型填写。料件、边角料、物流商品、设备商品填写"I"，成品填写"E"。

监管方式：按照报关单填制规范要求填写。特殊情况下，调整库存核注清单填写 AAAA；设备解除监管核注清单填写 BBBB。

进口口岸：在下拉列表中选择，按照报关单填制规范要求填写。

主管海关：在下拉列表中选择。主管海关指手（账）册主管海关。

报关标志：根据加工贸易及保税货物是否需要办理报关单（进出境备案清单）申报手续填写。需要报关的填写"报关"，不需要报关的填写"非报关"。

报关类型：分为关联报关和对应报关。关联报关适用于特殊监管场所内企业申报与场所外的进出区货物，需要由场所外企业办理报关手续的；对应报关适用于特殊监管场所内企业申报的进出区货物，需要由本企业办理报关手续的。

表头暂存成功后，方可录入表体和随附单据的信息。表体部分（见图 5-12）的新增、修改、删除、复制、快速查询等具体操作可参考加工贸易手册保税核注清单表体部分。

国际贸易"单一窗口":加贸及跨境电商篇

图 5-12

> **小提示**
>
> 普通清单及保税电商清单的表体与简单加工成品表体内容相同。

2. 保税核注清单表体字段

备案序号:物流账册中为空;加工贸易账册中填写已审批通过的备案序号。

报关单商品序号:该字段为空时,系统将按照归并原则自动归并;用户自行填写时,系统将按照归并原则进行归并校验。

流转申报表序号:流转类专用,用于建立清单商品与流转申请表商品之间的关系。表头填写申报表编号,表体流转申报表序号从该申报表中调取。

自动备案序号:物流账册核注清单终审通过,系统返填商品的备案序号。

3. 随附单据

保税核注清单随附单据界面见图 5-13。随附单据数据的新增、删除、修改等具体操作可参考前述随附单据部分。

图 5-13

4. 保税核注清单两步申报

用户在报关单系统中进行概要申报后，概要申报状态为"提货放行"时，录入保税核注清单表头数据（见图5-14）。

图 5-14

💡小提示

用户进行保税核注清单两步申报时，报关单类型选择"进口两步申报备案清单"，对应报关单编号项填写概要申报返回的海关编号数据。

保税核注清单申报成功后，系统在备注处返填成功信息，用户可根据生成的报关单草稿进行完整申报。

5. 保税核注清单修改申请

在保税核注清单数据查询界面中，输入查询条件，选中需要修改的数据，点击"修改申请"按钮（见图5-15），系统弹出提示信息，点击"确定"按钮。系统跳转至保税核注清单修改申请界面，用户可对保税核注清单部分字段进行修改。

图 5-15

6. 保税核注清单删除申请

在保税核注清单数据查询界面中输入查询条件，选中需要删除的数据，点

国际贸易"单一窗口"：加贸及跨境电商篇

击"删除申请"按钮（见图 5-16），系统弹出提示信息后，点击"确定"按钮，进入保税核注清单录入界面。在保税核注清单录入界面中点击蓝色"删除申请"按钮，系统弹出提示信息，点击"确定"按钮，完成删除操作。

图 5-16

7. 保税核注清单生成报关单草稿

保税核注清单预审批通过后，系统自动生成一份暂存的报关单草稿，用户可以登录货物申报系统调出并申报报关单。

💡 **小提示**

保税核注清单表头中的报关标志字段为"报关"时，核注清单预审批通过，系统自动生成一份暂存的报关单草稿。

保税核注清单表头中的报关标志字段为"非报关"时，系统不生成暂存的报关单草稿。

点击选择菜单中的"数据查询"—"保税核注清单数据查询"，进入查询界面，输入查询条件后，选中一条预审批通过数据，点击"查看明细"，进入保税核注清单详情界面，点击"表体"页签，查看报关单草稿表体列表（见图5-17）。

金关工程（二期）加工贸易保税监管系统

图 5-17

> 💡 **小提示**
>
> 用户登录货物申报系统，进入"货物申报"—"数据查询/统计"—"报关数据查询"界面，点击"高级查询"，操作类型选择"其他报关单数据查询"，输入报关单统一编号即可调出报关单数据。

（二）保税电商清单

此部分以保税核注清单（出口）为例，具体操作如下。

点击选择菜单中的"数据录入"—"保税核注清单（出口）"，进入保税核注清单（出口）录入界面，清单类型选择"保税电商"，系统弹出"选择获取保税电商数据方式"对话框（见图 5-18）。

图 5-18

201

国际贸易"单一窗口":加贸及跨境电商篇

1. 联网查询

选择"联网查询",进入保税核注清单(出口)录入界面。

录入保税核注清单表头数据(此时表体不可录入,新增、删除、复制等按钮均置灰),点击"随附电商单"页签,进入随附电商单表体(见图5-19)。

图 5-19

点击"快速查询"按钮,进入查询界面,输入起始时间,查询随附电商单信息(见图5-20)。

图 5-20

💡 **小提示**

查询日期间隔必须小于3天。

点击"确定",保存随附电商单信息(见图5-21)。选中电商清单编号,点击"获取表体",系统将显示所选电商清单合并后的表体信息(见图5-22)。

202

金关工程（二期）加工贸易保税监管系统

图 5-21

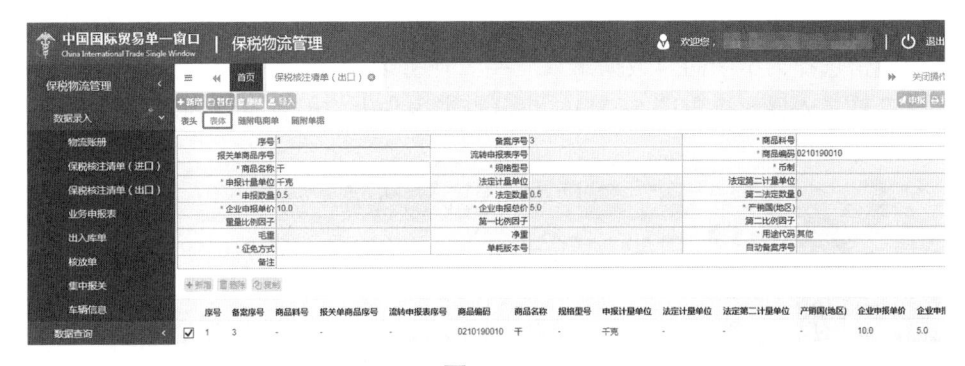

图 5-22

2. 手工录入

选择"手工录入"，进入保税核注清单（出口）录入界面（见图 5-23）。

图 5-23

录入保税核注清单表头数据，暂存成功后，手工录入表体及随附电商单数据。数据录入完成后，点击"申报"按钮，系统校验数据准确性。若校验失败，用户需修改后重新申报。

国际贸易"单一窗口"：加贸及跨境电商篇

（三）保税核注清单导出

点击选择菜单中的"保税核注清单查询"，按查询条件输入相应信息，点击"查询"按钮，选择需要导出的保税核注清单，点击"导出"按钮，完成导出。

> 💡 **小提示**
>
> 只有数据状态为"海关终审通过"的保税核注清单才可导出。

三、业务申报表

该功能模块包括申报表的新增、修改、删除、查询、结案及表体导入功能。

点击选择菜单中的"数据录入"—"业务申报表"，系统默认打开业务申报表新增录入界面（见图5-24）。也可点击表头上方的蓝色"新增"按钮，进入新增录入界面。

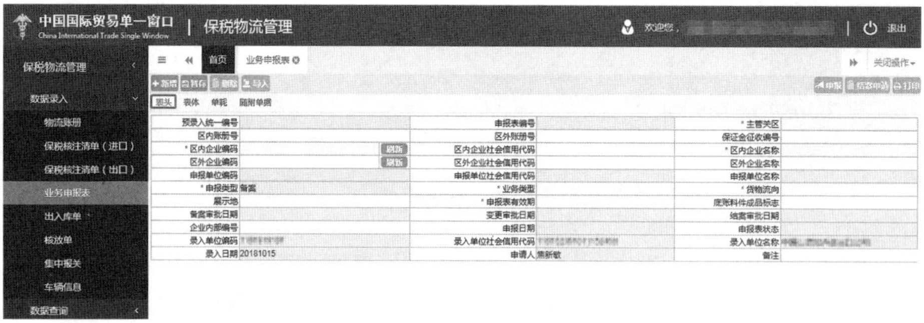

图 5-24

（一）业务申报表表头

在货物流向下拉列表中选择货物流向"入区"或"出区"，业务类型相同，货物流向不同的需要备案不同的业务申报表。

申报单位编码录入海关10位编码，敲回车键，系统自动返填对应的申报单位社会信用代码和申报单位名称。

表头字段录入完成，点击蓝色"暂存"按钮，暂存成功后，继续录入表体、单耗等内容。

（二）业务申报表表体

1. 表体新增

点击白色"新增"按钮，系统清空界面数据编辑区（见图5-25）已有数据，进入新增编辑模式，录入完数据后，在备注录入框内敲回车键，完成数据的新增保存操作。

204

图 5-25

2. 表体删除

在表体列表区选中需删除的表体记录,点击白色"删除"按钮,再点击"确定",系统将删除所选表体数据(见图 5-26)。

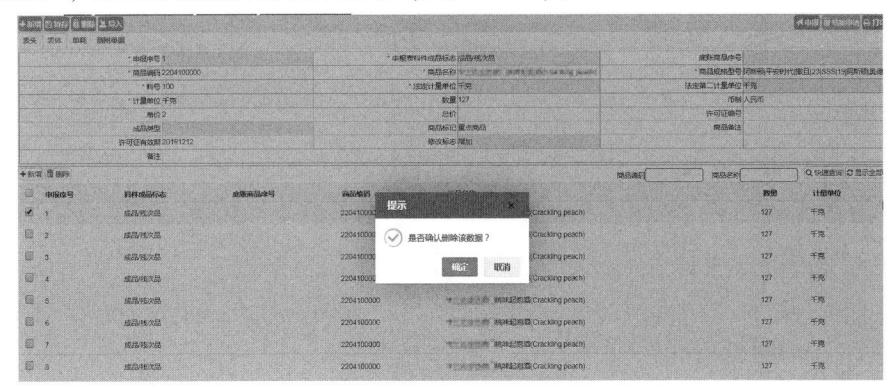

图 5-26

3. 表体导入

表体录入时可以通过模板进行导入,点击"导入"按钮,系统弹出模板选择框(见图 5-27)。

图 5-27

国际贸易"单一窗口":加贸及跨境电商篇

点击"模板下载"按钮,下载导入模板。模板整理完毕后,点击"选择文件"按钮,选择文件存储路径,点击"上传"按钮,系统校验导入数据的准确性。如数据校验成功,提示文件导入成功(见图5-28)。

图 5-28

💡 **小提示**

导入数据可在录入数据的基础上继续导入其他数据,例如,界面中已录入申报序号1的数据,模板可导入申报序号2的数据及其他数据。

4. 表体快速查询

在表体界面中输入商品编码或商品名称等查询条件,点击"查询"按钮,系统自动列出符合查询条件的数据(见图5-29)。

图 5-29

5. 表体全部查询

点击"显示全部"按钮,可清除查询结果,系统将数据全部列出(见图5-30)。

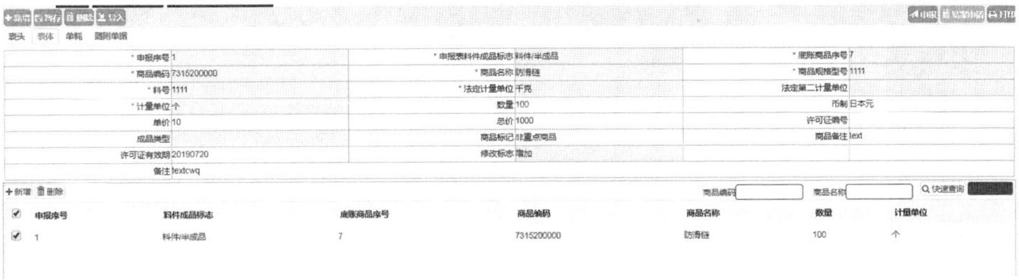

图 5-30

6. 表体字段

申报表料件成品标志字段填写规则如下：

业务类型为分送集报、简单加工、保税展示交易时，申报表料件成品标志字段必填；其他业务类型时不可填写；

业务类型为分送集报、简单加工、保税展示交易且区内账册号为物流账册时，底账料件成品标志字段系统返填成 I 料件；区内账册号为加工贸易账册时，由用户录入。

底账商品序号如果有值，该商品必须已在账册中备案，否则该字段应为空。

对于 B-外发加工、G-简单加工业务，录入的半成品和成品信息都不是账册中的数据，由用户自行录入。

（三）单耗

单耗数据的新增、修改、删除及导入等具体操作可参考表体部分。

（四）随附单据

随附单据的新增、修改、删除等具体操作可参考前述随附单据部分。

（五）业务申报表结案

点击选择菜单中的"数据查询"—"业务申报表数据查询"，进入查询界面，输入查询条件，点击"查询"按钮，选中要结案的业务申报表数据，点击"结案"按钮（见图 5-31）。

国际贸易"单一窗口":加贸及跨境电商篇

图 5-31

系统弹出结案确认框,点击"确定"按钮,进入数据录入详情界面(见图 5-32)。

图 5-32

点击"结案申请"按钮,系统弹出提示信息,点击"确定"按钮,系统提示"结案成功"(见图 5-33)。

图 5-33

四、出入库单

该功能模块包括出入库单的新增、修改、删除、查询、暂存、申报、作废、表体导入、打印功能。

点击选择菜单中的"数据录入"—"出入库单"（见图5-34）系统默认打开出入库单新增录入界面。也可点击表头上方的蓝色"新增"按钮，进入新增录入界面。点击界面上方的蓝色按钮所进行的操作，将影响当前的整票数据。

图5-34

（一）表头

申报单位编码录入海关10位编码，敲回车键，系统自动返填对应的单位社会信用代码和申报单位名称。

出入库类型可在下拉列表中选择，可以与业务申报表的货物流向不同。针对每种业务类型，出入库单可有入区和出区两种情况，具体如下：

业务类型是A-分送集报的，如果出入库单的出入区方向与对应的业务申报表相反，说明该出入库单为退货单，退货单上需要关联方向相反的出入库单。只有业务类型为A-分送集报的出入库单需要集中报关，在集中报关时需要扣除退货数量。

业务类型是B-外发加工的，如果出入库单的出入区方向与对应的业务申报表相反，说明出入区的是外发加工的半成品。

业务类型是C-保税展示交易、D-设备检测、E-设备维修、F-模具外发、H-其他业务的，如果出入库单的出入区方向与对应的业务申报表相反，说明是该种业务的还回业务。

表头字段录入完成，点击蓝色"暂存"按钮，暂存成功后，方可继续录入表体内容。

（二）表体

出入库表体（见图5-35）的新增、删除、导入、快速查询等具体操作可参考业务申报表表体部分。

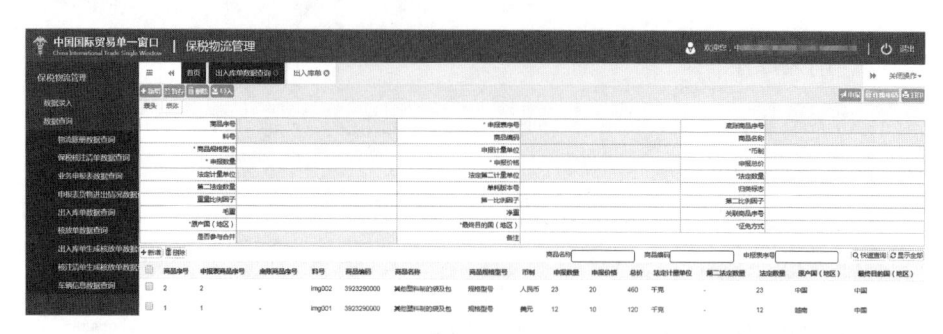

国际贸易"单一窗口"：加贸及跨境电商篇

图 5-35

（三）出入库单作废

如用户需要作废出入库单，点击"数据查询"—"出入库单数据查询"，进入查询界面，选中状态为"海关终审通过"的数据，点击"作废"按钮（见图 5-36）。

图 5-36

进入出入库单录入界面，所有字段置灰，点击"作废申请"，系统弹出提示信息，点击"确定"，出入库单作废申请发往海关（见图 5-37）。

图 5-37

（四）出入库单修改

该功能模块该提供出入库单修改申请功能。

出入库单修改的具体操作可参考海关特殊监管区域系统的出入库单修改部分。

五、核放单

该功能模块包括核放单的新增、修改、删除、查询、暂存、申报、作废、表体导入、打印功能。

点击选择菜单中的"数据录入"—"核放单"，进入核放单业务录入界面（见图5-38）。点击界面上方的蓝色按钮所进行的操作，将影响当前的整票数据。

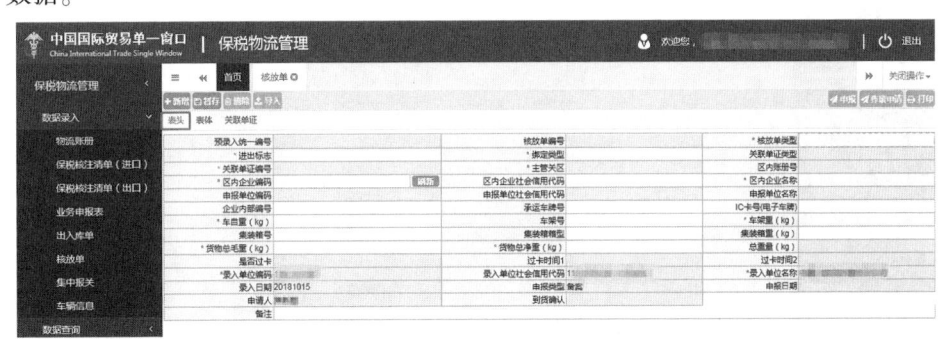

图 5-38

（一）表头

绑定类型包括一车多票、一车一票、一票多车，每种类型的表体及关联单证表体填写规范如下：

绑定类型是1（一车多票）时，只需录入核放单表头、核放单关联单证表体信息即可。

绑定类型是2（一车一票）时，只需录入核放单表头信息即可，系统自动将关联单证编号信息插入关联单证表体。

绑定类型是3（一票多车）时，只需录入核放单表头、核放单表体信息即可，系统自动将关联单证编号信息插入关联单证表体。

核放单类型可在下拉列表中选择，每种类型的表体及关联单证表体填写规范如下：

核放单类型是5（卡口登记货物）时，核放单表头的绑定类型、关联单证类型、关联单证编号字段为空，不可录入；核放单表体信息由用户自行录入，核放单关联单证表体不可录入。

211

核放单类型是6（空车进出区）时，核放单表头的绑定类型、关联单证类型、关联单证编号字段为空，不可录入；核放单表体信息不可录入，核放单关联单证表体不可录入。

表头字段录入完成，点击蓝色"暂存"按钮，暂存成功后，方可继续录入表体、关联单证的内容。

（二）表体

核放单表体（见图5-39）的新增、删除、导入、快速查询等具体操作，可参考海关特殊监管区域系统中核放单表体部分。

图 5-39

（三）关联单证

核放单关联单证的新增、删除、查询等具体操作，可参考海关特殊监管区域系统中核放单关联单证部分。

（四）核放单作废

如用户需要作废核放单，点击"数据查询"—"核放单数据查询"，进入查询界面，选中状态为"海关终审通过"的数据，点击"作废"按钮（见图5-40）。

图 5-40

进入核放单录入界面，所有字段置灰，点击"作废申请"，系统弹出提示信息，点击"确定"，核放单作废申请发往海关（见图 5-41）。

图 5-41

六、集中报关

该功能模块主要是将业务类型为 A-分送集报的出入库单生成集报核注清单。

点击选择菜单中的"数据录入"—"集中报关"，进入集中报关查询界面（见图 5-42）。

图 5-42

国际贸易"单一窗口":加贸及跨境电商篇

输入查询条件,点击"查询"按钮,系统显示符合查询条件的查询结果列表(见图5-43)。

图 5-43

选中需要生成集报核注清单的出入库单数据,或者点击全选复选框选中全部出入库单,点击"生成核注清单"按钮,系统根据归并原则,在生成核注清单列表中生成核注清单记录(见图5-44)。

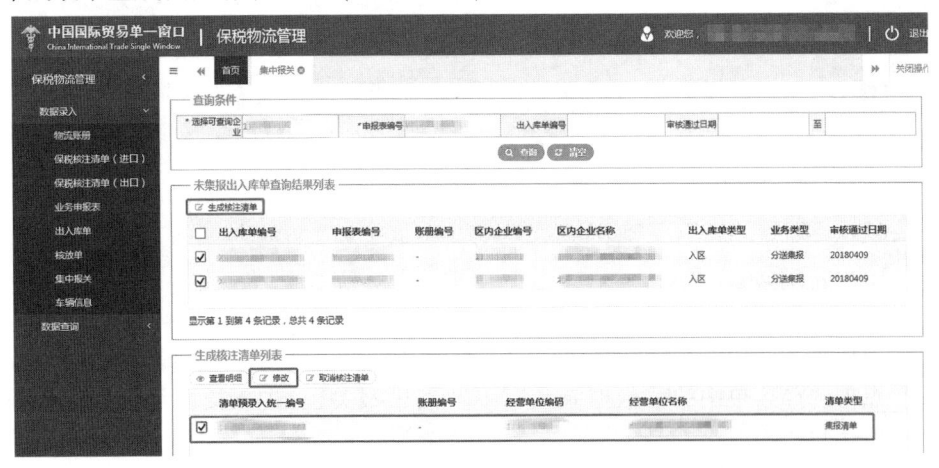

图 5-44

选中核注清单记录,点击"修改"按钮,进入核注清单录入界面(见图5-45)。

图 5-45

补充核注清单表头信息即可申报,具体操作可参考保税核注清单部分。

七、车辆信息

点击选择菜单中的"数据录入"—"车辆信息",进入车辆信息录入界面(见图 5-46)。

图 5-46

信息填写完毕后,点击"申报"即可。点击界面上方的蓝色按钮所进行的操作,将影响当前的整票数据。

八、清单结关

点击选择菜单中的"数据录入"—"清单结关"进入清单结关录入界面(见图 5-47)。

国际贸易"单一窗口":加贸及跨境电商篇

图 5-47

点击核注清单编号项后侧的蓝色按钮,系统跳转至待结关核注清单查询界面(见图 5-48)。

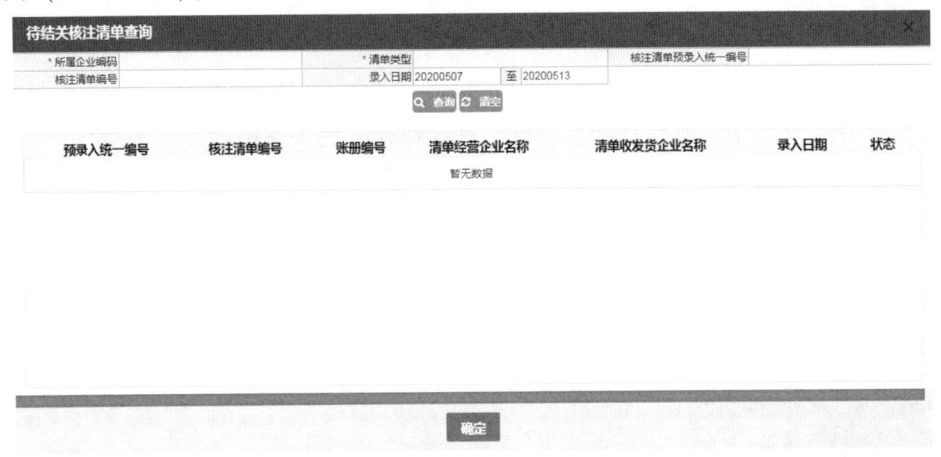

图 5-48

输入"所属企业编码"和"清单类型"后,点击"查询"按钮,系统显示待结关的核注清单信息(见图 5-49)。

图 5-49

在待结关核注清单信息中勾选需要结关的核注清单，点击"确定"按钮，系统调取出待结关核注清单的详细信息且信息无法修改，点击"暂存"后，再点击"申报"按钮完成结关（见图5-50）。

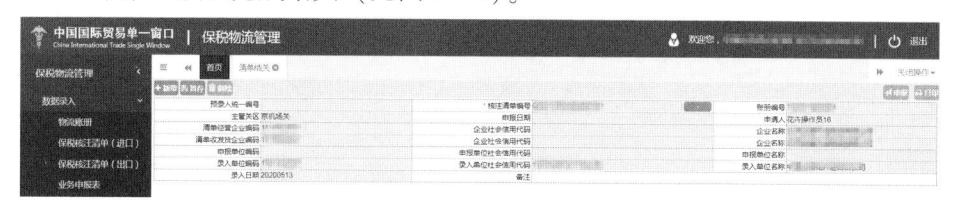

图 5-50

九、两步申报核放单

该功能模块提供进行概要申报后的核放单的新增、暂存、修改、查询、申报等功能。

（一）两步申报核放单表头

点击选择菜单中的"数据录入"—"两步申报核放单"，进入两步申报核放单录入界面（见图5-51）。表头数据录入完毕后，点击蓝色"暂存"按钮保存成功后，方可新增表体数据。

图 5-51

（二）两步申报核放单表体

1. 表体新增

在两步申报核放单表体界面中点击白色"新增"按钮，界面清空已有数据，用户进行表体录入。"报关单号"栏录入在报关单系统中概要申报成功后返回的海关编号（见图5-52）。录入完成后，按回车键完成新增操作。

图 5-52

2. 表体删除

在两步申报核放单表体界面中选中某条表体，点击白色"删除"按钮，系统弹出提示信息，再点击"确定"，系统将删除本条表体数据（见图5-53）。

图 5-53

十、核放单调取授权

该功能模块提供企业间核放单的授权调取功能。

点击选择菜单中的"数据录入"—"核放单调取授权"，进入核放单调取授权界面（见图5-54）。

图 5-54

核放单调取授权的具体操作可参考海关特殊监管区域系统的核放单调取授权部分。

第三节　常见问题

问 1　切换金关二期系统后，深加工结转业务应如何办理？

答　按照目前金关二期系统设置以及切换的要求，对双方为金关二期手（账）册之间的深加工结转业务，应通过"保税流转系统二期"办理。企业按规定格式在保税货物流转系统申报"转入/转出申报表"和实际收发货情况，在申报表有效期内按照收发货实际情况汇总申报"保税核注清单"及报关单。

问 2　金关二期手（账）册与 H2010 手（账）册之间进行深加工结转业务应如何办理？

答　对于金关二期手（账）册与 H2010 手（账）册之间的深加工结转业务，取消深加工结转申请表审核和收发货登记环节（企业自行保存收发货记录等相关资料备查），双方在每批实际发货及收货后 10 日内（存在技术原因等特殊情况的最多可延长至 20 日内），使用金关二期手（账）册的一方直接申报"保税核注清单"及报关单，使用 H2010 系统的一方申报深加工结转报关单，海关通过双方深加工结转报关单数据比对进行管理。

问 3　切换金关二期系统后，转出、转入双方办理深加工结转申报表的先后顺序是什么？

答　按目前金关二期系统的设置，深加工结转的申报表由转入企业先提出申请，再由转出企业提出申请。后续申报表申报顺序会进行调整，具体上线时间以海关通知为准。

问 4　在金关二期系统中录入深加工结转申请表，"流转类型"填写什么？

答　选填"A"，即加工贸易深加工结转。

问 5　企业进口核注清单已核扣，但是物流账册表体中看不到料件信息，应如何处理？

答　核注清单需调用终审通过的物流账册，如果之后物流账册变更，需要状态为终审通过时才能看到表体内容，或查看核注清单表体，物流账册做变更只变更表头信息，表体为核注清单表体，若想查看表体可以查看核注清单表体；若想查看物流账册表体需要将变更暂存申报或删除变更数据方可查看。

问 6　物流账册表体中可以变更产销国吗？

答　物流账册表体变更时只能修改不能新增，且只能修改存储（监管）期限和商品编码，企业可以联系海关进行修改，修改后告知海关向系统发送同步回执。

第六章 保税担保管理系统

第一节 业务简介

中华人民共和国海关总署 2018 年 2 月 13 日发布第 18 号公告，就保证金台账"实转"管理事项转为海关事务担保事项发布了最新的办理要求。保税担保管理系统支持各项保税业务的担保作业，为企业提供单笔征收单确认、退还、查询以及总担保设立、变更、查询等录入和申报功能。保税作业环节时可调用或直接使用，实现保税业务保证金的系统化管理。

一、保证金确认

海关在审核手（账）册等过程中，根据业务需要生成保证金征收单并发送到企业端，企业收到海关生成的保证金征收单，查看并确认被担保单位、账册号、保证金金额等信息，修改并补充录入被担保单位、企业信息、缴款单位、缴款账号等信息，对该保证金征收单进行确认。

保证金征收确认业务流程简述如下：

海关加贸人员在账册设立（变更）、外发加工、深加工结转等业务审核中，遇有征收保证金情况的，在相关业务系统海关端发起保税保证金征收单；

海关业务人员进行保证金征收单人工审核；

海关人工审核通过后，保证金征收单发送至企业端，企业对相关栏目内容进行确认；

企业确认后，将保证金征收单发送回海关，海关系统对担保按不同类型分别自动处置；

企业缴款完毕后，海关凭企业提供的单据进行保证金核注；

保证金核注成功后，生成海关保证金专用收据，可在海关端进行打印操作。

二、总担保

企业申请向海关设立总担保的，可在此模块录入总担保设立申请。总担保包含缴纳保证金和开立保函两种方式。保证金和保函的区别在于是否有实际资金。

担保可以分为总担保和单笔（具体）担保两种。

（一）总担保

企业先行交纳总担保，保税作业环节确定的担保金额从总担保金额中扣除，核减总担保可用额，保税作业对应业务结束或核销后，担保金额恢复到总担保可用总额中。

总担保登记业务流程简述如下：

企业根据实际情况主动发起总担保申请，录入总担保设立登记/变更登记申请；

海关进行总担保设立登记/变更登记审核；

审核通过后，海关向企业发送总担保设立成功回执；

企业查询、打印交（付）款通知书，办理缴款手续；

企业办理总担保后，后续的单笔保证金可选择从总担保金额中扣除。

（二）单笔（具体）担保

每一具体保税作业对应生成一份保证金征收单，企业缴纳一次担保金，具体保税作业对应业务结束或核销后，担保金退还企业。

三、退还申请

手册核销结案后，企业可向海关办理担保退还手续。担保形式为保函的，企业应凭保函收据到海关办理保函退还手续。担保形式为保证金的，企业应凭海关交（付）款通知书编号、海关保证金专用收据（退款联）及加盖企业财务专用章的合法收据，到海关财务部门办理保证金退还手续。

企业在系统中可以发起担保退还申请，海关接收数据后进行审核，确认后予以退还保证金。

退还申请业务流程简述如下：

企业录入保证金或总担保退还申请；

海关系统进行保证金或总担保退还的审核；

审核通过后，海关向企业发送审核通过回执；

企业可进行查询、打印等操作。

第二节　基本操作

相关业务数据有严格的填制规范，如在系统内录入数据的过程中，字段右侧弹出红色提示，代表当前录入的数据有误，需根据要求重新录入。

点击界面上方的蓝色按钮（见图 6-1）所进行的操作，将影响当前整票申报的数据。

国际贸易"单一窗口"：加贸及跨境电商篇

图 6-1

点击界面中的各类白色按钮（见图 6-2）所进行的操作，影响的数据仅为当前涉及的页签或字段。

图 6-2

一、保证金确认

被担保单位或被担保单位指定的委托代理单位可查询到该保证金征收单，可看到具体保证金征收单信息，并对被担保单位、企业信息、缴款单位、缴款账号等信息进行修改、补充录入，完成后点击确认按钮，对该保证金征收单进行确认。

点击选择菜单中的"保证金"—"保证金确认"，进入保证金确认界面（见图 6-3）。

图 6-3

输入查询条件，点击"查询"按钮，系统查找符合条件的记录显示在查询列表中（见图 6-4）。

图 6-4

小提示

查询条件中,"选择可查询被担保单位代码"下拉菜单中的海关编码为已完成委托授权操作的企业的海关 10 位编码。

(一) 查看/打印

在保证金征收单查询界面中,勾选一条记录,点击"查看/打印"按钮,系统进入保证金征收单数据录入界面。此时,数据为只读状态,不允许编辑(见图 6-5)。

图 6-5

点击"打印"按钮,页面跳转至 PDF 界面,可供下载或打印(见图 6-6)。

223

国际贸易"单一窗口":加贸及跨境电商篇

图 6-6

(二)确认

在保证金征收单查询界面中,勾选一条记录,点击"确认"按钮,系统进入保证金确认录入界面(见图 6-7)。

图 6-7

💡 小提示

修改时黄色底字段为必填字段,灰色底字段不允许修改。

对修改完毕的数据可继续进行暂存操作,也可直接进行申报。

数据状态为暂存和退单的数据可进行修改操作;数据如果已经申报或已被海关审批通过,则不可再修改。

(三)打印缴款通知书

在保证金征收单查询界面中,勾选一条记录,点击"打印缴款通知书"按钮,页面跳转至 PDF 界面,可供下载或打印(见图 6-8)。

金关工程（二期）加工贸易保税监管系统

图 6-8

💡 **小提示**

数据状态为"海关审批通过"且已缴款的数据可以进行缴款通知书打印。

二、总担保

（一）总担保设立

用户申请向海关设立总担保的，可通过此功能模块录入总担保设立申请。总担保包含缴纳保证金和开立保函两种形式。

点击选择菜单中的"总担保"—"总担保设立登记"，进入总担保设立登记录入界面（见图 6-9）。

图 6-9

点击界面上方的蓝色按钮所进行的操作，将影响当前的整票数据。如某个按钮置灰不可点击，代表在当前界面数据的状态下，不允许进行相应操作。

（二）总担保变更

总担保变更只允许变更保函及保函有效期。用户设立总担保后需变更的，可通过此功能模块录入总担保变更申请。

点击选择菜单中的"总担保"—"总担保变更登记"，输入查询条件进行查询，选中需要变更的数据，点击"变更登记"按钮（见图 6-10）。

225

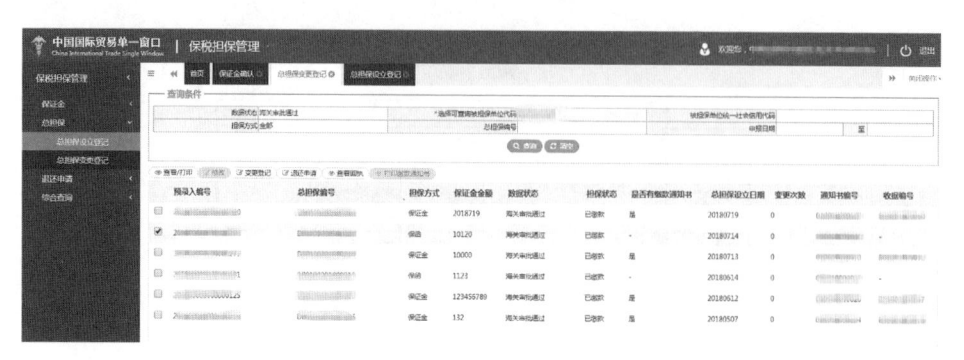

国际贸易"单一窗口"：加贸及跨境电商篇

图 6-10

> 💡 **小提示**
>
> 查询条件中，"选择可查询被担保单位代码"下拉菜单中的海关编码，为已完成委托授权操作的企业的海关 10 位编码。
>
> 系统提示是否确认变更该数据，点击"确定"，进入总担保设立登记录入界面。用户对保函做变更修改后进行变更申报。

> 💡 **小提示**
>
> 只有在数据状态是"海关审批通过"且担保类型是"保函"时，"变更登记"按钮方可点击；其他时候，该按钮为灰色不可点击。
>
> 仅总担保金额与保函编号可以变更。
>
> 界面操作同总担保设立登记。

三、退还申请

用户在保证金征收单查询功能中查询到需要退还的保证金，或直接进入退还申请界面，可点击"退还申请"按钮进入保证金退还界面，补充录入收款单位有关信息后，向海关申报。

（一）保证金退还

点击选择菜单中的"退还申请"—"保证金退还申请"，进入保证金退还申请查询界面（见图 6-11）。

金关工程（二期）加工贸易保税监管系统

图 6-11

💡 小提示

查询条件中，"选择可查询被担保单位代码"下拉菜单中的海关编码，为已完成委托授权操作的企业的海关 10 位编码。

在保证金退还申请查询界面中，勾选一条记录，点击"退还申请"按钮，系统会跳转到退还申请界面（见图 6-12）。录入"退还结转金额"与"退还转结原因描述"后，点击"暂存"，确认无误后点击"申报"，完成退还申请。

图 6-12

💡 小提示

数据状态为"海关审批通过"时，才可进行退还申请操作。

（二）总担保退还

点击选择菜单中的"退还申请"—"总担保退还申请"，进入总担保退还申请查询界面（见图 6-13）。

图 6-13

227

国际贸易"单一窗口"：加贸及跨境电商篇

💡 **小提示**

查询条件中，"选择可查询被担保单位代码"下拉菜单中的海关编码，为已完成委托授权操作的企业的海关10位编码。

在总担保退还申请查询界面中，勾选一条查询结果，点击"退还申请"按钮，系统跳转到退还申请界面（见图6-14）。录入"退还结转金额"与"退还转结原因描述"后，点击"暂存"，确认无误后点击"申报"，即可向海关发送数据。

图 6-14

💡 **小提示**

数据状态为"海关审批通过"时，才可进行退还申请操作。

四、综合查询

用户通过此功能模块可以查询保证金征收单、总担保、退还结转等信息，并对查询出来的数据进行查看、打印、修改、变更登记、退还申请、查看回执、打印缴款通知书等操作。

点击选择菜单中的"综合查询"—"保证金征收单查询""总担保查询""退还结转查询"，可分别进入相应的查询界面（见图6-15~6-17），进行查询操作。

图 6-15

图 6-16

图 6-17

💡**小提示**

查询条件中,"选择可查询被担保单位代码"下拉菜单中的海关编码,为已完成委托授权操作的企业的海关 10 位编码。

第三节　常见问题

问 1　金关二期担保系统是否可以在"单一窗口"的税费支付系统办理业务?

答　"单一窗口"的税费支付系统暂时不支持办理金关二期担保相关业务。

问 2　金关二期在什么情况下进行保证金征收业务?

答　海关加贸人员可在各项业务审核过程中根据企业风险情况,触发保证金征收业务。

问 3　总担保对于企业信用等级、担保额度是否有影响?需要审批吗?

答　总担保对于企业信用等级、担保额度没有影响,不需要审批,和正常保证金一样管理。

问 4　在征收单确认环节,收款账号填写错误,提交后缴款都已完成,还

国际贸易"单一窗口":加贸及跨境电商篇

可以修改吗?

答 目前系统不允许修改。

问5 手册结案后,是否必须企业主动申请保证金退还?是否有相关提示信息?

答 是的,企业必须主动申请,目前没有提示信息。

问6 手册设立时使用了总担保,变更增量后发现原总担保余额不足,可以更改为新的总担保编号吗?

答 保证金确认环节,总担保金额不够会导致退单,退单后企业端可以更改担保编号。

问7 保函可以做退还申请吗?

答 目前系统暂不支持保函退还。

问8 保证金交(付)款通知书需要打印吗?

答 理论上可以不打印保证金交(付)款通知书,但是有些财务部门必须要纸面单证用于做账,所以目前可以自行打印保证金交(付)款通知书。

问9 企业端对录入主体有限制吗?可以支持代理录入吗?

答 支持委托代理录入,但需要企业在金关二期委托授权系统中为代理企业增加担保系统的权限。

问10 金关二期担保系统中,企业端能否发起单笔担保?

答 不能。

问11 金关二期担保系统中,担保退还由谁发起?

答 总担保退还只能由企业端发起,单笔担保退还可由企业和海关发起。

问12 目前保证金的结转仅适用于单笔担保。如果总担保是保证金形式,涉及转税的情况下如何操作?

答 总担保不支持分批退还,可先办理退还手续,同时办理转税。

问13 企业申请手册设立时存在哪些情形的,海关会要求企业提供担保?

答 有下列情形之一的,海关可要求经营企业在办理手册设立手续时提供相当于应缴税款金额的保证金或者银行、非银行金融机构保函:

涉嫌走私,已经被海关立案侦查,案件尚未审结的;
由于管理混乱被海关要求整改,在整改期内的;
租赁厂房或者设备的;
首次开展加工贸易业务的;
加工贸易手册延期两次(含两次)以上的;
办理异地加工贸易手续的;
涉嫌违规,已经被海关立案调查,案件尚未审结的。

第七章　保税货物流转系统

第一节　业务简介

保税货物流转系统规范和统一保税货物国内流转业务操作流程和信息化管理系统，整合改造现有业务系统及各关辅助管理系统的流转管理功能，实现保税货物流转申报、收发货、底账核注数据的互联互通和对碰，满足料号级管理需要，方便保税货物流动，支持转入转出企业对保税货物流转采用"自行运输"和"分送集报"作业模式，提高保税货物物流效率，降低企业保税货物流转成本。

一、申报表

企业可自行录入或者委托预录入机构完成转出申报表数据录入，录入完成后向海关发送申报信息。海关收到转出申报表信息后，由关员进行审核，并将审核结果发送到电子口岸。企业可通过电子口岸查询审核结果。该功能模块包括保税货物流转申报表的备案新增、修改、删除、查询、变更等功能，主要内容包括货物流转双方的基本信息、流转货物信息等。

申报表业务流程简述如下：
转出企业操作员录入申报表数据；
转出企业操作员申报数据；
海关系统对转出企业的申报数据进行审核；
系统将审核结果发送至企业，企业进行确认；
转入企业操作员登录"单一窗口"保税货物流转系统，点击"申报表查询"菜单，查询出转出企业审批通过的申报表，查询出数据中心统一编号；
转入企业操作员录入申报表数据；
转入企业操作员申报数据；
海关系统对转入企业的申报数据进行审核；
系统将审核结果发送至企业，企业进行确认。

二、收发货单

该功能模块可实现在流转申报表备案审批通过的基础上，实际进出区货物的收发货录入、申报功能。该功能模块包括保税货物流转收发货单的录入、修改、删除、查询、发货单撤销等功能。

收发货单业务流程简述如下：

转出企业操作员录入发货单数据；

转出企业操作员申报数据；

海关系统对转出企业的申报数据进行审核；

系统将审核结果发送至转出企业，企业进行确认；

系统自动将转出企业发货单审批回执和数据反馈给转入企业；

转入企业操作员登录"单一窗口"保税货物流转系统，点击"收发货单查询"菜单，查询出转出企业审批通过的发货单，查询出数据中心统一编号；

转入企业操作员录入收货单数据；

转入企业操作员申报数据；

海关系统对转入企业的申报数据进行审核；

系统将海关审核结果发送至转入、转出企业，企业可对审核结果、数据进行查询。

第二节　基本操作

相关业务数据有严格的填制规范，如在系统内录入数据的过程中，字段右侧弹出红色提示，代表当前录入的数据有误，需根据要求重新录入。

点击界面上方的蓝色按钮（见图7-1）所进行的操作，将影响当前整票申报的数据。

图 7-1

点击界面中的各类白色按钮（见图7-2）进行的操作，所影响的数据仅为当前涉及的页签或字段。

图 7-2

一、申报表

（一）转出申报

该功能模块包括录入新增、修改、删除、申报、查询、打印等功能。

点击选择菜单中的"申报表"—"转出申报"，进入转出申报录入界面

(见图 7-3)。

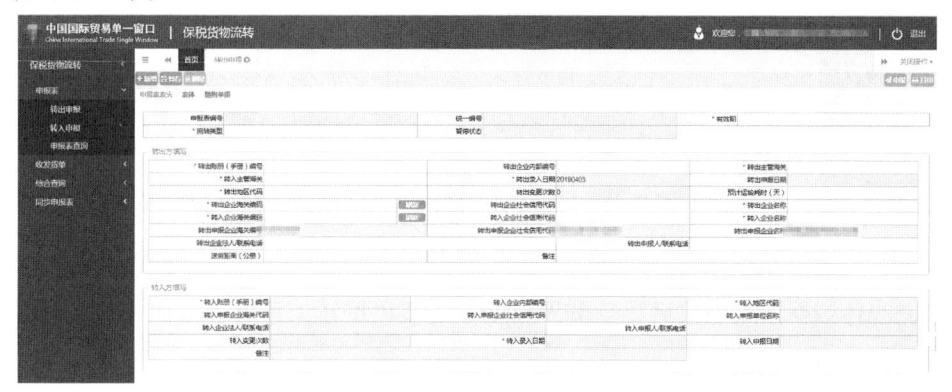

图 7-3

💡 小提示

界面中带有红色星号或浅黄底色的字段为必填项。灰色字段为系统返填项，不允许录入。白色字段为选填项，根据实际需要填写。

1. 表头

转出申报表表头录入界面中，流转类型字段需在参数中调取（使用键盘空格键，可调出下拉菜单并在其中进行选择），说明如下：

选择流转类型字段为"A：加工贸易深加工结转"时，转出表体调取转出电子账册（手册）备案数据的成品表体；

选择流转类型字段为"B：加工贸易余料结转"时，转出表体调取转出电子账册（手册）备案数据的料件表体；

选择流转类型字段为"C：不作价设备结转"时，转出表体调取转出电子账册（手册）备案数据的料件表体。

表头字段录入完成后，点击蓝色"暂存"按钮，暂存成功后，方可继续录入表体、随附单据的内容。

2. 表体

点击转出申报表体界面中的白色"新增"按钮，系统弹出表体录入框（见图 7-4）。

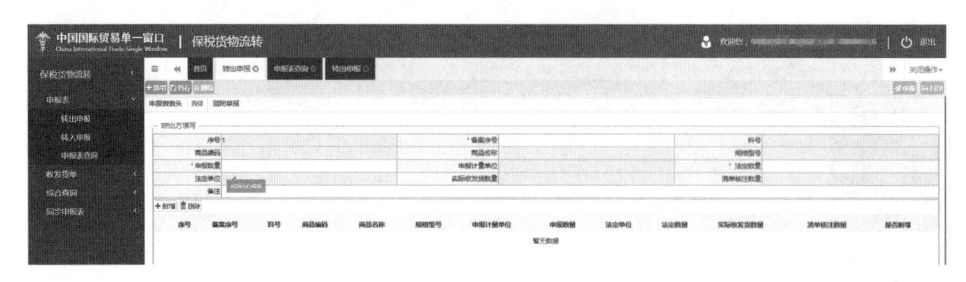

国际贸易"单一窗口"：加贸及跨境电商篇

图 7-4

表体数据录入完成后，点击界面上方的蓝色按钮，可对当前表体数据进行相应的操作。

（1）表体录入

在转出申报表体界面中加框处录入表体信息（见图 7-5），在"备案序号"项输入手（账）册备案过的表体序号，系统自动调取表体详细信息。

图 7-5

（2）表体新增

在转出申报表体界面中点击白色"新增"按钮，表体界面初始化，用户可以新增一条数据（见图 7-6）。

图 7-6

（3）表体删除

在转出申报表体界面中选中某条料件表体，点击白色"删除"按钮，系统弹出提示信息，再点击"确定"，系统将删除本条表体数据（见图 7-7）。

图 7-7

(4) 表体修改

点击选择菜单中的"申报表"—"申报表查询",进入申报表查询界面,企业类型选择为"转出企业",选择需要修改的数据(见图 7-8)。

图 7-8

点击"修改"按钮,系统将弹出本条转出申报表录入界面(见图 7-9),修改相应数据后,点击"暂存",完成修改操作。

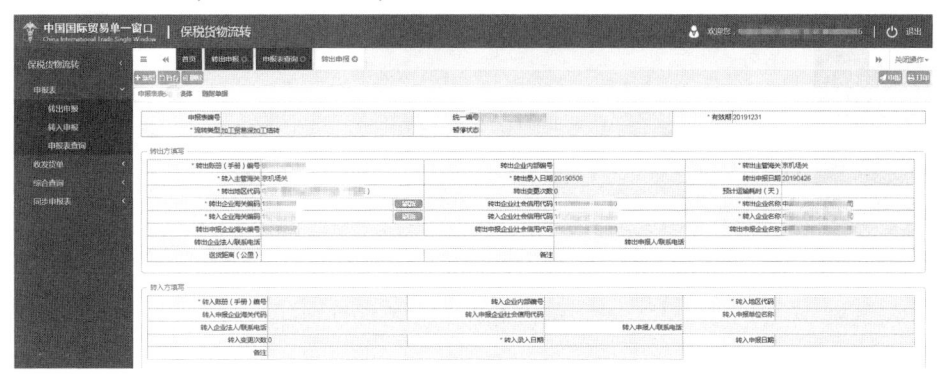

图 7-9

国际贸易"单一窗口":加贸及跨境电商篇

💡小提示

转出数据状态为暂存和退单的数据可进行修改操作,进入转出申报录入界面,数据如果已经申报,则不可再修改。

转入数据状态为暂存和退单的数据可进行修改操作,进入转入申报录入界面,数据如果已经申报,则不可再修改。

修改时灰色底色的字段不可修改。

对修改完毕的数据可继续进行暂存操作,也可直接进行申报。

(5) 表体变更

该功能仅限转入、转出方数据状态皆为海关备案成功,进行变更业务时使用。用户选择需要修改的数据,点击"变更"按钮(见图7-10)。

图 7-10

系统提示是否确认变更该数据,点击"确定",进入变更录入界面(见图7-11)。用户可以对表头中的有效期、表体和随附单据数据进行新增或删除。

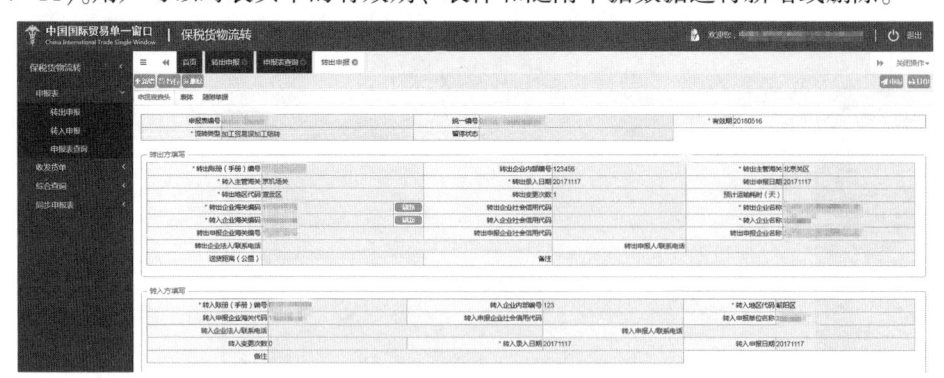

图 7-11

💡小提示

在查询界面中,当转出申报与转入申报的变更次数相同时,点击"变更"按钮,可进行转出申报的变更操作;当转出申报与转入申报的变更次数不同且转出申报变更次数比转入申报变更次数多一次时，点击"变更"按钮，可进行转入申报的变更操作。

3. 随附单据

表头暂存成功后，方可进行随附单据的新增、暂存、删除、上传等操作。点击随附单据页签，系统默认打开随附单据新增编辑界面（见图7-12）。

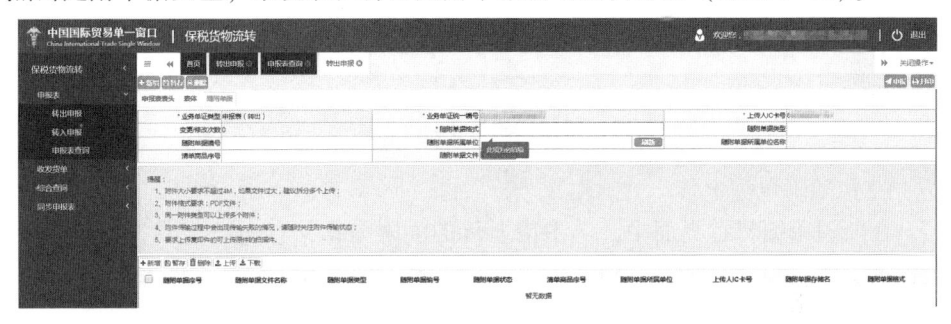

图7-12

随附单据格式、随附单据类型等录入项，可直接录入相应代码或名称，并敲回车键确认，也可从弹出的下拉列表中选取。

随附单据所属单位录入项填写海关10位编码，点击录入项右侧的蓝色"刷新"按钮或敲回车键，系统自动返填随附单据所属单位名称。

随附单据格式录入"非结构化"时，随附单据文件录入项的蓝色"文件选择"按钮才可点击，并弹窗选择需上传的随附单据文件。

（1）随附单据暂存

填写随附单据录入项信息，选择随附单据文件（见图7-13）。点击白色"暂存"按钮，将随附单据文件保存至表体，状态为"待上传"（见图7-14）。

图7-13

国际贸易"单一窗口":加贸及跨境电商篇

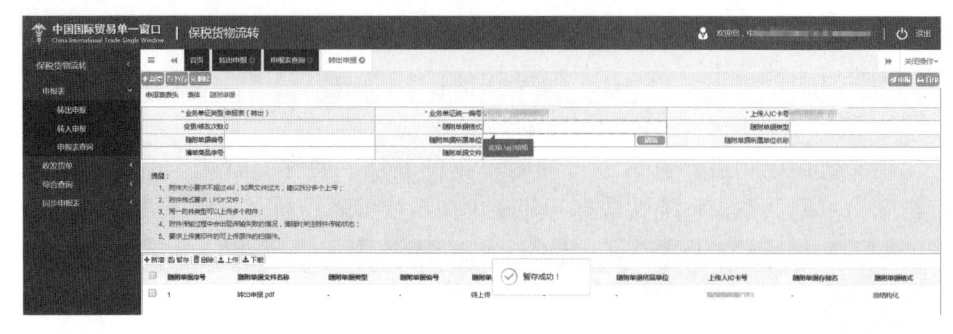

图 7-14

(2) 随附单据上传

在随附单据暂存界面中,选中待上传的随附单据,点击"上传"按钮,系统提示上传成功(见图 7-15)。

图 7-15

(3) 随附单据下载

在随附单据上传界面中选中某一条随附单据数据,点击"下载"按钮,系统将该票随附单据下载至本地。

(4) 随附单据删除

在随附单据上传界面中选中某一条随附单据数据,点击白色"删除"按钮,系统将该票随附单据直接删除。

(5) 随附单据新增

在随附单据界面中填写部分随附单据表头信息时,点击白色"新增"按钮,系统将清空界面,界面恢复初始化。

(二)转入申报

该功能模块提供保税货物流转申报表转入方的录入、暂存、申报、修改、删除、打印、变更功能。转出申报表备案成功后,进入转入申报表备案环节。

点击选择菜单中的"申报表"—"转入申报",进入转入申报录入界面(见图 7-16)。

238

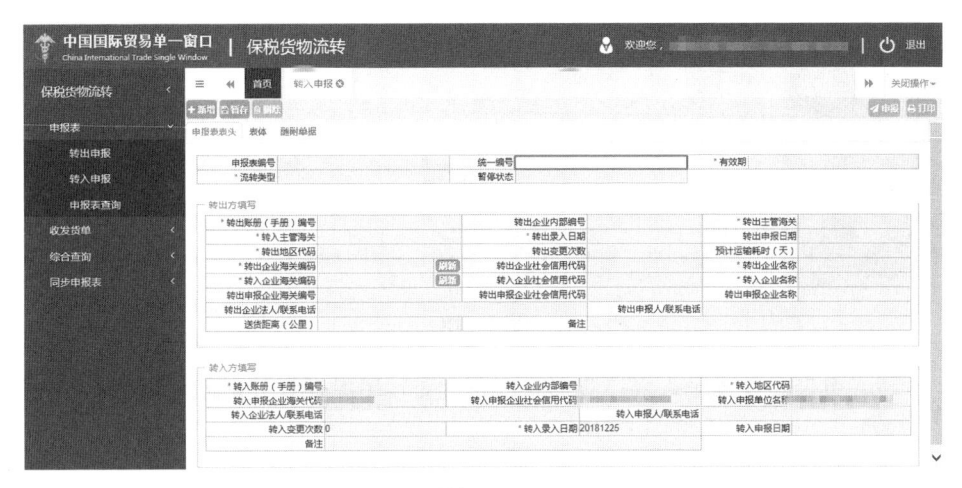

金关工程（二期）加工贸易保税监管系统

图 7-16

1. 表头

统一编号输入已备案成功的转出申报表统一编号，系统调出转出申报表数据（见图 7-17）。

图 7-17

表头字段录入完成后，点击蓝色"暂存"按钮，暂存成功后，继续录入表体、随附单据的内容。

2. 表体

在转入申报录入界面中新增表体数据（见图 7-18），根据表头填写的转入手（账）册编号，调用备序表体数据。

239

国际贸易"单一窗口"：加贸及跨境电商篇

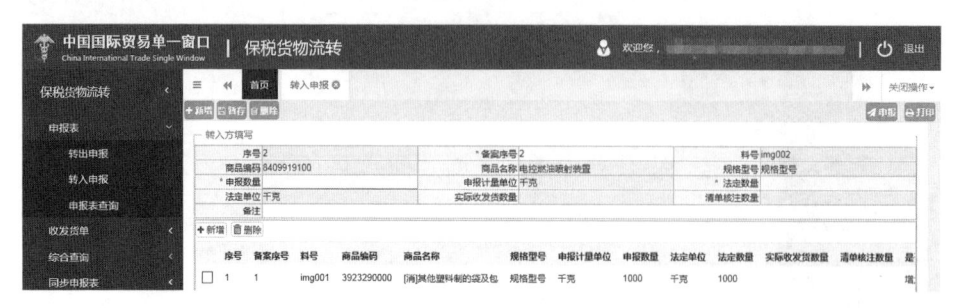

图 7-18

转入申报表备案录入表体数据时，不可对转出申报表数据进行修改。

💡 **小提示**

转出方、转入方表体中流转双方的备案序号必须一一对应。

转入申报表表体的录入、新增、删除、修改、变更等具体操作，可参考转出申报表表体部分。

3. 随附单据

转入申报表随附单据的暂存、上传、下载、新增、删除等具体操作，可参考转出申报表随附单据部分。

二、收发货单

（一）发货登记

该功能模块可实现对保税货物、流转货物实际发货的管理，包括录入、修改、删除、查询、发货单撤销等功能。

点击选择菜单中的"收发货单"—"发货登记"，进入发货登记录入界面（见图 7-19）。

图 7-19

1. 表头

在收发货单表头界面中录入"申报表编号"，按回车键，系统根据申报表

240

金关工程（二期）加工贸易保税监管系统

编号自动返填转出方信息（见图7-20）。

图 7-20

申报表编号项填写已备案成功的申报表编号。系统根据申报表编号自动返填转入企业海关编码、转入企业社会信用代码、转入企业名称、转出企业海关编码、转出企业社会信用代码、转出企业名称、转出主管海关字段。

表头字段录入完成后，点击蓝色"暂存"按钮，暂存成功后，继续录入表体内容（见图7-21）。

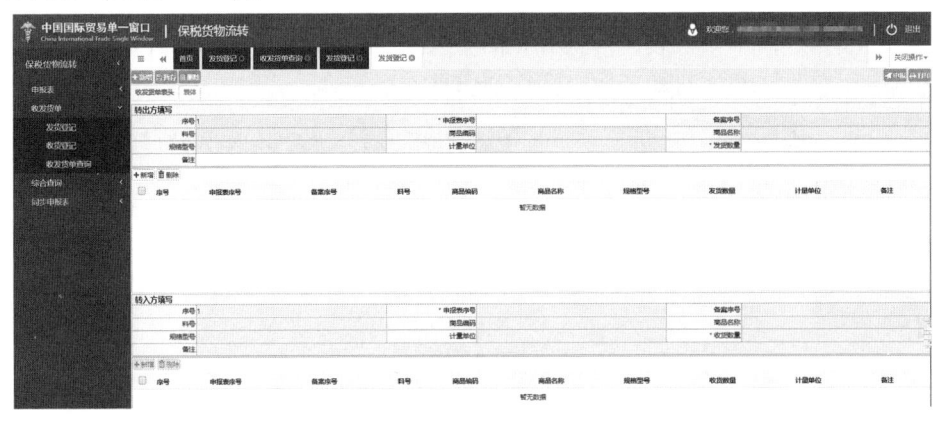

图 7-21

2. 表体

在收发货单表体界面中新增表体数据后（见图7-22），点击"暂存""新增""删除"按钮，可对当前表体数据进行相应的操作。

241

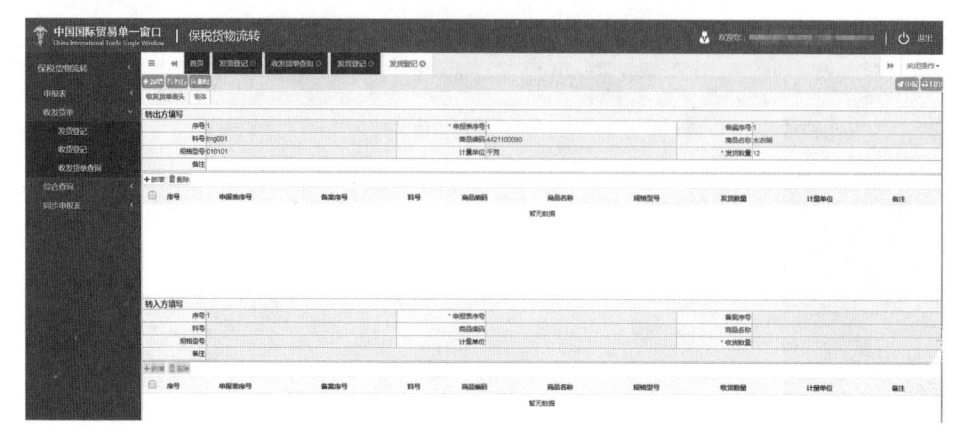

国际贸易"单一窗口"：加贸及跨境电商篇

图 7-22

申报表序号项填写已备案成功的申报表序号。

💡 小提示

发货登记、收货登记表体中流转双方的申报表序号必须一一对应。

（1）表体录入

在表体界面中录入表体信息（见图 7-23），申报表序号项输入申报表备案过的表体序号，系统自动调取表体详细信息。

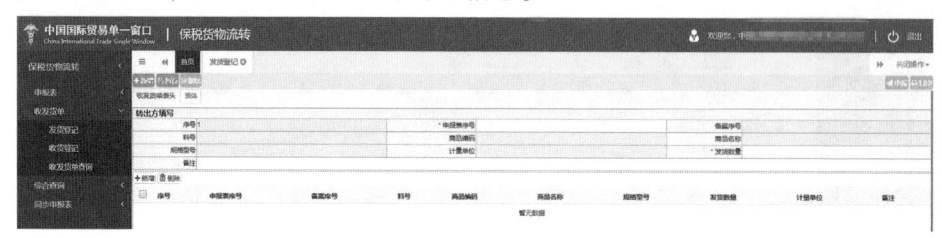

图 7-23

（2）表体新增

在表体界面中点击白色"新增"按钮，表体界面初始化，用户可以新增一条数据（见图 7-24）。

图 7-24

(3) 表体删除

在表体界面中选中某条料件表体，点击白色"删除"按钮，系统弹出提示信息，点击"确定"，系统将删除本条表体数据（见图 7-25）。

图 7-25

(4) 表体修改

点击选择菜单中的"收发货单"—"收发货单查询"，进入收发货单查询界面，收发货类型选择为"转出企业"，选择需要修改的数据（见图 7-26）。

图 7-26

点击"修改"按钮，系统将弹出本条发货登记录入界面（见图 7-27），修改相应数据后，点击"暂存"，完成修改操作。

243

国际贸易"单一窗口":加贸及跨境电商篇

图 7-27

💡 **小提示**

发货单数据状态为暂存和退单的数据可进行修改操作,进入发货单申报录入界面,数据如果已经申报,则不可再修改。

收货单数据状态为暂存和退单的数据可进行修改操作,进入收货单申报录入界面,数据如果已经申报,则不可再修改。

修改时,灰色底色的字段不可修改。

对修改完毕的数据可继续进行暂存操作,也可直接进行申报。

(5)表体撤销

该功能仅限转出方状态为审批通过,转入方未进行收货申报前,进行撤销业务时使用。用户选择需要撤销的数据,点击"撤销"按钮,撤销本票发货单(见图 7-28)。

图 7-28

💡 **小提示**

在转出方状态为审批通过,转入方未进行收货申报前,用户可以在数据查询界面查询出需要撤销的发货单,点击"撤销"按钮,录入撤销原因,确定后系统向海关端发送撤销申报数据。

（二）收货登记

该功能模块提供查询收发货单数据的功能，包括录入、修改、删除、查询、发货单撤销等功能。

点击选择菜单中的"收发货单"—"收货登记"，进入收货登记录入界面（见图7-29）。

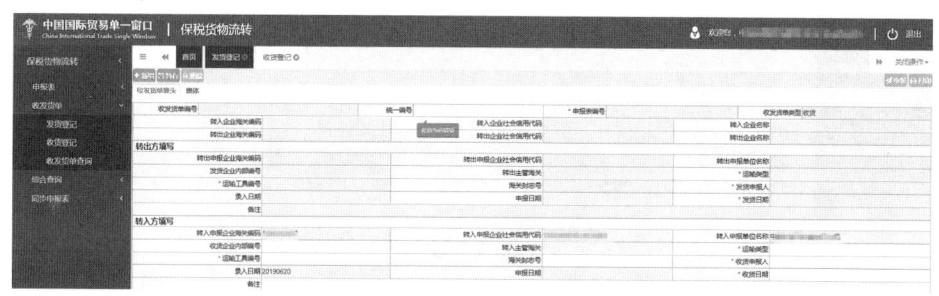

图 7-29

1. 表头

在收货单表头界面中录入统一编号，按回车键，系统根据统一编号自动返填转出方信息（见图7-30）。

图 7-30

统一编号项填写已备案成功的发货单统一编号。系统校验当前用户是否为转入企业或转入代理企业，如校验通过，系统自动返填转入主管海关字段，并调出发货数据。

表头字段录入完成后，点击蓝色"暂存"按钮，暂存成功后，继续录入表体内容（见图7-31）。

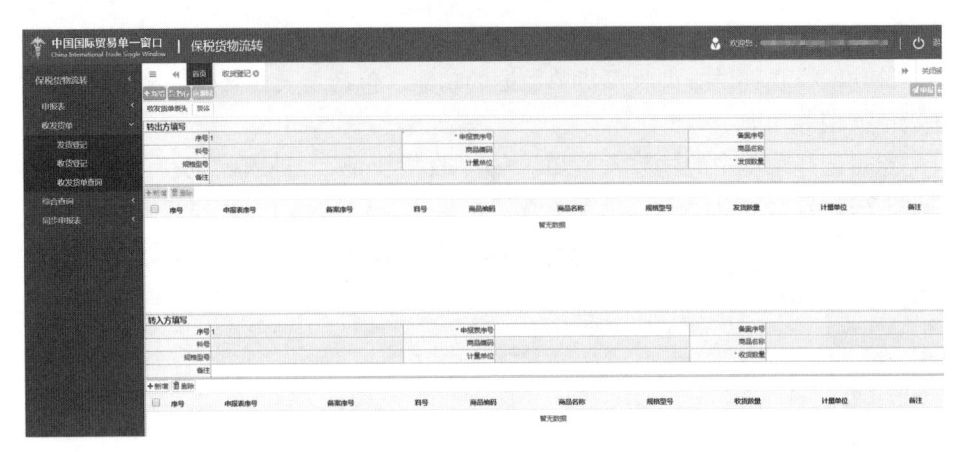

国际贸易"单一窗口":加贸及跨境电商篇

图 7-31

2. 表体

收货登记表体的录入、新增、删除、修改等具体操作,可参考发货登记表体部分。

三、综合查询

该功能模块提供审批通过的保税货物流转申报表详细信息、关联收发货单、申报表打印的查询功能,并在查询结果的基础上,提供审批通过的申报表详细信息及其关联的全部收发货记录信息。系统执行查询,在结果列表显示栏内显示符合条件的申报表记录,并给出单据的当前状态,用户选中某条记录后,可以双击查看该记录的详细信息。

点击选择菜单中的"综合查询"—"综合查询",进入查询条件录入界面(见图 7-32)。

图 7-32

输入查询条件,点击"查询"按钮,系统查找符合条件的记录显示在查询列表中(见图 7-33)。

图 7-33

点击"收发货单"按钮,进入综合查询界面(见图 7-34)。

图 7-34

点击"查看明细"按钮,进入收发货登记录入界面(见图 7-35)。

图 7-35

点击"申报表相关"按钮,进入申报表查询界面,查看已审批通过的申报表明细数据(见图 7-36)。

图 7-36

四、同步申报表

该功能模块可实现将审批通过的保税货物流转申报表数据从海关审批系统同步到电子口岸预录入系统的功能，包括实时的收发货数量、已报关数量等。

点击选择菜单中的"同步申报表"—"同步申报表"，进入同步申报表查询界面（见图7-37）。

图 7-37

选择企业类型、企业海关编号，录入需要同步的申报表编号，点击"申报表同步"按钮，系统提示操作成功（见图7-38）。

图 7-38

点击"刷新"按钮，可以看到同步数据（见图7-39）。

图 7-39

申报表同步后的详细信息，可在申报表查询界面中查询。

第三节　常见问题

问 1　保税货物流转申报表有效期应如何填报？

答　金关二期保税货物流转系统中申报表表头的"流转类型"是"深加工结转"或"余料结转"时，企业申报有效期要小于底账有效期，否则系统会退单。

问 2　深加工结转申报表，是否允许转出和转入是同一家企业？

答　根据目前系统设置，深加工结转申报表允许转出和转入企业相同。

问 3　综合保税区内的加工贸易企业可以使用金关二期保税货物流转系统吗？

答　不能。根据目前的业务需求，金关二期保税货物流转系统仅适用于特殊监管区域或保税监管场所以外的加工贸易企业进行深加工结转、余料结转、不作价设备结转等业务。

问 4　非金关二期手（账）册可以在金关二期保税货物流转系统进行流转吗？

答　根据目前系统设置，金关二期保税货物流转系统仅支持金关二期的手（账）册流转业务，不支持 H2010 的手（账）册流转。

问 5　金关二期保税货物流转系统支持全自动对接申报方式吗？

答　支持。具体接口请参见中国电子口岸门户网站的通知公告栏目。

第八章 委托授权系统

第一节 业务简介

保税物流账册、加工贸易账册、加工贸易手册、特殊监管区域账册、清单等都属于加工贸易类业务。如果加工贸易企业委托代理企业进行各类账册、手册的录入、申报或报关等操作，需统一在委托授权系统中进行授权管理。

金关二期委托授权系统以企业为单元进行授权，因此，授权时无须选择手（账）册编号，通过保存授权企业与代理企业的海关10位编码与18位企业社会信用代码等内容，即可完成授权操作。授权成功后，代理企业即可为加工贸易企业进行录入或代理报关等操作。

一、企业类型

本系统的企业类型分为"授权企业"与"代理企业"两种。

（一）授权企业

授权企业一般为加工贸易企业。

（二）代理企业

代理企业一般为代理报关行，即受加工贸易企业委托代理其办理有关业务的代理报关企业，也称为"被授权企业"。

二、权限类型

本系统的授权类型分为"查询权"与"操作权"两种。

（一）查询权

被授予"查询权"的代理企业操作员可以在各业务系统中查询授权企业的有关业务单据。

（二）操作权

被授予"操作权"的代理企业操作员可以在各业务系统中查询、录入或申报授权企业的有关业务单据。

三、授权子系统

委托授权子系统——企业间授权录入、企业内授权录入、查看操作员权限界面的授权子系统字段中，包括以下业务系统的选项，供加工贸易企业授权代理企业进行操作。同时，对应业务系统下的相关业务单据也使用本授权系统进行控制。

加工贸易账册系统。相关业务单据有加工贸易账册、核注清单、耗料单年报、外发加工等。

加工贸易手册系统。相关业务单据有加工贸易手册、核注清单、外发加工等。

加工贸易担保管理系统。相关业务单据有保证金、总担保等。

海关特殊监管区域管理系统。相关业务单据有物流账册、加工贸易账册等。

保税物流管理系统。相关业务单据有物流账册、提货单、业务申报表、出入库单、核放单、集中报关等。

四、授权步骤

本系统的授权操作分为企业间授权录入、企业内授权录入两步。

💡**小提示**

必须按照"企业间授权—企业内授权"的顺序进行操作，缺一不可。

（一）企业间授权

授权企业为代理企业进行授权，是企业间进行授权的行为。权限包括进行委托授权信息的新增、保存、删除。

（二）企业内授权

代理企业为本企业的操作员进行授权。权限包括进行委托授权信息的保存、查询、删除。

第二节　基本操作

一、企业间授权

实现委托授权信息的新增、保存、删除等功能，提供企业委托授权信息录入界面，由用户手工录入或修改暂存的企业委托授权信息数据。对于已经被委托授权的企业，直接在进入此页面时显示授权录入信息。

💡**小提示**

进入委托授权系统，必须使用法人IC卡或Ikey卡，或使用已绑定法人IC卡或Ikey卡的管理员账号用户名和密码登录系统，否则无法进入界面。

国际贸易"单一窗口":加贸及跨境电商篇

点击选择菜单中的"委托授权"——"企业间授权录入",进入企业间授权录入界面(见图8-1)。

图 8-1

(一) 录入

在企业间授权录入界面中录入企业间授权信息数据。

其中,灰色字段为登录用户的相关信息,黄色字段为必填项。用户在"授权子系统"与"授权类型"字段录入框内按空格键,调出下拉列表参数,可以从中选择需要的内容。

💡 小提示

系统会读取登录账户绑定的管理员卡的海关10位编码、社会信用代码和企业名称,作为授权企业的信息显示在界面上;系统将自动填写授权日期。

界面各录入字段中,蓝色底色的字段为必填项,黄色底色的字段为选填项,灰色底色的字段为系统返填项或不可修改项。

代理企业编号录入海关10位编码,回车后系统会自动返填代理企业的社会信用代码和代理企业名称。

(二) 新增

点击"新增"按钮,可以增加企业间授权的记录。点击"新增"按钮,系统会清空代理企业编号、代理企业社会信用代码、代理企业名称、权限有效期、授权子系统字段的值,授权类型默认为查询权。

(三) 暂存

点击"保存"按钮,可对当前录入的内容进行保存,系统提示"暂存成功"。

(四) 删除

如不再需要授予代理企业权限,可进行删除操作。在企业间授权录入界面中选中需要进行删除的记录，点击"删除"按钮，系统提示是否确认删除数据，点击"确定"按钮，系统提示删除成功，列表中所选数据消失。

> 💡 **小提示**
>
> 一次只能删除一条记录。
> 企业间授权记录被删除后，被授权企业的企业内授权记录会全部被删除。

二、企业内授权

实现授权企业的查询及授权企业操作员的功能，提供企业委托授权信息查询和添加操作员的授权界面，由用户手工录入授权企业编号进行查询，再选择是否添加全部操作员。

> 💡 **小提示**
>
> 使用企业间授权步骤中的"代理企业"管理员账户，进入"企业内授权录入"进行操作。

进入委托授权系统，必须使用法人IC卡或Ikey卡，或使用已绑定法人IC卡或Ikey卡的管理员账号用户名和密码登录系统，否则无法进入界面。

点击选择菜单中的"委托授权"—"企业内授权录入"，进入录入界面，系统自动显示当前企业的企业间授权记录（见图8-2）。

图 8-2

（一）查询

在企业内授权录入界面中输入授权企业编号或授权企业社会信用代码，点击"查询"按钮，系统会快速定位到相应记录（见图8-3）。

国际贸易"单一窗口"：加贸及跨境电商篇

图 8-3

（二）新增

在需要进行操作的记录前点击"授权"字样，企业内操作员的授权记录会显示在弹出的列表中（见图 8-4）。

图 8-4

录入"是否授予全部操作员"，选择"是"，操作员 IC 卡号不可编辑，默认授予所有操作员；选择"否"，必须录入被授权的操作员 IC 卡号，只授权给指定的操作员。

（三）添加

点击"添加"按钮，录入的信息会添加到列表中，系统提示保存成功，被授权的企业操作员可以对授权企业、授权子系统的数据进行相应的查询、暂存、申报等操作。

（四）删除

选中要删除的企业内操作员授权记录，点击"删除"按钮，系统弹出确认删除提示信息，点击"确定"按钮，操作员权限列表中的相应记录消失。

被删除授权记录的操作员无权限再对被授权企业的业务数据进行查询、录入或申报。

三、查看操作员权限

被授权企业可在此功能模块查看本企业授权操作员的权限、授权时间等代理授权信息。

> 💡 **小提示**
>
> 进入委托授权系统，必须使用法人 IC 卡或 Ikey 卡，或使用已绑定法人 IC 卡或 Ikey 卡的管理员账号用户名和密码登录系统，否则无法进入界面。

点击选择菜单中的"委托授权"—"查看操作员权限"，进入查看操作员权限界面（见图 8-5）。

图 8-5

在下拉列表中选择要查询的授权子系统，点击"查询"按钮，系统显示被授权的操作员记录。

> 💡 **小提示**
>
> 当授予全部操作员时，只显示一条记录，而且该记录 IC 卡号的值为空。

第三节 常见问题

问 1 委托授权系统有什么作用？

答 当企业需要委托其他企业进行代理备案或者代理报关时，需要使用委托授权系统进行相应授权。

问 2 委托授权与加工贸易授权有什么区别？

答 委托授权是为金关二期系统开发的用于企业间代理备案及报关的权限管理系统，加工贸易授权是用于 H2010 账册、手册进行代理备案及报关的权限管理系统。委托授权是以企业为单元进行授权，加工贸易授权是以单本账册或

255

者手册进行授权的，二者的权限不能通用。

问3 电子口岸操作员卡可以使用金关二期系统委托授权吗？

答 委托授权系统需要使用管理员账号进行登录授权。

问4 如何完成委托授权？

答 第一步：委托方企业先使用企业间授权，授予代理企业相应权限。第二步：代理企业进行企业内授权，授予部分操作员或者全部操作员相应权限。

问5 企业有多本电子手册，在委托代理时，是否需按电子手册号进行授权？是否每次委托代理都要事先授权？

答 根据金关二期系统的设置，委托授权是以企业为管理对象的，一次授权即可代理该企业下全部电子手册的相关业务。委托授权在有效期内不需要重复授权。

问6 对已授权的代理报关公司，如果不再合作，企业是否可以删除授权？

答 可以。

问7 查询权和操作权有什么区别？

答 操作权可以为委托方企业进行备案操作及代理报关操作，查询权仅能查看委托方备案数据及进行代理报关操作。

问8 什么是企业内授权？

答 企业内授权是指企业可根据各操作员的实际业务分工，对不同的操作员卡进行不同的权限设置。授权类型有查询权和操作权。

第九章 出境加工系统

第一节 业务简介

出境加工是指我国境内符合条件的企业将自有的原辅料、零部件、元器件或半成品等货物委托境外企业制造或加工后,在规定的期限内复运进境并支付加工费和境外件料费等相关费用的经营活动。对保税货物复出口和运往境外检测、维修货物的监管仍按现行规定办理。

出境加工货物不受加工贸易禁止类、限制类商品目录限制,不实行加工贸易银行保证金台账及单耗管理等加工贸易相关规定,有关管理要求也与加工贸易监管不同。因此,出境加工系统作为智慧海关信息化系统的组成部分,在定位上与现有的加工贸易手(账)册系统平行,不属于现有加工贸易手(账)册体系。出境加工系统在金关二期加工贸易及保税监管系统的构架基础下开发,出口货物和复进口货物使用报关单核注账册出口金额和进口免税金额,出境加工管理系统部署于海关内网,由企业端与海关端组成。

出境加工系统企业端可实现出境加工账册的备案、变更、通关、核报、统计、查询,达到严密监管、高效便利、风险可控的工作目标。

一、出境加工账册备案

企业根据生产计划或生产合同,录入或通过接口报送账册信息,包括表头基本信息、出口货物和复进口货物数据,同时上传随附单据电子数据,一并向海关发送申报。上传随附单据时通过联网数据传输和扫描上传等方式实现。

二、出境加工账册报核

企业通过出境加工系统的企业端进行核报数据的录入、暂存、申报、修改、查询、打印、删除等基本操作。核报数据包括核报表头、核报报关单、出口货物表、复进口货物表。

三、出境加工催核查询

根据《关于出境加工业务有关问题的公告》(海关总署公告 2016 年第 69 号)的规定,出境加工账册采取企业自主核报、自动核销模式,企业应于出境

国际贸易"单一窗口"：加贸及跨境电商篇

加工账册核销期结束之日起 30 日内向主管海关核报出境加工账册，海关可通过电子公告牌等方式联系企业进行催核。为提高催核工作实效，按照有关文件的精神，结合海关工作实际，促进企业规范管理，制定出境加工账册催核业务需求。

海关向出境加工系统发送催核信息，企业可以通过催核查询界面查询。同时，系统向经营单位发送催核通知和发送催核手机短信。

第二节　基本操作

相关业务数据有严格的填制规范，如在系统内录入数据的过程中，字段右侧弹出红色提示，代表当前录入的数据有误，需根据要求重新录入。

点击界面上方的蓝色按钮（见图 9-1）所进行的操作，将影响当前整票申报的数据。

图 9-1

点击界面中的各类白色按钮（见图 9-2）进行的操作，所影响的数据仅为当前涉及的页签或字段。

图 9-2

一、出境加工账册备案

企业可自行录入或者委托预录入机构完成出境加工账册数据录入，录入完成后向海关发送申报信息。海关收到出境加工账册信息后，由关员进行审核并将审核结果发送到电子口岸。企业可通过电子口岸查询审核结果。出境加工账册功能模块包括出境加工账册录入新增、修改、删除、复制、申报、查询、打印等功能。

点击选择菜单中的"数据录入"—"出境加工账册备案"，进入出境加工账册备案界面（见图 9-3）。该界面包含表头、出口货物、复进口货物和随附单据四部分。表头信息表、出口货物及复进口货物均为必填项，根据实际情况填写。

金关工程（二期）加工贸易保税监管系统

图 9-3

> 💡 **小提示**
>
> 界面中带有红色星号或浅黄底色的字段为必填项。灰色字段为系统返填项，不允许录入。白色字段为选填项，根据实际需要填写。

（一）出境加工账册表头

暂存前必须录入经营单位编码和申报单位编码。经营单位编码、申报单位编码录入海关10位编码，按回车键后，系统自动返填经营单位社会信用代码、经营单位名称、申报单位社会信用代码、申报单位名称（见图9-4）。

图 9-4

表头信息录入完成后，点击蓝色"暂存"按钮，系统保存表头数据，然后可以依次录入出口货物信息、复进口货物信息。表头信息不暂存时，表体信息不可录入。

（二）表体列表（出口货物、复进口货物、随附单据）

1. 出口货物

（1）出口货物录入

在出口货物界面（见图9-5）中录入表体信息，填写商品编码时，填入4位后即可进行商品信息的匹配；选择后，系统会自动返填10位商品编码和商品名称（见图9-6）。

国际贸易"单一窗口"：加贸及跨境电商篇

图 9-5

图 9-6

录入出口货物商品信息后，录入其他信息，完成出口货物表体的数据录入（见图 9-7）。

图 9-7

💡 小提示

界面中带有红色星号的字段为必填项,如不填,将无法继续进行暂存或申报等操作。

(2)出口货物新增

点击出口货物界面中的白色"新增"按钮,系统将自动清空当前界面内所有已录入的数据,界面恢复初始化,可以重新录入一条数据(见图9-8)。

图 9-8

(3)出口货物删除

在出口货物界面中选中某条表体,点击白色"删除"按钮,系统弹出提示信息,点击"确定",系统将删除本条表体数据(见图9-9)。

图 9-9

(4)出口货物快速查询

用户输入相应的查询条件,点击"快速查询"按钮,系统将查询出相应数据(见图9-10)。

国际贸易"单一窗口"：加贸及跨境电商篇

图 9-10

(5) 出口货物全部查询

用户使用快速查询功能查询出某条数据后，需要查看全部数据时，点击"显示全部"按钮，系统将数据全部列出（见图 9-11）。

图 9-11

2. 复进口货物

(1) 复进口货物录入

在复进口货物界面（见图 9-12）中录入表体信息，填写商品编码时，填入 4 位后即可进行商品信息的匹配；选择后，系统会自动返填 10 位商品编码和商品名称（见图 9-13）。

图 9-12

图 9-13

录入复进口货物商品信息后，录入其他信息，完成复进口货物表体的数据录入（见图 9-14）。

图 9-14

💡小提示

界面中带有红色星号的字段为必填项，如不填，将无法继续进行暂存或申报等操作。

（2）复进口货物新增

在复进口货物界面中点击白色"新增"按钮，系统初始化复进口货物录入界面，以便用户增加一条复进口货物数据（见图 9-15）。

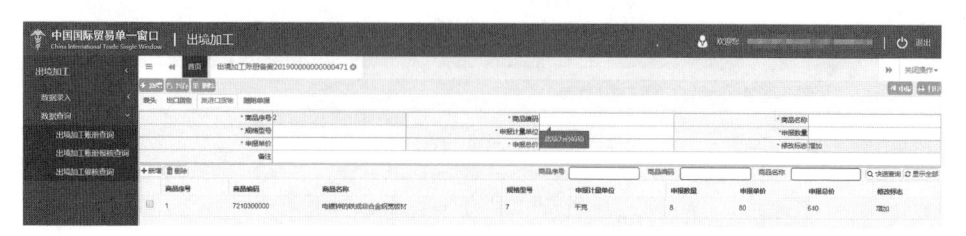

国际贸易"单一窗口"：加贸及跨境电商篇

图 9-15

(3) 复进口货物删除

在复进口货物界面中选中某条表体，点击白色"删除"按钮，系统弹出提示信息，点击"确定"，系统将删除所选表体数据（见图 9-16）。

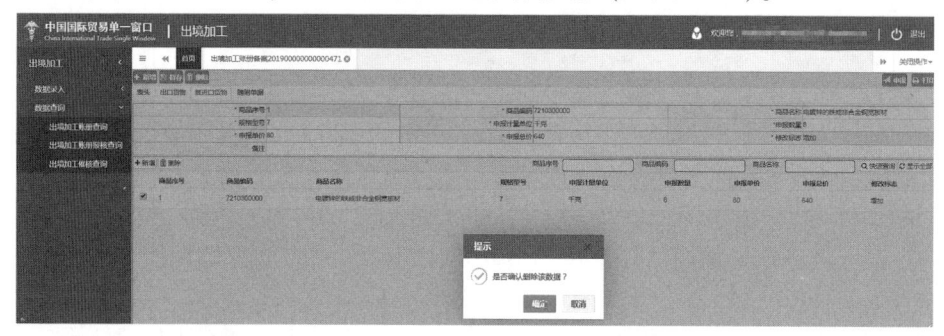

图 9-16

(4) 复进口货物快速查询

用户输入相应的查询条件，点击"快速查询"按钮，系统将查询出相应数据（见图 9-17）。

图 9-17

(5) 复进口货物全部查询

用户使用快速查询功能查询出某条数据后，需要查看全部数据时，点击"显示全部"按钮，系统将数据全部列出（见图 9-18）。

图 9-18

3. 随附单据

随附单据格式、随附单据类型等录入项，可直接录入相应代码或名称，并敲击回车键确认，也可从弹出的下拉列表中选取。

随附单据所属单位录入项填写海关 10 位编码，点击录入项右侧的蓝色"刷新"按钮或敲回车键，系统会自动返填随附单据所属单位名称。

随附单据格式录入"非结构化"时，随附单据文件录入项的蓝色"文件选择"按钮才可点击，并弹窗选择需上传的随附单据文件。

（1）随附单据暂存

填写随附单据录入项信息，选择随附单据文件（见图 9-19）。点击白色"暂存"按钮，将随附单据文件保存至表体，状态为"待上传"（见图 9-20）。

图 9-19

图 9-20

265

国际贸易"单一窗口":加贸及跨境电商篇

(2) 随附单据上传

在随附单据暂存界面中选中待上传的随附单据,点击"上传"按钮,系统提示上传成功(见图 9-21)。

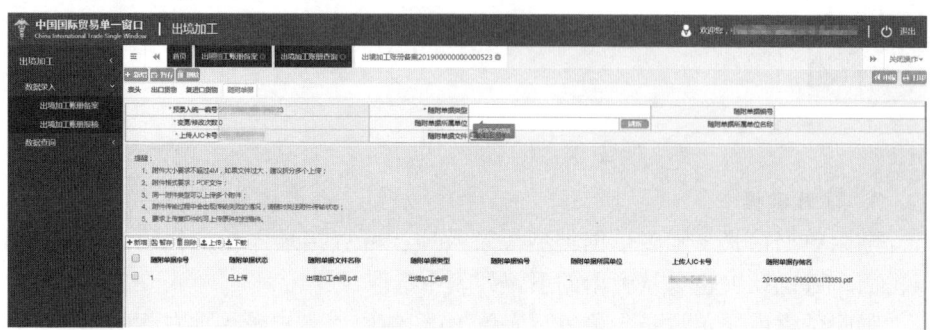

图 9-21

(3) 随附单据下载

在随附单据上传界面中选中某一条随附单据数据,点击"下载"按钮,系统将该票随附单据下载至本地。

(4) 随附单据删除

在随附单据上传界面中选中某一条随附单据数据,点击白色"删除"按钮,系统将该票随附单据直接删除。

(5) 随附单据新增

在随附单据界面中填写部分随附单据表头信息时,点击白色"新增"按钮,系统将清空界面,界面恢复初始化。

(三) 出境加工账册修改

点击选择菜单中的"数据查询"—"出境加工账册查询",进入查询界面输入查询条件,点击"查询"按钮,系统查找符合条件的记录显示在查询列表中,用户选择需要修改的数据(见图 9-22)。

图 9-22

点击"修改"按钮,系统将跳转至申报录入界面(见图 9-23),修改相应数据,点击"暂存"按钮,完成修改操作。

图 9-23

> 💡 **小提示**
>
> 出境加工账册修改状态只有为"暂存""海关接收失败""海关退单"时，才可进行修改。具体操作同出境加工账册备案。

（四）出境加工账册变更

该功能仅限出境加工账册数据状态为海关备案成功，进行变更业务时使用。用户选择需要修改的数据，点击"变更"按钮（见图 9-24）。

图 9-24

系统跳转至变更录入界面，用户可以对表头、出口货物、复进口货物或随附单据进行修改，对出口货物、复进口货物和随附单据的数据进行新增或删除（见图 9-25）。

图 9-25

国际贸易"单一窗口"：加贸及跨境电商篇

💡 **小提示**

出境加工账册数据状态只有为"海关终审通过"时，才可进行变更操作。

二、出境加工账册报核

该功能模块可实现按照报核周期，对本核销周期内的出境加工账册进行核销。该功能模块包括新增、录入、修改、删除、暂存、查询、打印等功能。

点击选择菜单中的"数据录入"—"出境加工账册报核"，进入出境加工账册报核界面（见图9-26）。该界面包含表头、核报报关单、出口货物、复进口货物四部分。

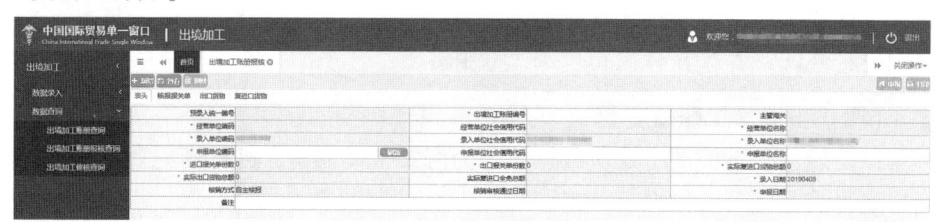

图 9-26

💡 **小提示**

界面中带有红色星号或浅黄底色的字段为必填项。灰色字段为系统返填项，不允许录入。白色字段为选填项，根据实际需要填写。

（一）出境加工账册报核表头

报核表头信息录入完成后，点击"暂存"按钮，系统保存表头数据，然后可以依次录入核报报关单、出口货物、复进口货物信息。表头信息不暂存时，表体信息无法录入（见图9-27）。

图 9-27

（二）表体列表（核报报关单、出口货物、复进口货物）

1. 核报报关单

录入出境加工进出口报关单号，点击"报关单号"下方的白色"新增"或

"删除"按钮，可以新增或删除核报报关单（见图9-28）。

图 9-28

（1）核报报关单新增

点击核报报关单界面中的白色"新增"按钮，系统初始化核报报关单录入界面，用户可增加一条核报报关单数据（见图9-29）。

图 9-29

（2）核报报关单删除

在核报报关单界面中点击白色"删除"按钮，系统弹出提示信息，点击"确定"，系统将删除所选表体数据（见图9-30）。

图 9-30

（3）核报报关单快速查询

用户输入相应的查询条件，点击"快速查询"按钮，系统将查询出相应数据（见图9-31）。

国际贸易"单一窗口"：加贸及跨境电商篇

图 9-31

(4) 核报报关单全部查询

用户使用快速查询功能查询出某条数据后，需要查看全部数据时，点击"显示全部"按钮，系统将数据全部列出（见图 9-32）。

图 9-32

2. 出口货物

(1) 出口货物录入

在出口货物界面（见图 9-33）中录入表体信息，商品序号项填写已进行备案的商品序号，系统根据商品序号自动调取出商品编码、商品名称、规格型号等信息。

图 9-33

💡 **小提示**

界面中带有红色星号的字段为必填项，如不填，将无法继续进行暂存或申报等操作。

(2) 出口货物新增

点击出口货物界面中的白色"新增"按钮，系统将自动清空当前界面内所有已录入的数据，界面恢复初始化，可以重新录入一条数据（见图 9-34）。

图 9-34

（3）出口货物删除

在出口货物界面中选中某条表体，点击白色"删除"按钮，系统弹出提示信息，点击"确定"，系统将删除本条表体数据（见图 9-35）。

图 9-35

（4）出口货物快速查询

用户输入相应的查询条件，点击"快速查询"按钮，系统将查询出相应数据（见图 9-36）。

图 9-36

（5）出口货物全部查询

用户使用快速查询功能查询出某条数据后，需要查看全部数据时，点击"显示全部"按钮，系统将数据全部列出（见图 9-37）。

国际贸易"单一窗口": 加贸及跨境电商篇

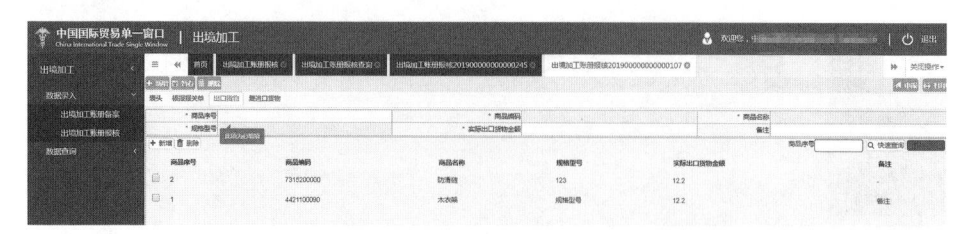

图 9-37

3. 复进口货物

（1）复进口货物录入

在复进口货物界面（见图 9-38）中录入表体信息，商品序号项填写已进行备案的商品序号，系统根据商品序号自动调取出商品编码、商品名称、规格型号等信息。

图 9-38

💡 小提示

界面中带有红色星号的字段为必填项，如不填，将无法继续进行暂存或申报等操作。

（2）复进口货物新增

点击复进口货物界面中的白色"新增"按钮，系统初始化复进口货物录入界面，以便用户增加一条复进口货物数据（见图 9-39）。

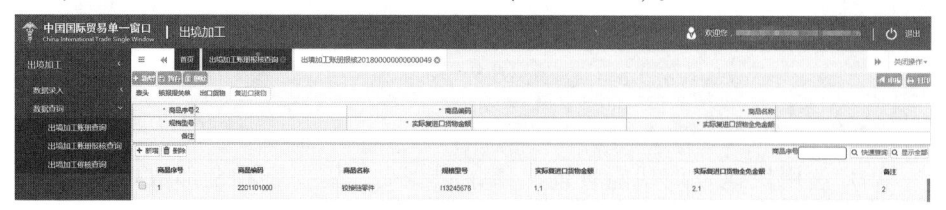

图 9-39

（3）复进口货物删除

在复进口货物界面中选中某条表体，点击白色"删除"按钮，系统弹出提示信息，点击"确定"，系统将删除所选表体数据（见图 9-40）。

272

图 9-40

(4) 复进口货物快速查询

用户输入相应的查询条件,点击"快速查询"按钮,系统将查询出相应数据(见图 9-41)。

图 9-41

(5) 复进口货物全部查询

用户使用快速查询功能查询出某条数据后,需要查看全部数据时,点击"显示全部"按钮,系统将数据全部列出(见图 9-42)。

图 9-42

(三) 出境加工账册报核修改

点击选择菜单中的"数据查询"—"出境加工账册报核查询",进入查询界面输入查询条件,点击"查询"按钮,系统查找符合条件的记录显示在查询列表中,用户选择需要修改的数据(见图 9-43)。

国际贸易"单一窗口"：加贸及跨境电商篇

图 9-43

点击"修改"按钮，系统将跳转至录入界面（见图9-44），修改相应数据，点击"暂存"按钮，完成修改操作。

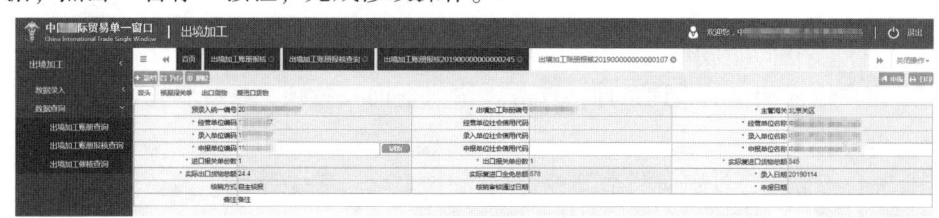

图 9-44

💡 **小提示**

出境加工账册报核修改状态只有为"暂存""海关接收失败""海关退单"时，才可进行修改。具体操作同出境加工账册报核。

三、出境加工催核查询

该功能模块主要为用户提供查询出境加工账册催核数据的功能。

点击选择菜单中的"数据查询"—"出境加工催核查询"，进入查询界面（见图9-45）。

图 9-45

输入查询条件，点击"查询"按钮，系统查找符合条件的记录显示在查询列表中（见图9-46）。

图 9-46

勾选其中一条记录后，点击"查看回执"，可查看海关的回执数据（见图9-47）。

图 9-47

海关对账册进行催核后，用户在账册备案时登记的手机号码会收到催核短信（见图9-48）。

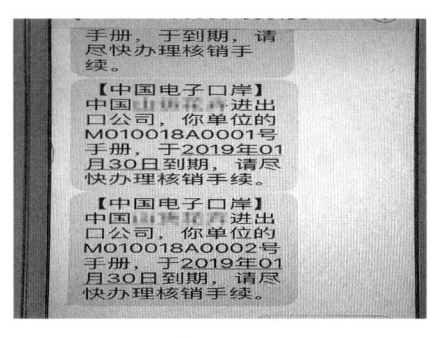

图 9-48

第三节　常见问题

问　出境加工账册无须录入核注清单,那么报关单中的"境内收发货人""消费使用单位"在手工录入时,需要与出境加工账册表头的数据保持一致吗?

答　出境加工不属于金关二期范畴,无须录入核注清单,电子账册备案完成后,直接申报报关单即可,输入备案编号后,系统将自动返填企业信息。

跨境电商系统

第十章　跨境电商系统概述

为贯彻落实党中央、国务院关于我国国际贸易"单一窗口"（以下简称"单一窗口"）建设的一系列决策部署，根据《国家口岸管理办公室关于国际贸易"单一窗口"建设的框架意见》，"单一窗口"标准版需要建设跨境电商零售进出口业务功能。

建设"单一窗口"标准版跨境电商零售进出口业务系统（以下简称"标准版跨境系统"），旨在实现以下几大目标：

一是统一企业接入标准。

中央层面建立并发布统一的标准版跨境系统企业接入标准，覆盖海关等口岸监管部门的申报要求。企业可在全国各地开展业务，简化接入手续，降低企业成本。

二是中央层面实现总对总对接。

中央层面建立标准版跨境系统，统一实现与海关等部门的总对总对接，在中央层面统一解决海关申报、税费支付、出口退税等问题。

三是实现标准的跨境公共服务功能。

实现标准的跨境公共服务功能，提供 SAAS 集成服务，一些中西部地区可以直接使用标准版跨境电商公共服务功能开展跨境业务，减少重复建设和降低当地的信息化投资成本，并且地方能够快速开展跨境电商业务。

四是为已建成跨境电商公共服务平台的地方提供服务集成。

标准版跨境系统向已经建成的地方跨境电商公共服务平台开放标准的服务接口。地方跨境电商公共服务平台通过调用标准版跨境系统的报关等服务接口实现相关口岸监管申报服务，同时地方跨境电商公共服务平台通过改造实现标准版跨境系统企业接入的标准接口功能，并更好地发掘本地业务服务形态，开展口岸物流等本地特色服务。

标准版跨境系统主要包括进口申报、出口申报、公共服务三个子系统，从事跨境电商零售进口业务的企业可以登录进口申报系统进行相关单证的申报和查询，从事跨境电商零售出口业务的企业可以登录出口申报系统进行相关单证的申报和查询，消费者个人可以登录公共服务系统查询个人额度及通关状态等信息。

国际贸易"单一窗口":加贸及跨境电商篇

💡 **小提示**

根据《关于修订跨境电子商务统一版信息化系统企业接入报文规范的公告》(海关总署公告2018年第113号)的要求,企业对其向海关申报及传输的电子数据承担法律责任,电子单证数据使用数字签名技术。

用户登录"单一窗口"门户网站,在标准版应用界面中,点击"跨境电商",即可以看到该系统下的三个子系统(见图10-1)。

图 10-1

💡 **小提示**

建议使用IE浏览器(推荐使用IE10及以上版本)或者Chrome浏览器登录系统。

由于标准版跨境系统都做了权限控制,用户必须插卡才能登录,否则无法看到系统菜单。

第十一章 进口申报系统

第一节 业务简介

进口申报系统为企业提供单证导入、录入功能，并将企业申报数据发送给海关、将海关审批回执信息数据下发给企业，主要包括交易管理、清单管理、修撤单管理、退货管理、监管场所管理、税单管理、担保企业管理、服务注册管理等八大功能模块，跨境电商企业可以通过报文导入或者手工录入的方式向进口申报系统申报相关单证，接收相关单证的回执信息，并可以登录进口申报系统查询相关单证的状态信息。

用户通过交易管理模块可以查询订单、支付单、运单等单证的状态及信息；通过清单管理模块可以进行清单申报，查询待申报清单、已申报清单的相关信息，查询到符合条件的清单数据后，点击"预录入编号"超链接可以进入清单详情页面，查看清单的详细信息；通过修撤单管理模块可以查询可改清单、可撤清单，并进行撤单的查询和申报操作；通过退货管理模块可以申报符合条件的退货申请单，并查询退货申请单的状态和详情；通过监管场所管理模块可以查询入库明细单的详情和状态；通过税单管理模块可以查询缴款书、缴款书详情，电子税单的相关信息，并进行电子税单和缴款书的导出；通过担保企业管理模块可以进行担保余额的查询；通过服务注册管理模块可以注册证书编号并上传企业服务地址（见图11-1）。

国际贸易"单一窗口":加贸及跨境电商篇

进口申报系统功能结构图

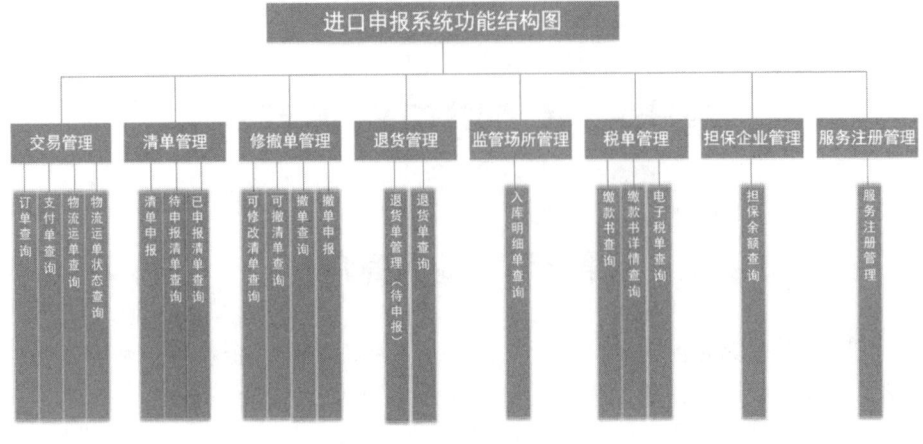

- 交易管理
  - 订单查询
  - 支付单查询
  - 物流运单查询
  - 物流运单状态查询
- 清单管理
  - 清单申报
  - 待申报清单查询
  - 已申报清单查询
- 修撤单管理
  - 可修改清单查询
  - 可撤清单查询
  - 撤单申报
- 退货管理
  - 退货单管理(待申报)
  - 退货单查询
- 监管场所管理
  - 入库明细单查询
- 税单管理
  - 缴款书查询
  - 缴款书详情查询
  - 电子税单查询
- 担保企业管理
  - 担保余额查询
- 服务注册管理
  - 服务注册管理

图 11-1

💡 小提示

企业可按照《关于修订跨境电子商务统一版信息化系统企业接入报文规范的公告》(海关总署公告2018年第113号)公布的企业对接报文标准进行自行开发或第三方采购完成与进出口系统的对接,通过后台导入数据或界面录入数据并向海关申报。

进口申报系统包括直购进口和网购保税进口两种业务模式。直购进口(简称"9610"业务模式)是指符合条件的电商平台与海关联网,境内个人消费者网购后,平台将电子订单、支付凭证、电子运单等单证传输至海关,商品通过海关跨境电商监管场所入境,按照货物征税,并纳入海关统计。网购保税进口(简称"1210""1239"业务模式)是指电商将整批商品运入海关特殊监管区内,向海关报关,海关建立电子商务电子账册,境内个人网购保税区内商品后,电商向海关申报清单,海关对清单进行审核,审核通过之后,海关进行征税,验核后账册核销,并纳入海关统计。

一、企业类型

本系统涉及的企业类型分为电商企业、电商平台企业、支付企业、物流企业、海关监管作业场所经营企业、代理企业等六种。

(一)电商企业

电商企业是指自境外向境内消费者销售跨境电商零售进口商品的境外注册企业(不包括在海关特殊监管区域或保税物流中心内注册的企业)。

(二)电商平台企业

电商平台企业是指在境内办理工商登记,为交易双方(消费者和跨境电商企业）提供网页空间、虚拟经营场所、交易规则、信息发布等服务，设立供交易双方独立开展交易活动的信息网络系统的经营者。

（三）支付企业

支付企业是指在境内办理工商登记，接受跨境电商平台企业或跨境电商企业境内代理人委托，为其提供跨境电商零售进口支付服务的银行、非银行支付机构以及银联等。

（四）物流企业

物流企业是指在境内办理工商登记，接受跨境电商平台企业、跨境电商企业或其代理人委托，为其提供跨境电商零售进出口物流服务的企业。

小提示

根据《关于跨境电子商务零售进出口商品有关监管事宜的公告》（海关总署公告2018年第194号）的要求，物流企业应获得国家邮政管理部门颁发的快递业务经营许可证。直购进口业务模式下，物流企业应为邮政企业或者已向海关办理代理报关登记手续的进出境快件运营人。

（五）海关监管作业场所经营企业

海关监管作业场所经营企业是指负责经营管理供进出境运输工具或者境内承担海关监管货物的运输工具进出、停靠，从事海关监管货物的进出、装卸、存储、集拼、暂时存放等有关经营活动的监管场所的企业。

小提示

根据《关于跨境电子商务零售进出口商品有关监管事宜的公告》（海关总署公告2018年第194号）的要求，跨境电商零售进出口商品监管作业场所必须符合海关相关规定。跨境电商监管作业场所经营人、仓储企业应当建立符合海关监管要求的计算机管理系统，并按照海关要求交换电子数据。其中开展跨境电商直购进口或一般出口业务的监管作业场所应按照快递类或者邮递类海关监管作业场所规范设置。

（六）代理企业

代理企业一般是指为电商企业提供清单申报的代理报关企业。

二、单证类型

本系统涉及的单证类型分为订单、支付单、运单、运单状态、进口清单、撤销申请单、退货申请单、入库明细单、税单、缴款书等十种。

国际贸易"单一窗口"：加贸及跨境电商篇

💡 **小提示**

根据《关于修订跨境电子商务统一版信息化系统企业接入报文规范的公告》（海关总署公告2018年第113号）的要求，企业对其向海关申报及传输的电子数据承担法律责任，电子单证数据使用数字签名技术，具体如表11-1所示。

表11-1　进口业务单证责任主体

序号	业务单证	责任主体	数字签名
1	进口清单	电商企业或其代理人	是
2	电子订单	电商企业或电商平台或受委托的快件运营人、邮政企业	是
3	支付单	支付企业或受委托的快件运营人、邮政企业	是
4	运单	物流企业	是
5	运单状态	物流企业	是
6	撤销申请单	电商企业或其代理人	是
7	退货申请单	电商企业或其代理人	是
8	入库明细单	海关监管作业场所经营企业	是

（一）订单

电商企业根据网上实际交易形成的订单数据。

（二）支付单

支付企业根据订单的实际交易情况形成的支付凭证数据。

（三）运单

物流企业根据订单的运输情况形成的物流运单数据。

（四）运单状态

物流企业向海关发送货物物流状态的数据。

（五）进口清单

电商企业或其代理人应提交中华人民共和国海关跨境电子商务零售进出口商品申报清单（以下简称申报清单），进口采取"清单核放"方式办理报关手续。申报清单与中华人民共和国海关进口货物报关单具有同等法律效力。

（六）撤销申请单

电商企业或其代理申报企业向海关发起撤销申报清单的电子数据。

（七）退货申请单

在跨境电商零售进口业务模式下，允许电商企业或其代理人申请退货，电商企业或其代理人可以向海关发送退货申请单，退回的商品应当在海关放行之日起 45 日内原状态运抵监管场所，相应的税款不予征收，并调整个人年度交易累计金额。

💡 **小提示**

1. 根据《财政部　海关总署　国家税务总局关于跨境电子商务零售进口税收政策的通知》（财关税〔2016〕18 号），跨境电商零售进口商品按照货物征收关税和进口环节增值税、消费税，购买跨境电商零售进口商品的个人作为纳税义务人，实际交易价格（包括货物零售价格、运费和保险费）作为完税价格，电子商务企业、电子商务交易平台企业或物流企业可作为代收代缴义务人。

2. 根据《财政部　海关总署　税务总局关于完善跨境电子商务零售进口税收政策的通知》（财关税〔2018〕49 号），跨境电商零售进口商品的单次交易值由人民币 2000 元提高至 5000 元，年度交易限值由人民币 20000 元提高至 26000 元。

3. 根据《财政部　海关总署　国家税务总局关于跨境电子商务零售进口税收政策的通知》（财关税〔2016〕18 号），在限值以内进口的跨境电商零售进口商品，关税税率暂设为 0%；进口环节增值税、消费税取消免征税额，暂按法定应纳税额的 70% 征收。

4. 根据《财政部　海关总署　税务总局关于完善跨境电子商务零售进口税收政策的通知》（财关税〔2018〕49 号），完税价格超过 5000 元单次交易限值但低于 26000 元年度交易限值，且订单下仅一件商品时，可以自跨境电商零售渠道进口，按照货物税率全额征收关税和进口环节增值税、消费税，交易额计入年度交易总额，但年度交易总额超过年度交易限值的，应按一般贸易管理。

（八）入库明细单

直购进口进境的货物须到海关监管场所进行理货，监管场所经营人理货形成入库明细单数据，并向海关申报。

（九）税单

海关根据清单中的商品信息、税率生成税单，并核扣税款。

（十）缴款书

海关会定期汇总电子税单生成缴款书，企业凭缴款书作为缴纳税款的凭证。

💡 **小提示**

进口申报系统各单证之间的关系如下：

国际贸易"单一窗口"：加贸及跨境电商篇

订单∶运单∶支付单∶清单＝1∶1∶1∶1；

订单、运单、支付单、清单各单证之间是一一对应的关系。

运单∶入库明细单（直购进口）＝N∶1；

运单和入库明细单是多对一的关系。

清单∶税单＝1∶1；

清单和税单是一一对应关系，一份清单放行之后，对应生成一份电子税单。

税单∶缴款书＝N∶1；

税单和缴款书是多对一的关系，一份缴款书对应多个税单。

三、直购进口通关业务流程介绍

（一）业务概述

直购进口业务主要包括企业备案、保金保函备案、通关、退货等子流程。

（二）流程描述

1. 企业备案

从事跨境电商的企业须在海关进行企业备案，备案的企业类型包括电商企业、电商平台企业、支付企业、物流企业、报关企业等，海关将企业的备案信息同步至进口申报系统。

2. 保金保函备案

在海关备案的电商平台、物流等企业向海关申请担保缴纳税款的，海关根据企业提交的银行书面担保文书及发送的电子担保信息进行备案。

3. 通关流程

消费者在电商平台系统下单，生成订单数据，电商企业或电商平台企业将订单数据发送至进口申报系统；消费者支付订单，产生支付单数据，支付企业发送支付单数据至进口申报系统；订单发货，物流企业将运单数据发送至进口申报系统，再由电商企业或其代理人将清单数据发送至进口申报系统。

进口申报系统对企业申报数据进行初步报文格式的校验，校验不通过，单证申报失败，系统将错误信息返回给企业。校验通过，系统将清单和三单数据发送至跨境电商通关管理系统（以下简称"通关管理系统"）。

通关管理系统接收清单及三单数据，进行电子审单、计税，根据审核结果做退单、人工审核、审核通过的操作，并将审核结果发送至进口申报系统，进口申报系统将审核结果转发至企业。被海关退单的单证，企业可修改单证信息重新申报。

清单放行后，海关会同时生成电子税单数据，并进行税款核扣。

海关监管作业场所经营企业向进口申报系统发送入库明细单数据，进口申报系统接收入库明细单数据并向企业发送回执信息。进口申报系统向通关管理系统传输入库明细单数据，入库明细单审核通过，通关管理系统将清单置"放行"状态，并向进口申报系统发送清单的回执信息。进口申报系统接收放行回执信息并转发给企业。

企业可以发送撤销申请单对清单进行撤销操作。撤销申请单审批通过后，对应清单退单，企业可以重新申报清单。

企业可以通过清单改单的方式对所申报清单进行修改。

4. 退货流程

消费者发起退货申请时，电商企业或其代理人可以向进口申报系统申报退货申请单，进口申报系统接收退货申请单并进行初步校验，校验通过，将退货申请单发送至通关管理系统，通关管理系统对退货申请单进行审核，审核通过，返还个人年度购买额度，返还税款担保额度。

> **小提示**
>
> 根据《关于跨境电子商务零售进出口商品有关监管事宜的公告》（海关总署公告2018年第194号）及《关于修订跨境电子商务统一版信息化系统企业接入报文规范的公告》（海关总署公告2018年第113号），在跨境电商零售进口模式下，允许跨境电商企业境内代理人或其委托的报关企业申请退货，退货企业在申报清单放行之日起30日内申请退货，退回的商品应当符合二次销售要求并在海关放行之日起45日内以原状运抵原监管作业场所，相应税款不予征收，并调整个人年度交易累计金额。

四、保税进口通关业务流程介绍

（一）业务概述

从事跨境保税进口业务的企业，在收到清单放行回执后，可以发起核注申请，进行账册核销，商品出海关特殊监管区域。

（二）流程描述

跨境清单放行后，企业在海关特殊监管区域系统中申报核注清单，海关特殊监管区域系统向进口申报系统发送核注清单数据，进口申报系统接收核注清单后，验证核注清单与关联的跨境清单数据的一致性，并将校验结果反馈给海关特殊监管区域系统。一致性校验通过的，进口申报系统将对应的跨境清单置"已锁定"标识。

海关特殊监管区域系统中核注清单涉及退单或修撤单的，海关特殊监管区域系统将核注清单数据及状态发送至进口申报系统，进口申报系统对核注清单对应的清单置"未锁定"标识。

国际贸易"单一窗口"：加贸及跨境电商篇

跨境进口保税业务的清单在进行修改申报、撤单申请和退货申请申报时，系统会校验清单核注状态，如果对应清单的核注状态是"已锁定"或"已核扣"，则企业不能发起清单的修改、撤销操作；如果对应清单的核注状态是"未锁定"，则企业不能发起清单的退货申请操作。简单来说，如果是修改、撤销操作，清单必须是"未锁定"状态；如果是退货操作，清单必须是"已锁定"或"已核扣"状态。

（三）数据流向

消费者在电商平台下单后，电商平台或电商企业向进口申报系统发送311订单报文，并接收312订单回执报文，消费者对其所下订单支付成功后，支付企业向进口申报系统发送411支付单报文，并接收412支付单回执报文；货物打包，物流承运，物流企业向进口申报系统申报511运单报文数据，并接收512运单报文回执数据，申报企业向进口申报系统申报621清单报文数据，并接收622清单报文回执数据，清单审核通过，货物运抵，监管场所向进口申报系统申报711入库明细单数据报文，并接收712入库明细单数据回执报文，清单审核通过，单证放行。如果清单审核有问题，可以对货物进行查验，查验异常可以直接退单；经查验没有问题，货物放行。

清单审批通过后，企业可以向进口申报系统申报撤销申请单，进行清单的撤销操作。

清单放行后，如果消费者个人进行退货操作，企业可以向进口申报系统发送退货申请单。

清单经过人工审核后，企业如需对所申报清单进行修改，可以在进口申报系统进行页面改单操作，也可以向进口申报系统发送清单改单报文进行改单。

第二节　基本操作

相关业务数据有严格的填制规范，如在系统内录入数据的过程中，字段右侧弹出红色提示，代表当前录入的数据有误，需根据要求重新录入。

用户点击"进口申报"，进入登录界面，点击"卡介质"（见图11-2），输入密码，进入进口申报系统。

图 11-2

💡小提示

选择"卡介质"登录,页面会提示下载客户端卡控件,按提示操作即可。

由于系统做了权限控制,不同类型的跨境电商企业登录进口申报系统看到的菜单项不一致,跨境电商企业需提前向海关申请通用资质。

一、交易管理

交易管理模块包括订单查询、支付单查询、物流运单查询、物流运单状态查询四个子模块。由于系统做了权限控制,如果企业类型不是电商平台、电商企业、物流企业,则不能看到"订单查询"菜单项。

(一)订单查询

电商企业、电商平台登录进口申报系统,点击选择菜单中的"交易管理"—"订单查询",进入订单查询界面(见图11-3)。

图 11-3

用户输入查询条件,点击"查询"按钮,系统将符合条件的订单信息显示在列表中(见图11-4)。

国际贸易"单一窗口":加贸及跨境电商篇

图 11-4

点击"订单编号"超链接,进入订单详情页面(见图 11-5),查看订单详情信息。

图 11-5

点击"业务状态"超链接,可以查看单证的历史状态信息(见图 11-6)。

图 11-6

本系统中所有单证查询的时间范围默认不能超过一个自然月，否则系统会弹出提示信息（见图 11-7）。

图 11-7

用户也可以点击"重置"按钮，进行查询条件的重置。

（二）支付单查询

支付企业登录进口申报系统，点击选择菜单中的"交易管理"—"支付单查询"，进入支付单查询界面（见图 11-8）。

图 11-8

用户输入查询条件，点击"查询"按钮，系统将符合条件的支付单数据显示在列表中（见图 11-9）。

国际贸易"单一窗口":加贸及跨境电商篇

图 11-9

点击"支付交易编号"超链接,进入支付单详情页面(见图 11-10),查看支付单详情信息。

图 11-10

同样,用户点击"业务状态"超链接,可以查看单证的历史状态信息。

(三)物流运单查询

物流企业登录进口申报系统,点击选择菜单中的"交易管理"—"物流运单查询",进入运单查询界面(见图 11-11)。

图 11-11

用户输入查询条件，点击"查询"按钮，系统将符合条件的物流运单信息显示在列表中（见图 11-12）。

图 11-12

点击"物流运单编号"超链接，进入物流运单详情页面（见图 11-13），查看运单详情信息。

国际贸易"单一窗口"：加贸及跨境电商篇

图 11-13

同样，用户点击"业务状态"超链接，可以查看单证的历史状态信息。

（四）物流运单状态查询

物流企业登录进口申报系统，点击选择菜单中的"交易管理"—"物流运单状态查询"，进入运单状态查询界面（见图 11-14）。

图 11-14

用户输入查询条件，点击"查询"按钮，系统会将符合条件的物流运单状态信息显示在列表中（见图 11-15）。

图 11-15

点击"物流运单编号"超链接,进入物流运单状态详情页面(见图 11-16),查看物流运单状态详情信息。

图 11-16

同样,用户点击"业务状态"超链接,可以查看单证的历史状态信息。

二、清单管理

清单管理模块包括清单申报、待申报清单查询、已申报清单查询三个子模块。

(一)清单申报

根据《关于修订跨境电子商务统一版信息化系统企业接入报文规范的公告》(海关总署 2018 年第 113 号公告),海关支持提供跨境统一版清单录入功能,用户可以通过发送报文的方式导入清单信息,也可以登录进口申报系统,手工录入清单信息。点击选择菜单中的"清单管理"——"清单申报",进行暂

295

存、申报等操作（见图11-17）。

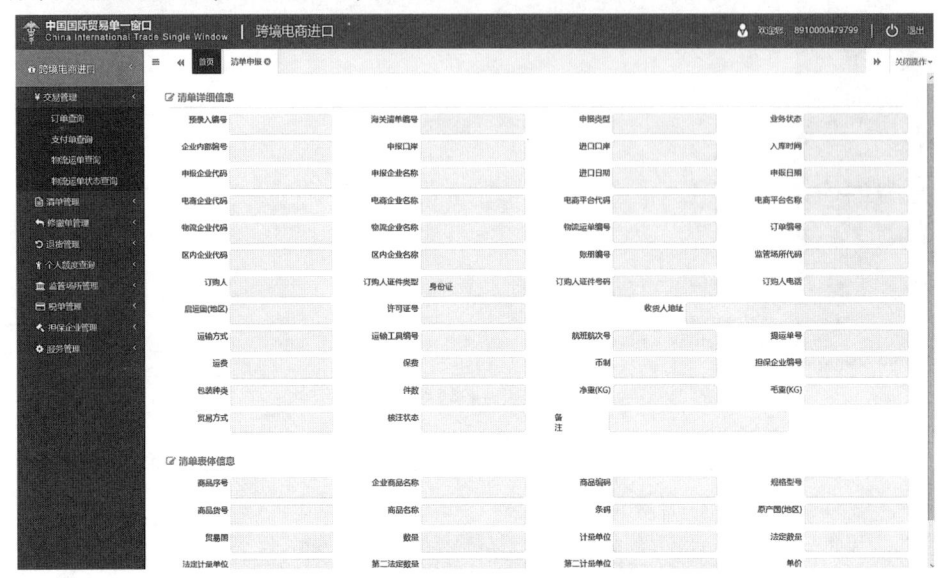

图 11-17

相关操作如下：

1. 暂存

用户需要先录入清单表头信息，点击清单表头界面中的"暂存"按钮，对当前录入的内容进行保存，系统对录入的清单数据进行初步报文格式的校验，校验通过，系统提示操作成功。

清单表头信息暂存成功后，可以录入清单表体信息，点击清单表体界面中的"暂存"按钮，系统对录入的表体信息数据进行初步格式校验，校验通过，系统提示暂存成功，表体列表中会多出一条数据。

2. 新增

用户如果想录入多条清单信息，可点击清单表头界面中的"新增"按钮，输入框置空，可以再次录入清单表头信息。同样，用户也可以点击清单表体界面中的"新增"按钮，录入多条表体数据。

💡 **小提示**

界面中带有红色星号的字段为必填项。灰色字段为系统返填项，不允许录入。白色字段为选填项，根据实际需要填写。

3. 删除

对于未向海关申报的清单数据，用户可进行删除操作。点击界面中的"删除"按钮，系统将提示用户是否删除当前数据。点击"确认"按钮，系统提示删除成功，删除的数据将不可恢复，需重新录入，请谨慎操作。

💡 **小提示**

当清单状态为"暂存""申报失败"或"海关退单"时，可进行删除操作。否则，系统可能弹出不允许删除的提示。

4. 申报

录入的清单数据必须先暂存成功才能进行申报，否则系统会弹出提示框进行提示（见图11-18）。

图 11-18

清单数据录入完毕，并暂存成功后，可点击"申报"按钮进行申报，系统弹出确认提示框，点击"确认"按钮，系统提示申报成功。

💡 **小提示**

申报成功即意味着数据已向相关业务主管部门发送，并等待其审批。

（二）待申报清单查询

点击选择菜单中的"清单管理"—"待申报清单查询"，进入清单查询界面（见图11-19）。

图 11-19

输入查询条件，点击"查询"按钮，系统查询出通过后台导入或通过界面

国际贸易"单一窗口":加贸及跨境电商篇

手工录入的待申报清单信息,将符合条件的清单信息显示在列表中(见图11-20)。

图 11-20

💡 **小提示**

该功能默认查询出的是状态为"暂存""海关退单"的清单信息。

用户查询出符合条件的待申报清单信息后,可以通过"批量申报""批量删除"按钮进行批量申报或者删除,也可以选中某一条清单数据进行申报或删除,具体操作如下:

1. 批量申报

用户点击"预录入编号"左侧的复选框,可以选中多条清单数据,选择之后,点击"批量申报"按钮,系统弹出确认提示框。点击"确认"按钮,系统提示申报成功。

如果系统读取出的卡信息和报文内容不一致,将不能成功申报,系统会弹出提示框,说明失败原因(见图11-21)。

图 11-21

298

2. 批量删除

用户也可以选择多条待申报清单数据进行批量删除。点击"批量删除"按钮，系统弹出确认提示框。点击"确认"按钮，系统提示删除成功。

用户点击某条清单数据的"预录入编号"超链接，系统将跳转至清单详情页面（见图 11-22），可以查看清单详情信息。

图 11-22

用户可对该清单做暂存、申报、删除等操作，具体操作同清单申报。

同样，用户点击"业务状态"超链接，可以查看单证的历史状态信息（见图 11-23）。

图 11-23

（三）已申报清单查询

电商企业或其代理申报企业可以登录进口申报系统，查看通过后台报文导入申报和通过清单申报界面申报的清单信息。点击选择菜单中的"清单管理"—"已申报清单查询"，进入已申报清单查询界面（见图 11-24）。

国际贸易"单一窗口":加贸及跨境电商篇

图 11-24

输入查询条件,点击"查询"按钮,系统查询出通过后台导入或通过界面手工录入的清单信息,将符合条件的清单信息显示在列表中(见图 11-25)。

图 11-25

点击"预录入编号"超链接,进入清单详情页面(见图11-26),查看清单详情信息。

图 11-26

同样，用户点击"业务状态"超链接，可以查看单证状态的历史信息。

三、修撤单管理

修撤单管理模块主要包括可修改清单查询、可撤清单查询、撤单查询、撤单申报四个子模块，提供清单改单、改单申报、撤单查询、撤单申报功能。

（一）可修改清单查询

电商企业或其代理申报企业可以通过后台导入清单改单报文进行改单，也可以登录进口申报系统进行界面改单，界面改单的具体操作如下。

点击选择菜单中的"修撤单管理"—"可修改清单查询"，进入可修改清单查询界面（见图 11-27）。

国际贸易"单一窗口":加贸及跨境电商篇

图 11-27

输入查询条件,点击"查询"按钮,系统查询出符合条件的可修改清单信息并显示在列表中(见图 11-28)。

图 11-28

用户点击某条清单数据的"预录入编号"超链接,系统跳转至清单详情页面,可以查看清单详情信息(见图 11-29)。

跨境电商系统

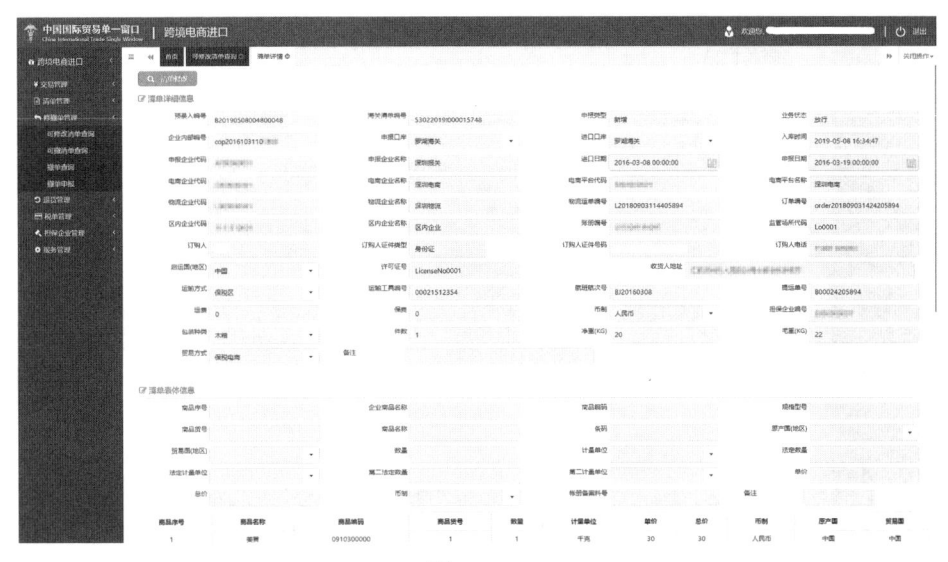

图 11-29

用户可对该条清单进行改单操作，点击"清单修改"按钮，系统弹出提示信息（见图 11-30）。

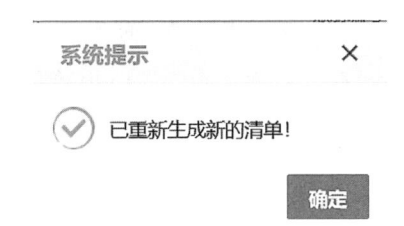

图 11-30

点击"确定"按钮，进入清单详情修改页面（见图 11-31）。

303

国际贸易"单一窗口"：加贸及跨境电商篇

图 11-31

> 💡 **小提示**
>
> 灰色字段不允许修改，白色字段可根据实际需要进行修改填写。
>
> 清单详情修改页面的暂存、新增、删除、申报等具体操作可参考清单申报部分。

对于同一条清单数据，用户如果已经点击过"清单改单"按钮，并且已经生成"暂存"状态的清单数据，再次点击"清单修改"按钮时，系统会弹出提示信息（见图11-32）。

图 11-32

同样，用户点击"业务状态"超链接，可以查看单证的历史状态信息（见图11-33）。

图 11-33

（二）可撤清单查询

电商企业或其代理申报企业可以通过后台导入撤销申请单报文进行清单的撤销，也可以登录进口申报系统，通过界面进行清单的撤销操作。

点击选择菜单中的"修撤单管理"—"可撤清单查询"，进入可撤清单查询界面（见图 11-34）。

图 11-34

输入查询条件，点击"查询"按钮，系统查询出符合条件的可撤清单信息并显示在列表中（见图 11-35）。

国际贸易"单一窗口":加贸及跨境电商篇

图 11-35

用户点击某条清单数据的"预录入编号"超链接,系统跳转至清单详情页面(见图 11-36)。

图 11-36

用户在可撤清单查询界面,也可以选择某一条或多条清单数据,点击"生成撤单清单"按钮,系统弹出生成撤单清单提示框(见图 11-37)。

图 11-37

输入撤单原因，点击"确定"按钮，系统提示正在生成撤销申请单（见图11-38）。

图 11-38

成功生成撤销申请单后，可到撤单查询界面，查询撤销申请单信息。

(三) 撤单查询

电商企业或其代理申报企业可登录进口申报系统，点击选择菜单中的"修撤单管理"—"撤单查询"，查询撤销申请单信息（见图 11-39）。

图 11-39

输入查询条件，点击"查询"按钮，系统将通过界面生成或通过后台申报

307

的撤销申请单信息显示在列表中（见图11-40）。

图 11-40

用户点击"预录入编号"超链接，系统跳转至撤销单详情页面（见图11-41）。

图 11-41

同样，用户点击"业务状态"超链接，可以查看单证的历史状态信息。

（四）撤单申报

电商企业或其代理申报企业可登录进口申报系统，点击选择菜单中的"修撤单管理"—"撤单申报"，进入撤单申报界面（见图11-42）。

图 11-42

输入查询条件，点击"查询"按钮，系统将通过界面生成或通过后台申报的待申报撤销申请单信息显示在列表中（见图11-43）。

图 11-43

小提示

该功能默认查询出的是状态为"暂存""海关退单"的撤销申请单信息。

用户查询出符合条件的撤销申请单信息后，可以通过"批量申报""批量删除"按钮进行批量申报或者删除，也可以选中某一条撤销申请单数据进行申报或删除，具体操作同前述内容。

用户点击某条撤销申请单的"预录入编号"超链接，系统跳转至撤销单详情页面（见图11-44）。

国际贸易"单一窗口":加贸及跨境电商篇

图 11-44

💡 小提示

灰色字段不允许修改,白色字段可根据实际需要进行修改填写。

撤销单详情页面的暂存、删除、申报等具体操作可参考清单申报部分。同样,用户点击"业务状态"超链接,可以查看单证的历史状态信息。

四、退货管理

退货管理模块主要包括退货单管理(待申报)、退货单查询两个子模块,可实现退货申请单的申报和查询操作。

(一)退货单管理(待申报)

电商企业或其代理申报企业可以通过后台导入退货申请单进行退货,也可以登录进口申报系统,通过界面进行退货申请单的申报操作。

点击选择菜单中的"退货管理"—"退货单管理(待申报)",进入退货单(待申报)查询界面(见图 11-45)。

图 11-45

输入查询条件,点击"查询"按钮,系统查询出符合条件的退货申请单信息并显示在列表中(见图 11-46)。

图 11-46

> 💡 **小提示**
>
> 该功能默认查询出的是状态为"暂存""海关退单"的退货申请单信息。

用户查询出符合条件的退货申请单信息后,可以通过"批量申报""批量删除"按钮进行批量申报或者删除,也可以选中某一条退货申请单数据进行申报或删除,具体操作同前述内容。

用户点击某条退货单的"预录入编号"超链接,系统跳转至退货单详情页面(见图 11-47)。

图 11-47

国际贸易"单一窗口"：加贸及跨境电商篇

退货单详情页面的暂存、新增、删除、申报等操作可参考清单申报部分。同样，用户点击"业务状态"超链接，可以查看单证的历史状态信息。

（二）退货单查询

电商企业或其代理申报企业可登录进口申报系统，点击选择菜单中的"退货管理"——"退货单查询"，进入退货单查询界面（见图11-48）。

图 11-48

输入查询条件，点击"查询"按钮，系统将通过界面申报或通过后台申报的退货单信息显示在列表中（见图11-49）。

图 11-49

用户点击某条退货单的"预录入编号"超链接，即可进入退货单详情页面（见图11-50），查看退货单详情信息。

图 11-50

同样，用户点击"业务状态"超链接，可以查看单证的历史状态信息。

五、监管场所管理

监管场所管理模块提供入库明细单查询功能。

海关监管作业场所经营企业可登录进口申报系统，点击选择菜单中的"监管场所管理"—"入库明细单查询"，进入入库明细单查询界面（见图11-51）。

图 11-51

输入查询条件，点击"查询"按钮，系统将符合条件的入库明细单信息显示在列表中（见图11-52）。

国际贸易"单一窗口":加贸及跨境电商篇

图 11-52

用户点击某条入库明细单的"预录入编号"超链接,即可进入入库明细单详情页面(见图 11-53),查看入库明细单详情信息。

图 11-53

同样,用户点击"业务状态"超链接,可以查看单证的历史状态信息。

💡 小提示

入库明细单是跨境直购进口业务模式下,海关监管作业场所经营企业根据包裹运抵和理货情况形成的电子申报数据,并向海关申报。

六、税单管理

税单管理模块主要包括缴款书查询、缴款书详情查询、电子税单查询三个子模块，主要提供税单和缴款书的查询、导出功能。

（一）缴款书查询

担保企业可登录进口申报系统，点击选择菜单中的"税单管理"—"缴款书查询"，进入缴款书查询界面（见图11-54）。

图 11-54

> 💡 **小提示**
>
> 跨境电商相关企业必须在注册地海关注册为担保企业才能代为缴纳税款，并查询税单、缴款书信息。

输入查询条件，点击"查询"按钮，系统将符合条件的缴款书信息显示在列表中（见图11-55）。

图 11-55

用户点击"导出"按钮可以进行缴款书导出操作，系统弹出提示框（见图

国际贸易"单一窗口"：加贸及跨境电商篇

11-56)。

图 11-56

点击"确定"按钮，系统开始进行导出操作（见图 11-57），并弹出提示框让用户选择导出位置（见图 11-58）。

图 11-57

图 11-58

用户选择导出位置后，点击"下载"按钮，即可下载缴款书。

下载完成，缴款书导出完成，用户可在对应文件夹下查看缴款书信息。

同样，用户点击"缴款书编号"超链接，即可进入缴款书详情页面（见图 11-59），查看缴款书详情信息。

图 11-59

（二）缴款书详情查询

担保企业可登录进口申报系统，点击选择菜单中的"税单管理"—"缴款书详情查询"，进入缴款书详情查询界面（见图 11-60）。

图 11-60

输入查询条件，点击"查询"按钮，系统将符合条件的缴款书信息显示在列表中（见图 11-61）。

图 11-61

用户选中某条缴款书信息，点击"导出"按钮，系统弹出确认提示框（见图 11-62）。

图 11-62

国际贸易"单一窗口":加贸及跨境电商篇

点击"确定"按钮,系统开始进行导出操作,同时再次弹出确认提示框(见图11-63)。

图 11-63

点击"确定"按钮,系统开始下载缴款书。

同样,用户点击"缴款书编号"超链接,即可进入缴款书详情页面(见图11-64),查看缴款书和其对应的电子税单详情信息。

图 11-64

💡小提示

通过缴款书查询页面进入缴款书详情页面,只能看到缴款书详情信息。但通过缴款书详情查询页面进入缴款书详情页面,可以看到该缴款书所关联的电子税单信息。

(三)电子税单查询

担保企业可登录进口申报系统,点击选择菜单中的"税单管理"—"电子税单查询",进入电子税单查询界面(见图11-65)。

图 11-65

输入查询条件，点击"查询"按钮，系统将符合条件的电子税单信息显示在列表中（见图 11-66）。

图 11-66

用户点击"导出"按钮可以进行电子税单导出操作，系统弹出提示框（见图 11-67）。

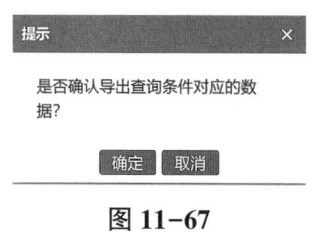

图 11-67

点击"确定"按钮，系统开始进行导出操作，并弹出确认提示框（见图11-68）。

国际贸易"单一窗口"：加贸及跨境电商篇

图11-68

点击"确定"按钮，系统开始下载电子税单。

💡 **小提示**

用户进行电子税单导出时，可以通过"导出文件格式"字段选择excel、cvs两种导出格式。

同样，用户点击"电子税单编号"超链接，即可进入税单详情页面（见图11-69），查看电子税单的详情信息。

图11-69

七、担保企业管理

担保企业管理模块提供担保余额查询功能。

担保企业可登录进口申报系统，点击选择菜单中的"担保企业管理"—"担保余额查询"，进入担保余额查询界面（见图11-70）。

跨境电商系统

图 11-70

💡 小提示

跨境电商相关企业必须在注册地海关注册为担保企业才能代为缴纳税款。

输入查询条件，点击"查询"按钮，系统将符合条件的担保企业信息显示在列表中（见图 11-71）。

图 11-71

💡 小提示

根据《关于跨境电子商务零售进出口商品有关监管事宜的公告》（海关总署公告 2018 年第 194 号），跨境电商零售进口商品消费者（订购人）为纳税义务人。在海关注册登记的跨境电商平台企业、物流企业或申报企业作为税款的代收代缴义务人，代为履行纳税义务，并承担相应的补税义务及相关法律责任。

八、服务注册管理

服务注册管理模块提供服务注册管理功能，跨境进口电商平台企业会用到此功能模块进行服务地址的注册和证书上传操作。

跨境进口电商平台企业登录进口申报系统，点击选择菜单中的"服务管理"—"服务注册管理"，进入服务注册管理界面（见图11-72），系统会自动返填电商平台代码和电商平台名称。

图 11-72

💡 小提示

灰色字段为系统返填项，无须企业录入。

根据《关于实时获取跨境电子商务平台企业支付相关原始数据有关事宜的公告》（海关总署公告2018年第165号）、《关于实时获取跨境电子商务平台企业支付相关原始数据接入事宜的公告》（海关总署公告2018年第179号）的要求，从事跨境电商零售进口业务的跨境电商平台企业应按照要求，完成与跨境进口统一版通关服务系统的数据对接工作，以便海关关员在后续通关环节实时获取跨境电商平台企业支付相关原始数据，供海关验核。对于未完成数据对接的跨境电商平台企业，跨境进口统一版通关服务系统对相关申报单证做申报失败处置。

由于系统做了权限控制，只有跨境进口电商平台企业可以看到"服务注册管理"菜单项。

（一）选择证书

跨境进口电商平台企业需要手工输入证书编号，并点击"选择证书"按钮，找到对应证书所在文件夹。

（二）上传证书

选中需要上传的证书，点击"上传证书"按钮，系统弹出确认提示框信息。点击"确认"按钮，开始证书上传，上传完成，系统提示操作成功（见图11-73）。

图 11-73

> 💡 **小提示**
>
> 系统默认用户只能上传一个有效证书，如果用户想上传新的证书，原证书信息将被覆盖。

（三）注册地址

用户把需要上传的服务地址复制到服务地址输入框，点击"注册地址"按钮，进行服务地址注册，系统弹出确认提示信息。点击"确认"按钮，进行服务地址的上传，上传成功，系统提示操作成功，同时将服务地址显示在列表中。

（四）启用地址

用户上传完服务地址，系统默认审核状态为"未审核"，中国电子口岸数据中心会对用户上传的服务地址进行审核，审核通过，状态变为"审核通过"；否则状态为"审核不通过"。

用户可以选中一条审核通过的服务地址，点击"启用地址"按钮，系统弹出确认提示信息，点击"确认"按钮，服务地址启用成功，启用状态变为"已启用"。

> 💡 **小提示**
>
> 系统默认用户只能启用一个有效的服务地址，如果用户想启用新的服务地址，原服务地址将被覆盖。

如果服务地址的状态为"未审核"或"审核不通过"，用户进行服务地址的启用时，系统也会弹出提示信息（见图11-74），告知用户该条服务地址是非审核通过状态，不能进行正常启用。

323

图 11-74

（五）删除地址

审核状态为"审核通过"、启用状态为"未启用"的服务地址和审核状态为"未审核"、启用状态为"未启用"的服务地址可以删除。用户选中符合条件的服务地址，点击"删除地址"按钮，系统弹出确认提示信息。点击"确认"按钮，系统删除服务地址并提示操作成功。

💡 **小提示**

系统默认启用状态为"已启用"的服务地址只有唯一一条，用户如果删除"已启用"的服务地址，就必须再启用一条新的服务地址，新的服务地址变为"已启用"状态，上一条"已启用"的服务地址状态会变为"未启用"，用户可以进行删除操作。

第三节 常见问题

问1 担保企业保金保函备案流程是怎样的？

答 担保企业应按照清单申报口岸的要求去当地海关办理担保备案手续。

问2 电商平台企业登录服务管理模块后，系统不能返填电商平台企业信息是何原因？应如何处理？

答 此种情况一般是由于系统并未读取到卡里的数据信息，企业需要去当地海关制卡部门重新进行信息登记。

问3 清单退单回执提示清单表体商品项与订单表体商品项的金额不一致，应如何处理？

答 清单表体商品项金额与订单表体商品项金额不一致时，需要调整一致后再申报。

问4 清单退单回执提示该 HScode 商品的第二计量单位或第二数量必须为空，应如何处理？

答 此种情况表明该 HScode 商品不具有第二计量单位和第二数量，需将报文中上述两个字段节点去掉再申报。

问5 清单退单回执提示担保金额不足，应如何处理？

答 清单中担保企业编号对应的担保账户中的金额不足时，企业需要先补充担保账户金额再申报。

问6 清单退单回执提示清单的法定计量单位或第二计量单位申报有误，应如何处理？

答 清单中商品表体的商品数据的法定计量单位或第二计量单位与进出口税则参数表信息不一致时，需按照进出口税则参数表中该商品编码对应的法定计量单位和第二计量单位申报。

问7 清单退单回执提示物流企业代码未备案是何原因？

答 此种情况是由于物流企业未在海关进行备案，或者是未备案为跨境物流企业。

问8 清单退单回执提示支付单支付金额与订单支付金额不一致，应如何处理？

答 支付单报文中的支付金额与订单中的实际支付金额不一致时，应修改一致后再申报。

问9 清单收到放行回执后依然被退单是何原因？

答 此种情况可能是清单放行后，现场海关关员进行了人工退单，或是地方海关辅助管理系统进行了逻辑校验后退单。

问10 清单申报后，长时间处于"申报中"状态是何原因？应如何处理？

答 此种情况可能是由于清单、订单、运单、支付单不齐全导致的，企业需补全四单数据后再向海关申报。

💡 **小提示**

本节内容仅是根据用户日常遇到的问题总结所得，仅供参考。用户在申报过程中遇到实际问题要具体问题具体分析。

第十二章 出口申报系统

第一节 业务简介

出口申报系统为用户提供单证导入、录入功能,并将用户申报数据发送给海关、将海关审批回执信息数据下发给用户,主要包括交易管理、物流管理、清单管理、汇总管理等四大功能模块。跨境电商企业可以通过报文导入或者手工录入的方式向出口申报系统申报相关单证,接收相关单证的回执信息,并可以登录出口申报系统查询相关单证的状态信息。

用户通过交易管理模块可以查询订单、收款单等单证的状态及信息;通过物流管理模块可以查询运单、运抵单、离境单等单证的状态和信息,并可以进行运抵单的申报;通过清单管理模块可以进行清单的录入、申报、查询操作,也可以对清单进行改单操作,可以对撤销申请单、清单总分单进行申报,并可以查询撤销申请单、清单总分单的详情信息,并可以对清单总分单进行修改;通过汇总管理模块可以对汇总申请单进行申报,并可以查询汇总申请单、汇总结果单、汇总报关单的状态信息(见图12-1)。

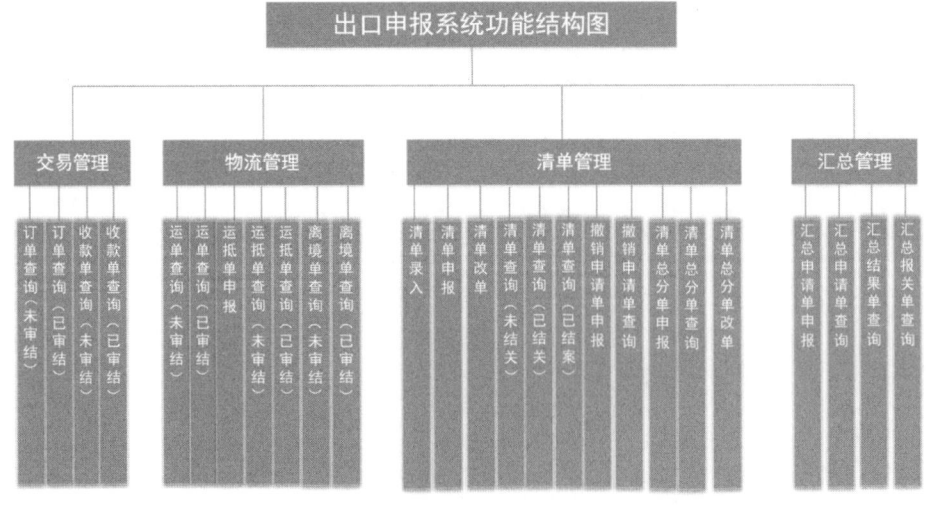

图 12-1

出口申报系统包括一般出口和特殊区域出口两种业务模式。一般出口（简称"9610"业务模式）是指采用"清单核放，汇总申报"的模式办理通关手续的电商零售出口商品，海关凭清单验放出境，电商企业定期把已结关的清单数据汇总形成出口报关单，电商凭此办理结汇、退税手续，并纳入海关统计。特殊区域出口（简称"1210"业务模式）指电商将整批商品按一般贸易报关进入海关特殊监管区域，企业实现退税。境外网购后，海关凭清单核放，并纳入海关统计。

一、企业类型

本系统涉及的企业类型分为电商企业、电商平台企业、物流企业、海关监管作业场所经营企业、代理企业等五种。

（一）电商企业

电商企业是指境内向境外消费者销售跨境电商零售出口商品的企业，为商品的货权所有人。

（二）电商平台企业

电商平台企业是指在境内办理工商登记，为交易双方（消费者和跨境电商企业）提供网页空间、虚拟经营场所、交易规则、信息发布等服务，设立供交易双方独立开展交易活动的信息网络系统的经营者。

（三）物流企业

物流企业是指在境内办理工商登记，接受跨境电商平台企业、跨境电商企业或其代理人委托，为其提供跨境电商零售进出口物流服务的企业。

（四）海关监管作业场所经营企业

海关监管作业场所经营企业是指负责经营管理供进出境运输工具或者境内承担海关监管货物的运输工具进出、停靠，从事海关监管货物的进出、装卸、存储、集拼、暂时存放等有关经营活动的监管场所的企业。

（五）代理企业

代理企业一般是指为电商企业提供清单申报的代理报关企业。

二、单证类型

本系统涉及的单证类型分为订单、收款单、运单、出口清单、运抵单、离境单、清单总分单、撤销申请单、汇总申请单、汇总结果单、汇总报关单等十一种。

💡 **小提示**

根据《关于修订跨境电子商务统一版信息化系统企业接入报文规范的公

国际贸易"单一窗口"：加贸及跨境电商篇

告》（海关总署公告 2018 年第 113 号）的要求，企业对其向海关申报及传输的电子数据承担法律责任，电子单证数据使用数字签名技术，具体如表 12-1 所示。

表 12-1 出口业务单证责任主体

序号	业务单证	责任主体	数字签名
1	出口清单	电商企业或其代理人	是
2	电子订单	电商企业或电商平台	是
3	收款单	电商企业	是
4	运单	物流企业	是
5	运抵单	海关监管作业场所经营企业	是
6	离境单	物流企业	是
7	清单总分单	电商企业或其代理人	是
8	撤销申请单	电商企业或其代理人	是
9	汇总申请单	电商企业或其代理人	是

（一）订单

电商企业根据网上实际交易形成的订单数据。

（二）收款单

电商企业根据订单的实际交易情况形成的收款凭证数据。

（三）运单

物流企业根据订单的运输情况形成的物流运单数据。

（四）出口清单

电商企业或其代理人应提交申报清单，出口采取"清单核放、汇总申报"方式办理报关手续；跨境电商综合试验区内符合条件的跨境电商零售商品出口，可采取"清单核放、汇总统计"方式办理报关手续。

（五）运抵单

海关监管作业场所经营企业依据货物的实际运抵情况生成的电子数据。

（六）离境单

物流企业依据货物实际离境情况生成的电子数据。

（七）清单总分单

电商企业或其代理人根据清单的申报信息形成的清单总分单数据。清单总分单可以对清单进行补充申报。若属地海关无特殊设定，企业必须申报清单总分单，否则清单不能放行。

（八）撤销申请单

电商企业或其代理申报企业向海关发起撤销申报清单的电子数据。

（九）汇总申请单

跨境电商零售商品出口后，电商企业或其代理人根据上月结关的申报清单信息进行归并汇总，向海关申报的单证。

💡 **小提示**

根据《关于跨境电子商务零售进出口商品有关监管事宜的公告》（海关总署公告2018年第194号），跨境电商零售商品出口后，跨境电商企业或其代理人应当于每月15日前（当月15日是法定节假日或者法定休息日的，顺延至其后的第一个工作日），将上月结关的申报清单依据清单表头同一收发货人、同一运输方式、同一生产销售单位、同一运抵国、同一出境关别，以及清单表体同一最终目的国、同一10位海关商品编码、同一币制的规则进行归并，汇总形成中华人民共和国海关出口货物报关单向海关申报。

（十）汇总结果单

海关根据汇总申请单中申报的清单信息按照汇总规则生成的单证。

（十一）汇总报关单

海关根据汇总结果单汇总形成的形式报关单。

💡 **小提示**

出口申报系统各单证之间的关系如下：

订单：运单：收款单：清单＝1：1：1：1；

订单、运单、收款单、清单各单证之间是一一对应的关系。

运单：运抵单＝N：1；

运单和运抵单是多对一的关系。

运单：离境单＝N：1；

运单和离境单是多对一的关系。

清单：清单总分单＝N：1；

清单和清单总分单是多对一的关系。

清单：汇总申请单＝N：1；

清单和汇总申请单是多对一的关系。

汇总申请单：汇总结果单＝1：N；

汇总申请单和汇总结果单是一对多的关系。

汇总结果单：汇总报关单＝1：1；

汇总结果单和汇总报关单是一对一的关系。

三、出口通关业务流程介绍

（一）业务概述

一般出口业务主要包括企业备案、出口通关、汇总申报等子流程。

（二）流程描述

1. 企业备案

从事跨境电商的企业必须在海关进行企业备案，备案的企业类型包括电商企业、电商平台企业、物流企业、报关企业等，海关将企业的备案信息同步至出口申报系统。

2. 通关流程

消费者在电商平台系统下单，生成订单数据，电商企业或电商平台企业将订单数据发送至出口申报系统，电商企业将该订单的收款信息以收款单的形式发送至出口申报系统；订单发货，物流企业将运单数据发送至出口申报系统，再由电商企业或其代理人将清单数据发送至出口申报系统。

出口申报系统对企业申报数据进行初步报文格式的校验，校验不通过，单证申报失败，系统将错误信息返回给企业。校验通过，系统将清单和三单数据发送至跨境电商通关管理系统（以下简称"通关管理系统"）。

通关管理系统接收清单及三单数据，进行电子审单，根据审核结果做退单、人工审核、审核通过的操作，并将审核结果发送至出口申报系统，出口申报系统将审核结果转发至企业。被海关退单的单证，企业可修改单证信息重新申报。

电商企业或其代理申报企业向出口申报系统申报清单总分单，出口申报系统对企业申报的清单总分单进行初步报文格式的校验，校验不通过，单证申报失败，系统将错误信息返回给企业。校验通过，系统将清单总分单数据发送至通关管理系统。

海关监管作业场所经营企业向出口申报系统申报运抵单数据，出口申报系统接收运抵单数据并向企业发送回执信息。出口申报系统向通关管理系统传输运抵单数据，运抵单审核通过，通关管理系统将清单、清单总分单置"放行"状态，并向出口申报系统发送单证的放行回执信息。出口申报系统接收放行回执信息并转发给企业。

物流企业向出口申报系统申报离境单数据，出口申报系统对离境单数据进行初步报文格式的校验，校验不通过，单证申报失败，系统将错误信息返回给企业。校验通过，系统将离境单数据发送至通关管理系统。离境单经海关审核通过后，通关管理系统将清单、清单总分单置"结关"状态，并向出口申报系统发送回执信息。出口申报系统接收回执信息并转发给企业。

企业可以发送撤销申请单对清单进行撤销操作。撤销申请单审批通过后，对应清单退单，企业可以重新申报清单。

企业可以通过对清单、清单总分单改单来对所申报清单、清单总分单进行修改。

3. 汇总申报流程

清单结关后，电商企业或其代理人可以发起汇总申请，向出口申报系统申报汇总申请单，对结关的清单数据进行汇总。企业可以选择按"时间"或者"清单编号"汇总，出口申报系统对企业申报的汇总申请单进行初步报文格式的校验，校验通过，系统将汇总申请单发送至通关管理系统。通关管理系统对企业申报的汇总申请单进行汇总，生成汇总结果单，并将汇总结果单转发至出口申报系统；通关管理系统根据汇总结果单生成汇总报关单，并将汇总报关单转发至出口申报系统，出口申报系统将汇总报关单转发至"单一窗口"的货报系统，企业可以去货报系统点击"申报"，生成报关单，进行出口退税。

（三）数据流向

国外消费者用户在电商平台下单后，生成订单，电商企业或电商平台向出口申报系统发送303订单报文，并接收出口申报系统下发的304订单回执报文。

消费者下单后，电商企业向出口申报系统发送403收款单报文，并接收出口申报系统下发的404收款单回执报文。

货物打包、物流承运，物流企业向出口申报系统发送505运单报文，并接收出口申报系统下发的506运单回执报文。

报关企业向出口申报系统发送603出口清单，并接收出口申报系统下发的604清单回执报文。清单审批通过后，海关向出口申报系统发送399审核通过回执，出口申报系统将清单回执报文发送给企业。

货物待运抵，海关监管作业场所经营企业向出口申报系统发送507运抵单报文，并接收出口申报系统下发的508运抵单回执报文。

电商企业或其代理申报企业向出口申报系统发送607清单总分单报文，并接收608清单总分单回执报文；清单总分单和清单放行后，企业接收出口申报系统下发的800（放行）回执。

包裹离境，物流企业向出口申报系统发送509离境单报文，并接收出口申报系统下发的510离境单回执报文，然后清单结关，企业接收清单结关回执。

企业发起汇总，向出口申报系统发送701汇总申请单报文，并接收出口申报系统下发的702汇总申请单回执报文，待海关对汇总申请单审核通过后，企业会接收到792汇总结果单报文，通关管理系统生成汇总报关单，并将汇总报关单通过出口申报系统发送至"单一窗口"的货报系统，企业去货报系统点击

"申报"按钮,就可以生成报关单。

第二节 基本操作

相关业务数据有严格的填制规范,如在系统内录入数据的过程中,字段右侧弹出红色提示,代表当前录入的数据有误,需根据要求重新录入。

用户点击"出口申报",进入登录界面,点击"卡介质"(见图12-2),输入密码,进入出口申报系统。

图 12-2

💡 **小提示**

选择"卡介质"登录,页面会提示下载客户端卡控件,按提示操作即可。

由于系统做了权限控制,不同类型的跨境电商企业登录出口申报系统看到的菜单项不一致。跨境电商企业需提前向海关申请通用资质。

一、交易管理

交易管理模块包括订单查询(未审结)、订单查询(已审结)、收款单查询(未审结)、收款单查询(已审结)四个子模块。由于系统做了权限控制,如果企业类型非电商平台、电商企业,则不能看到"交易管理"菜单项。

(一)订单查询(未审结)

电商企业、电商平台登录出口申报系统,点击选择菜单中的"交易管理"—"订单查询(未审结)",进入订单查询(未审结)界面(见图12-3)。

跨境电商系统

图 12-3

输入查询条件,点击"查询"按钮,系统将符合条件的订单数据显示在列表中(见图 12-4)。

图 12-4

点击"订单编号"超链接,进入订单详情页(见图 12-5),查看订单详情信息。

333

国际贸易"单一窗口"：加贸及跨境电商篇

图 12-5

💡 小提示

清单结关之前，企业查询订单、收款单、物流单信息，可点击订单查询（未审结）、收款单查询（未审结）、运单查询（未审结）菜单项进行查询。清单结关以后，企业查询订单、收款单、物流单信息，可点击订单查询（已审结）、收款单查询（已审结）、运单查询（已审结）菜单项进行查询。

点击"业务状态"超链接，可以查看单证的历史状态信息（见图 12-6）。

图 12-6

本系统中所有单证查询的时间范围默认不能超过一个自然月，否则系统会弹出提示信息（见图 12-7）。

图 12-7

用户也可以点击"重置"按钮，进行查询条件的重置。

（二）订单查询（已审结）

电商企业、电商平台登录出口申报系统，点击选择菜单中的"交易管理"—"订单查询（已审结）"，进入订单查询（已审结）界面（见图12-8）。

图 12-8

输入查询条件，点击"查询"按钮，系统将符合条件的订单数据显示在列表中（见图12-9）。

图 12-9

点击"订单编号"超链接，进入订单详情页（见图12-10），查看订单详情信息。

国际贸易"单一窗口"：加贸及跨境电商篇

图 12-10

同样，用户点击"业务状态"超链接，可以查看单证的历史状态信息。

(三) 收款单查询（未审结）

电商企业登录出口申报系统，点击选择菜单中的"交易管理"—"收款单查询（未审结）"，进入收款单查询（未审结）界面（见图 12-11）。

图 12-11

输入查询条件，点击"查询"按钮，系统将符合条件的收款单数据显示在列表中（见图 12-12）。

图 12-12

点击"订单编号"超链接，进入收款单详情页（见图12-13），查看收款单详情信息。

图 12-13

同样，用户点击"业务状态"超链接，可以看到单证的历史状态信息（见图12-14）。

图 12-14

(四) 收款单查询（已审结）

电商企业登录出口申报系统，点击选择菜单中的"交易管理"—"收款单查询（已审结）"，进入收款单查询（已审结）界面（见图12-15）。

图 12-15

输入查询条件，点击"查询"按钮，系统将符合条件的收款单数据显示在列表中（见图12-16）。

图 12-16

点击"订单编号"超链接，进入收款单详情页（见图12-17），查看收款单详情信息。

图 12-17

同样，用户点击"业务状态"超链接，可以查看单证的历史状态信息。

二、物流管理

物流管理模块主要包括运单查询（未审结）、运单查询（已审结）、运抵单申报、运抵单查询（未审结）、运抵单查询（已审结）、离境单查询（未审结）、离境单查询（已审结）七个子模块。主要提供运单查询、运抵单申报、运抵单查询、离境单查询功能。

（一）运单查询（未审结）

物流企业登录出口申报系统，点击选择菜单中的"物流管理"—"运单查询（未审结）"，进入运单查询（未审结）界面（见图12-18）。

图 12-18

输入查询条件，点击"查询"按钮，系统将符合条件的运单数据显示在列表中（见图 12-19）。

图 12-19

点击"运单编号"超链接，进入运单详情页（见图 12-20），查看运单详情信息。

图 12-20

国际贸易"单一窗口":加贸及跨境电商篇

同样,用户点击"业务状态"超链接,可以查看单证的历史状态信息(见图 12-21)。

图 12-21

(二)运单查询(已审结)

物流企业登录出口申报系统,点击选择菜单中的"物流管理"—"运单查询(已审结)",进入运单查询(已审结)界面(见图 12-22)。

图 12-22

输入查询条件,点击"查询"按钮,系统将符合条件的运单数据显示在列表中(见图 12-23)。

图 12-23

点击"运单编号"超链接，进入运单详情页（见图12-24），查看运单详情信息。

图12-24

同样，用户点击"业务状态"超链接，可以查看单证的历史状态信息。

（三）运抵单申报

海关监管作业场所经营企业可登录出口申报系统，点击选择菜单中的"物流管理"—"运抵单申报"，进入运抵单申报界面（见图12-25）。

图12-25

输入查询条件，点击"查询"按钮，系统将符合条件的运抵单数据显示在列表中（见图12-26）。

国际贸易"单一窗口"：加贸及跨境电商篇

图 12-26

用户查询出符合条件的运抵单数据后，可以通过"批量申报""批量删除"按钮进行批量申报或者删除，也可以选中某一条运抵单数据进行申报或删除，具体操作如下：

1. 批量申报

用户点击"预录入编号"左侧的复选框，可以选中多条运抵单数据，点击"批量申报"按钮，系统弹出确认提示框。点击"确认"按钮，系统提示申报成功。

2. 批量删除

用户也可以选择多条运抵单数据进行批量删除。点击"批量删除"按钮，系统弹出确认提示框。点击"确认"按钮，系统提示删除成功。

用户点击某条运抵单数据的"预录入编号"超链接，系统将跳转至运抵单详情页面（见图 12-27）。

图 12-27

342

3. 暂存

用户对运抵单数据进行修改后，点击"暂存"按钮，系统弹出确认提示信息。点击"确认"按钮，系统提示暂存成功。

4. 删除

对于未向海关申报的运抵单数据，用户可进行删除操作。点击"删除"按钮，系统将提示用户是否删除当前数据。点击"确认"按钮，系统会删除该条运抵单数据，并提示删除成功。

5. 重置

点击"重置"按钮，可以重新录入运抵单表体数据信息。

6. 申报

点击"申报"按钮，系统将提示用户是否确认申报。点击"确认"按钮，系统会对已选中的运抵单数据进行申报，申报成功，系统弹出提示信息。

（四）运抵单查询（未审结）

海关监管作业场所经营企业登录出口申报系统，点击选择菜单中的"物流管理"—"运抵单查询（未审结）"，进入运抵单查询（未审结）界面（见图12-28）。

图 12-28

输入查询条件，点击"查询"按钮，系统将符合条件的运抵单数据显示在列表中（见图12-29）。

国际贸易"单一窗口"：加贸及跨境电商篇

图12-29

点击"预录入编号"超链接，进入运抵单详情页面（见图12-30），查看运抵单详情信息。

图12-30

（五）运抵单查询（已审结）

海关监管作业场所经营企业登录出口申报系统，点击选择菜单中的"物流管理"—"运抵单查询（已审结）"，进入运抵单查询（已审结）界面（见图12-31）。

图 12-31

输入查询条件，点击"查询"按钮，系统将符合条件的运抵单数据显示在列表中（见图 12-32）。

图 12-32

点击"预录入编号"超链接，进入运抵单详情页面（见图 12-33），查看运抵单详情信息。

图 12-33

国际贸易"单一窗口":加贸及跨境电商篇

> **小提示**
>
> 运抵单状态为"暂存""申报""发送海关成功""发送海关失败""海关退单""海关入库""数据接收成功"时,选择运抵单查询(未审结)菜单项进行查询。运抵单状态为"审核通过"时,选择运抵单查询(已审结)菜单项进行查询。

(六)离境单查询(未审结)

物流企业登录出口申报系统,点击选择菜单中的"物流管理"—"离境单查询(未审结)",进入离境单查询(未审结)界面(见图12-34)。

图 12-34

输入查询条件,点击"查询"按钮,系统将符合条件的离境单数据显示在列表中(见图12-35)。

图 12-35

点击"预录入编号"超链接,进入离境单详情页面(见图12-36),查看离境单详情信息。

图 12-36

（七）离境单查询（已审结）

物流企业登录出口申报系统，点击选择菜单中的"物流管理"—"离境单查询（已审结）"，进入离境单查询（已审结）界面（见图12-37）。

图 12-37

输入查询条件，点击"查询"按钮，系统将符合条件的离境单数据显示在列表中（见图12-38）。

国际贸易"单一窗口"：加贸及跨境电商篇

图12-38

点击"预录入编号"超链接，进入离境单详情页（见图12-39），查看离境单详情信息。

图12-39

💡 小提示

离境单状态为"暂存""申报""发送海关成功""发送海关失败""海关退单""海关入库""数据接收成功"时，选择离境单查询（未审结）菜单项进行查询。离境单状态为"审核通过"时，选择离境单查询（已审结）菜单项进行查询。

三、清单管理

清单管理模块包括清单录入、清单申报、清单改单、清单查询（未结关）、清单查询（已结关）、清单查询（已结案）、撤销申请单申报、撤销申请单查询、清单总分单申报、清单总分单查询、清单总分单改单十一个子模块。

（一）清单录入

根据《关于修订跨境电子商务统一版信息化系统企业接入报文规范的公告》（海关总署2018年第113号公告），海关支持提供跨境统一版清单录入功能，用户可以导入清单信息，也可以通过系统手工录入清单信息。电商企业或其代理人登录出口申报系统，点击选择菜单中的"清单管理"—"清单录入"（见图12-40），录入清单信息。

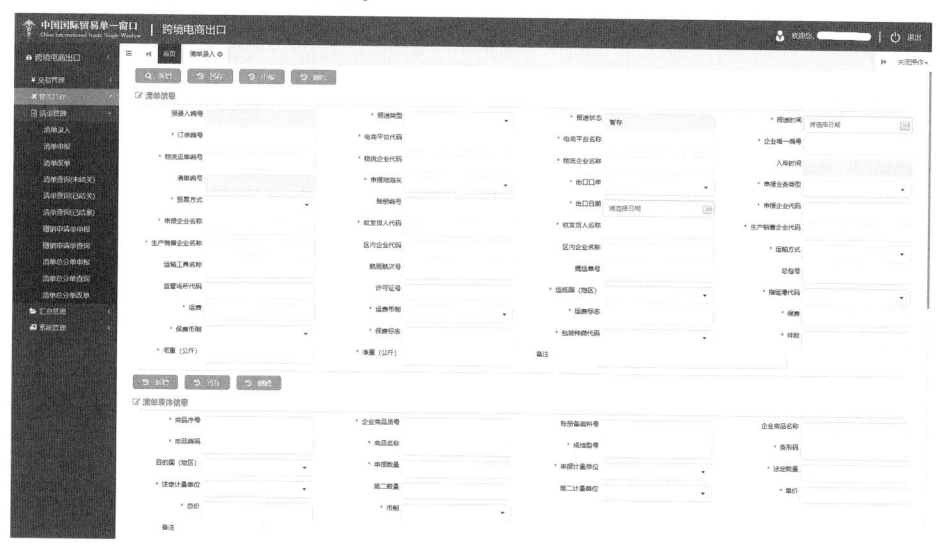

图 12-40

相关操作如下：

1. **暂存**

用户需要先录入清单表头信息，点击清单表头界面中的"暂存"按钮，对当前录入的内容进行保存。系统对录入的清单数据进行初步格式校验，校验通过，系统提示操作成功。

清单表头信息暂存成功后，可以录入清单表体信息，点击清单表体界面中的"暂存"按钮，系统对录入的表体信息数据进行初步格式校验，校验通过，系统提示暂存成功，表体列表中会多出一条数据。

2. **新增**

用户如果想录入多条清单信息，可点击清单表头界面中的"新增"按钮，输入框置空，可以再次录入清单表头信息。同样，用户也可以点击清单表体界面中的"新增"按钮，录入多条表体数据。

国际贸易"单一窗口"：加贸及跨境电商篇

💡 **小提示**

界面中带有红色星号的字段为必填项。灰色字段为系统返填项，不允许录入。白色字段为选填项，根据实际需要填写。

3. 删除

对于未向海关申报的清单数据，用户可进行删除操作。点击界面中的"删除"按钮，系统将提示用户是否删除当前数据。点击"确认"按钮，系统提示删除成功，删除的数据将不可恢复，需重新录入，请谨慎操作。

💡 **小提示**

当清单状态为"暂存""申报失败"或"海关退单"时，可进行删除操作。否则，系统可能弹出不允许删除的提示。

4. 申报

录入的清单数据必须先暂存成功才能进行申报，否则系统会弹出提示框进行提示（见图12-41）。

图 12-41

清单数据录入完毕并暂存成功后，可点击"申报"按钮进行申报，系统弹出确认提示框，点击"确认"按钮，系统提示申报成功。

💡 **小提示**

申报成功即意味着数据已向相关业务主管部门发送，并等待其审批。

（二）清单申报

电商企业或其代理人登录出口申报系统，点击选择菜单中的"清单管理"—"清单申报"，进入出口清单申报界面（见图12-42）。

图 12-42

用户输入查询条件，点击"查询"按钮，系统将通过界面生成或通过后台申报的待申报清单数据显示在列表中（见图 12-43）。

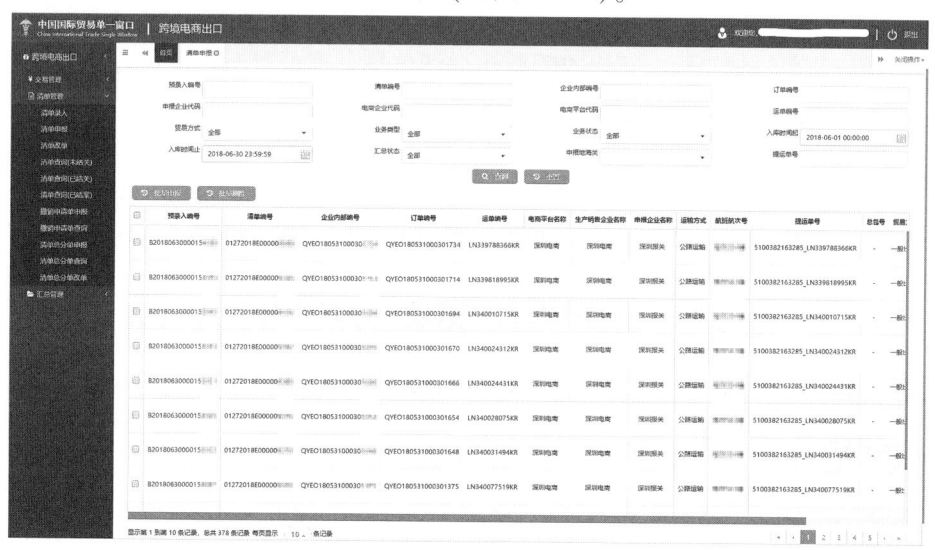

图 12-43

用户查询出符合条件的清单数据后，可以通过"批量申报""批量删除"按钮进行批量申报或者删除，也可以选中某一条清单数据进行申报或删除，具体操作同前述内容。

用户点击某条清单的"预录入编号"超链接，系统将跳转至清单详情页面（见图 12-44）。

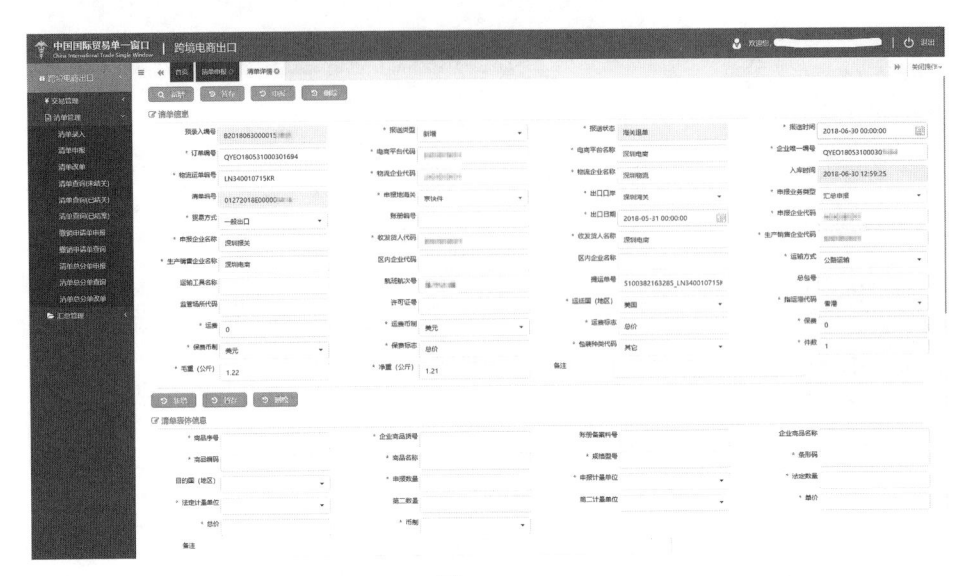

国际贸易"单一窗口":加贸及跨境电商篇

图 12-44

进入清单详情页面,可以查看清单详情信息,也可以对清单进行修改,并对修改后的清单进行暂存、删除、申报等操作,具体操作同清单录入。

(三)清单改单

电商企业或其代理人可以通过发送报文的方式进行清单改单,也可以登录出口申报系统,点击选择菜单中的"清单管理"—"清单改单",进入出口清单改单界面(见图 12-45)进行改单。

图 12-45

用户输入查询条件,点击"查询"按钮,系统将通过界面生成或通过后台申报的清单数据显示在列表中(见图 12-46)。

图 12-46

用户点击某条清单的"预录入编号"超链接，即可进入清单详情页面（见图 12-47），查看清单详情信息。

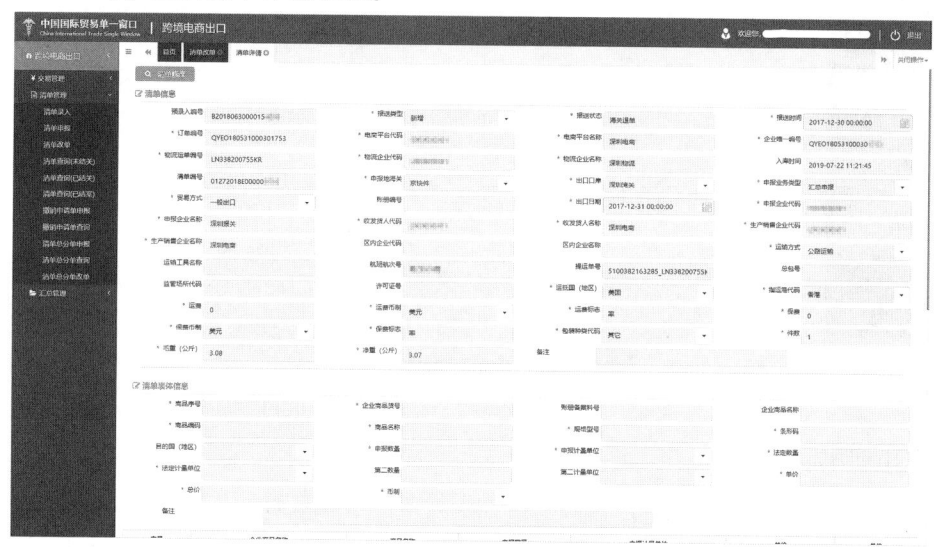

图 12-47

用户可对该条清单进行改单操作，点击"清单修改"按钮，系统弹出确认提示信息。点击"确认"按钮，系统提示已生成新的清单（见图 12-48）。

国际贸易"单一窗口":加贸及跨境电商篇

图 12-48

💡 **小提示**

"已重新生成新的清单"代表系统生成了一条"暂存"状态的新清单数据,用户可通过"清单申报"菜单项查询到该清单信息。

点击"确定"按钮,进入清单详情修改页面(见图 12-49)。

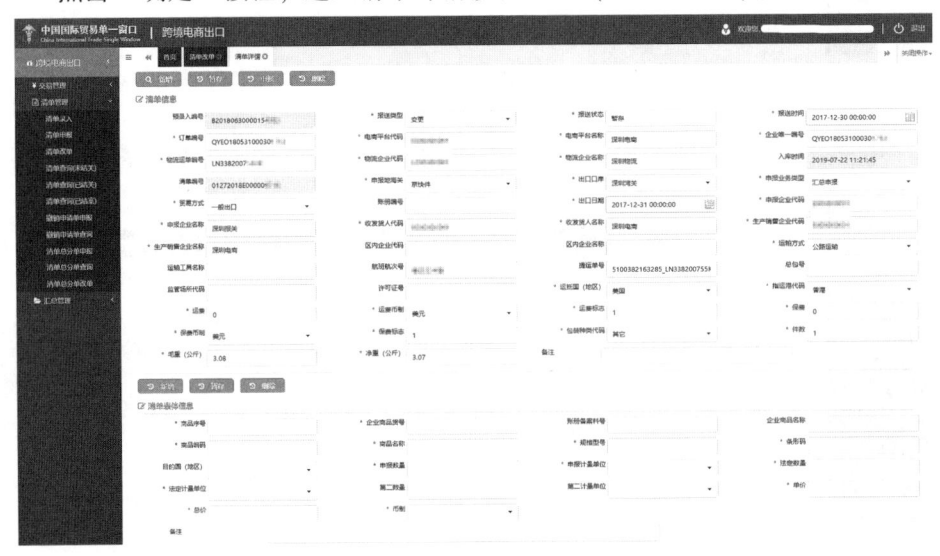

图 12-49

💡 **小提示**

灰色字段不允许修改,白色字段可根据实际需要进行修改填写。

清单详情修改页面的暂存、新增、删除、申报等具体操作可参考清单录入部分。

对于同一条清单数据,用户如果已经点击过"清单改单"按钮,并且已经生成"暂存"状态的清单数据,再次点击"清单改单"按钮时,系统会弹出提示信息(见图 12-50)。

图 12-50

（四）清单查询（未结关）

电商企业或其代理人登录出口申报系统，点击选择菜单中的"清单管理"—"清单查询（未结关）"，进入清单查询（未结关）界面（见图 12-51）。

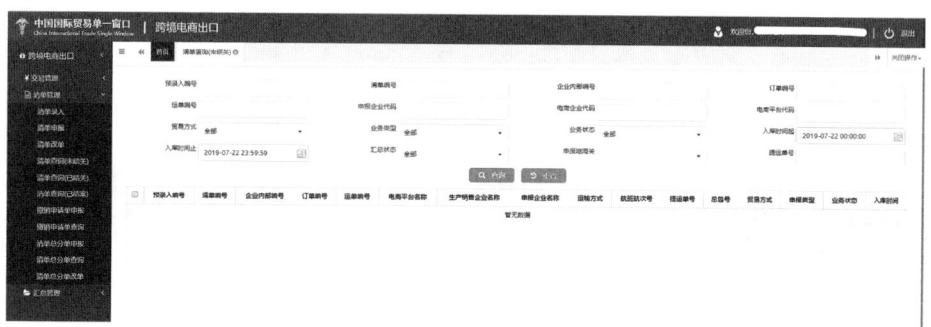

图 12-51

输入查询条件，点击"查询"按钮，系统将符合条件的清单数据显示在列表中（见图 12-52）。

国际贸易"单一窗口"：加贸及跨境电商篇

图 12-52

点击"预录入编号"超链接，进入清单详情页面（见图 12-53），查看清单详情信息。

图 12-53

> 💡 **小提示**
>
> 该功能默认查询状态为"发送海关成功""海关退单""海关入库""待人工审核""审核通过""与总单解绑""查验""移交""挂起""放行"的清单

数据。

（五）清单查询（已结关）

电商企业或其代理人登录出口申报系统，点击选择菜单中的"清单管理"—"清单查询（已结关）"，进入清单查询（已结关）界面（见图12-54）。

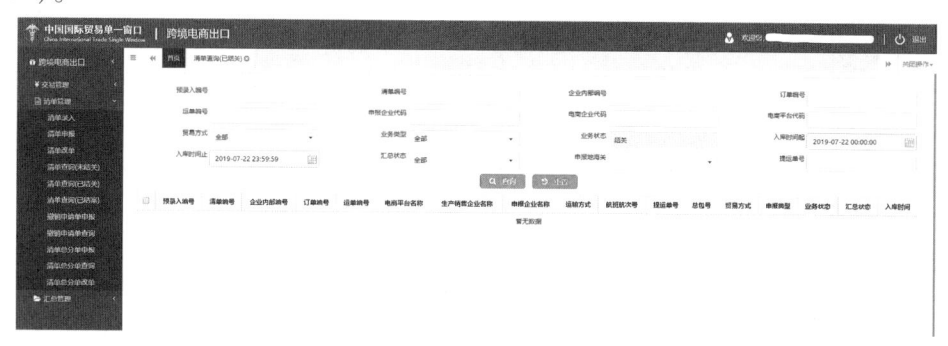

图12-54

输入查询条件，点击"查询"按钮，系统将符合条件的清单数据显示在列表中（见图12-55）。

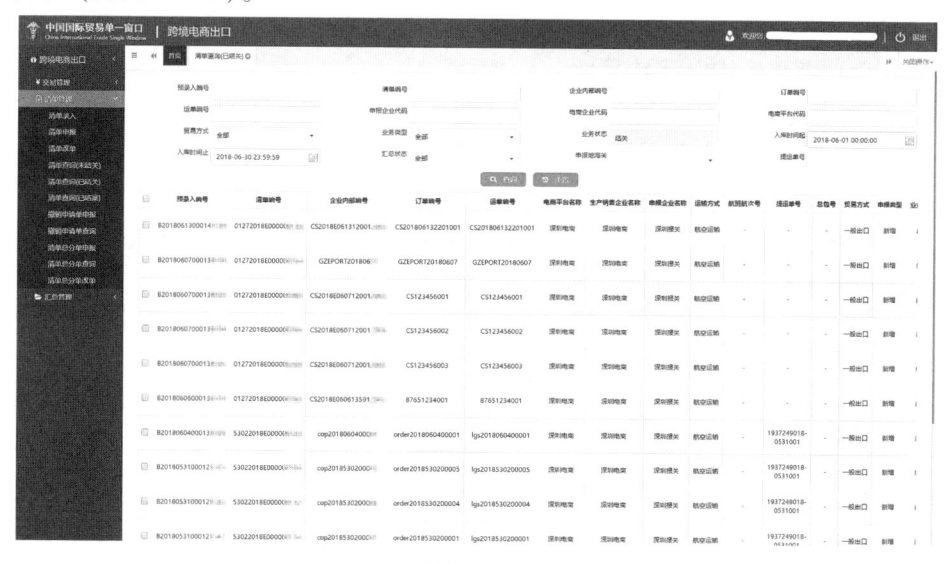

图12-55

点击"预录入编号"超链接，进入清单详情页面（见图12-56），查看清单详情信息。

国际贸易"单一窗口":加贸及跨境电商篇

图 12-56

> 💡 **小提示**
>
> 该功能默认查询状态为"已结关"的清单数据。

(六)清单查询(已结案)

电商企业或其代理人登录出口申报系统,点击选择菜单中的"清单管理"—"清单查询(已结案)",进入清单查询(已结案)界面(见图 12-57)。

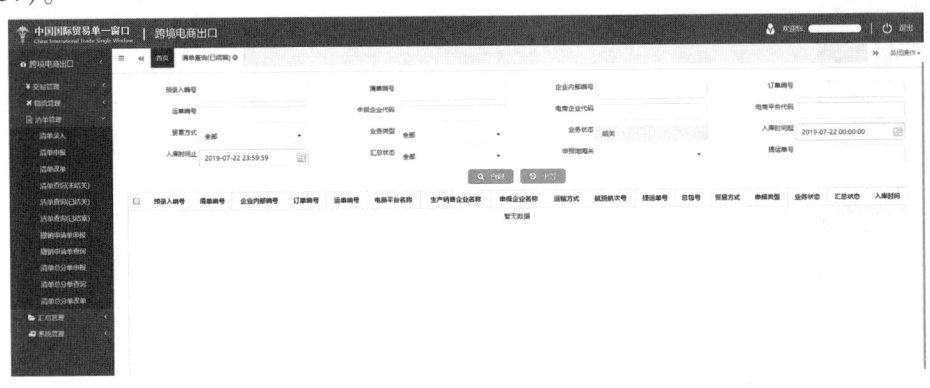

图 12-57

输入查询条件,点击"查询"按钮,系统将符合条件的清单数据显示在列表中(见图 12-58)。

358

图 12-58

点击"预录入编号"超链接,进入清单详情页面(见图 12-59),查看清单详情信息。

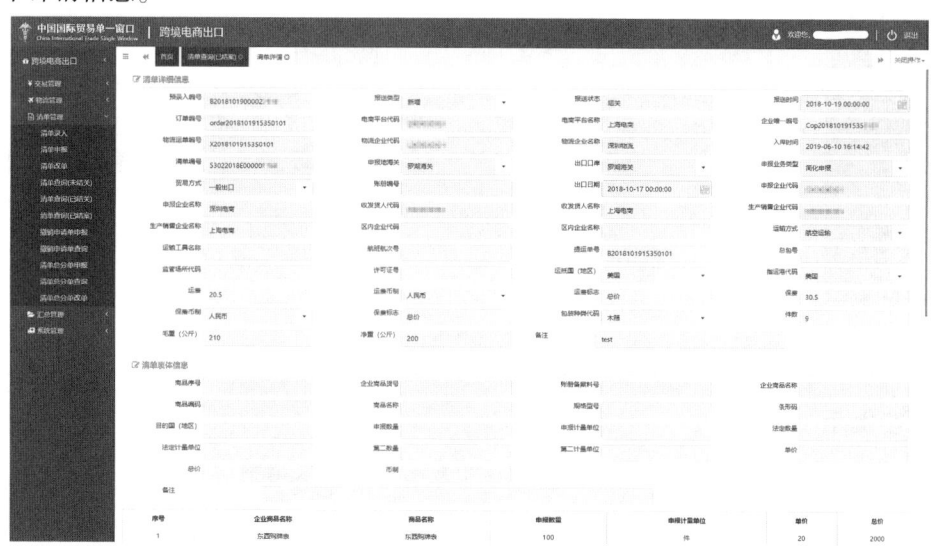

图 12-59

> **小提示**

报关单放行后,用户如果想查询清单信息,可在"清单查询(已结案)"界面进行查询。

(七)撤销申请单申报

电商企业或其代理人可登录出口申报系统,点击选择菜单中的"清单管

国际贸易"单一窗口":加贸及跨境电商篇

理"—"撤销申请单申报",进入撤销申请单申报界面(见图12-60)。

图 12-60

用户输入查询条件,点击"查询"按钮,系统将通过后台申报或通过界面生成的撤销申请单数据显示在列表中(见图12-61)。

图 12-61

💡 **小提示**

该功能默认查询状态为"暂存""海关退单"的撤销申请单数据。

用户查询出符合条件的撤销申请单数据后,可以通过"批量申报""批量删除"按钮进行批量申报或者删除,也可以选中某一条撤销申请单数据进行申报或删除,具体操作同前述内容。

用户点击某条撤销申请单的"预录入编号"超链接,系统将跳转至撤销单详情页面(见图12-62)。

图 12-62

撤销单详情页面的暂存、删除、申报等具体操作可参考清单录入部分。

(八) 撤销申请单查询

电商企业或其代理人可登录出口申报系统，点击选择菜单中的"清单管理"—"撤销申请单查询"，进入撤销申请单查询界面（见图 12-63）。

图 12-63

用户输入查询条件，点击"查询"按钮，系统将符合条件的撤销申请单数据显示在列表中（见图 12-64）。

图 12-64

国际贸易"单一窗口":加贸及跨境电商篇

点击"预录入编号"超链接,进入撤销单详情页面(见图12-65)。

图 12-65

(九) 清单总分单申报

电商企业或其代理人可登录出口申报系统,点击选择菜单中的"清单管理"—"清单总分单申报",进入清单总分单申报界面(见图12-66)。

图 12-66

用户输入查询条件,点击"查询"按钮,系统将符合条件的清单总分单数据显示在列表中(见图12-67)。

图 12-67

> **小提示**
>
> 该功能默认查询出的是状态为"暂存""申报""海关退单"的清单总分单数据。

用户查询出符合条件的清单总分单数据后,可通过"批量申报""批量删除"按钮进行批量申报或者删除,也可以选中某一条清单总分单数据进行申报或删除,具体操作同前述内容。

用户点击某条清单总分单的"预录入编号"超链接,系统将跳转至清单总分单详情页面(见图12-68)。

图 12-68

清单总分单详情页面的暂存、删除、新增、申报等具体操作可参考清单录入部分。

(十) 清单总分单查询

电商企业或其代理人登录出口申报系统,点击选择菜单中的"清单管理"—"清单总分单查询",进入清单总分单查询界面(见图12-69)。

图 12-69

363

国际贸易"单一窗口"：加贸及跨境电商篇

输入查询条件，点击"查询"按钮，系统将符合条件的清单总分单数据显示在列表中（见图12-70）。

图12-70

点击"预录入编号"超链接，即可进入清单总分单详情页面（见图12-71），查看清单总分单详情信息。

图12-71

（十一）清单总分单改单

电商企业或其代理人可通过发送报文的方式进行清单总分单改单，也可以登录出口申报系统，点击选择菜单中的"清单管理"—"清单总分单改单"，进入清单总分单改单界面（见图12-72）进行改单。

跨境电商系统

图 12-72

用户输入查询条件，点击"查询"按钮，系统将符合条件的清单总分单数据显示在列表中（见图 12-73）。

图 12-73

点击某条清单总分单的"预录入编号"超链接，进入清单总分单改单详情页面（见图 12-74）。

图 12-74

365

国际贸易"单一窗口"：加贸及跨境电商篇

用户可对该条清单总分单进行改单操作，点击"清单总分单改单"按钮，系统弹出确认提示信息。点击"确认"按钮，系统提示已生成新的清单总分单数据（见图12-75）。

图 12-75

💡**小提示**

"已生成新的清单总分单改单"代表系统生成了一条"暂存"状态的新清单总分单数据。

点击"确定"按钮，进入清单总分单改单详情页面。

💡**小提示**

灰色字段不允许修改，白色字段可根据实际需要进行修改填写。

清单总分单改单详情页面的暂存、新增、删除、申报等具体操作可参考清单录入部分。

用户如果想通过直接发送报文的方式进行清单总分单改单，可以发送"appStatus＝2""appType＝3"状态的清单总分单数据进行改单。

四、汇总管理

汇总管理模块主要包括汇总申请单申报、汇总申请单查询、汇总结果单查询、汇总报关单查询四个子模块。

（一）汇总申请单申报

电商企业或其代理人可以通过后台发送报文的方式进行汇总申请单申报，也可以登录出口申报系统，点击选择菜单中的"汇总管理"—"汇总申请单申报"，进入汇总申请单申报界面（见图12-76）进行申报。

图 12-76

用户输入查询条件，点击"查询"按钮，系统将符合条件的汇总申请单数据显示在列表中（见图 12-77）。

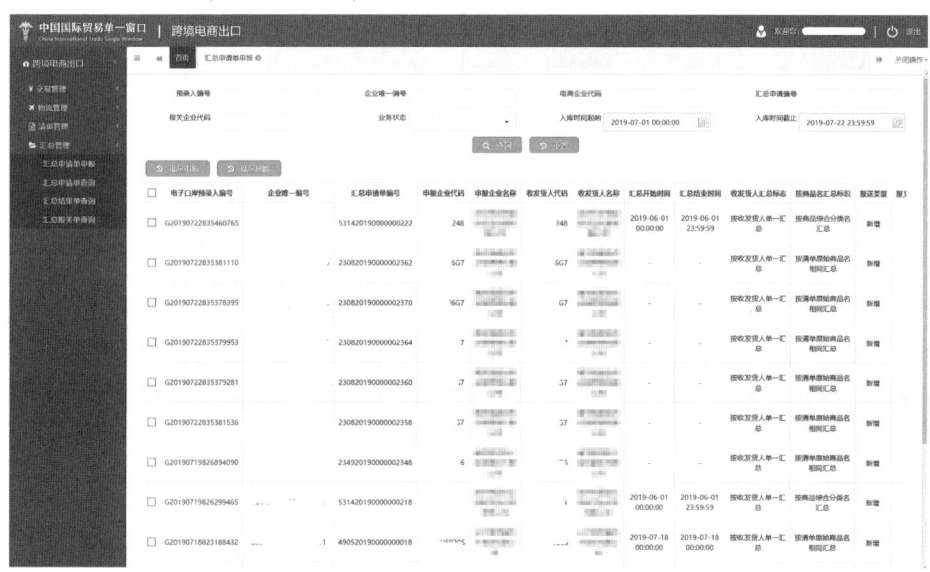

图 12-77

💡小提示

该功能默认查询出的是状态为"暂存""申报""发送海关失败""海关退单"的汇总申请单数据。

用户查询出符合条件的汇总申请单数据后，可以通过"批量申报""批量删除"按钮进行批量申报或者删除，也可以选中某一条汇总申请单数据进行申报或删除，具体操作同前述内容。

用户点击"电子口岸预录入编号"超链接，系统将跳转至汇总申请单详情页面（见图 12-78）。

国际贸易"单一窗口":加贸及跨境电商篇

图 12-78

汇总申请单详情页面的删除、申报操作可参考前述内容。

(二)汇总申请单查询

电商企业或其代理人可以登录出口申报系统,点击选择菜单中的"汇总管理"—"汇总申请单查询",进入汇总申请单查询界面(见图 12-79)。

图 12-79

输入查询条件,点击"查询"按钮,系统将符合条件的汇总申请单数据显示在列表中(见图 12-80)。

图 12-80

点击"电子口岸预录入编号"超链接,进入汇总申请单详情页(见图12-81),查看汇总申请单详情信息。

图 12-81

(三) 汇总结果单查询

电商企业或其代理人可以登录出口申报系统,点击选择菜单中的"汇总管理"—"汇总结果单查询",进入汇总结果单查询界面(见图12-82)。

图 12-82

输入查询条件,点击"查询"按钮,系统将符合条件的汇总结果单数据显示在列表中(见图12-83)。

国际贸易"单一窗口":加贸及跨境电商篇

图 12-83

点击"汇总申请编号"超链接,进入汇总结果单详情页面(见图 12-84),查看汇总结果单详情信息。

图 12-84

(四) 汇总报关单查询

电商企业或其代理人可以登录出口申报系统,点击选择菜单中的"汇总管理"—"汇总报关单查询",进入汇总报关单查询界面(见图 12-85)。

图 12-85

输入查询条件，点击"查询"按钮，系统将符合条件的汇总报关单数据显示在列表中（见图12-86）。

图 12-86

第三节　常见问题

问1　从事跨境电商出口业务的企业申报清单时，申报业务类型是"简化申报"，商品编码长度是多少？

答　商品编码长度是10位，前四位按税则归类申报，后六位补零。

问2　"A-简化申报"和"B-汇总申报"有何区别？

答　若采用"A-简化申报"，则要求商品不涉及许可证、出口关税、出口退税，同时商品编码前四位按税则填写。若采用"B-汇总申报"，需要汇总生成出口报关单，企业实现结汇与退税。

问3　从事跨境电商进口业务的企业申请的传输ID可以用于申报出口业务报文吗？

答　如果是同一家企业，可以复用进口的传输ID申报出口业务报文，但不能并行同时进行。

问4　企业申报运抵单报文，表体是否可以为空？

答　运抵单报文表体可以为空，企业可以根据实际情况进行申报。

问5　出口清单申报是否一定要在订单、运单、收款单海关入库成功后才能进行？若提前申报会怎样？

答　四单申报没有前后顺序要求，若先申报出口清单，企业会收到三单不

国际贸易"单一窗口":加贸及跨境电商篇

全的回执,补充所缺单证即可。

问 6 出口的清单总分单是否必须要申报?

答 企业通过清单总分单可以对清单里的相关字段进行补充填写,海关对清单总分单补充申报模式有开关设置,大部分海关是要求企业必须申报清单总分单的,否则清单不能放行。是否可以只申报清单,需要企业联系当地海关咨询确认。

💡 **小提示**

本节内容仅是根据用户日常遇到的问题总结所得,仅供参考。用户在申报过程中遇到实际问题要具体问题具体分析。

第十三章 公共服务系统

第一节 业务简介

购买跨境电商零售进口商品的消费者个人可以登录公共服务系统,查询消费者个人信息,主要包括本年度个人额度信息、税款信息、通关数据详情信息。

第二节 基本操作

一、个人额度查询

购买跨境电商商品的消费者个人可以登录公共服务系统,进入个人额度查询界面(见图13-1)。

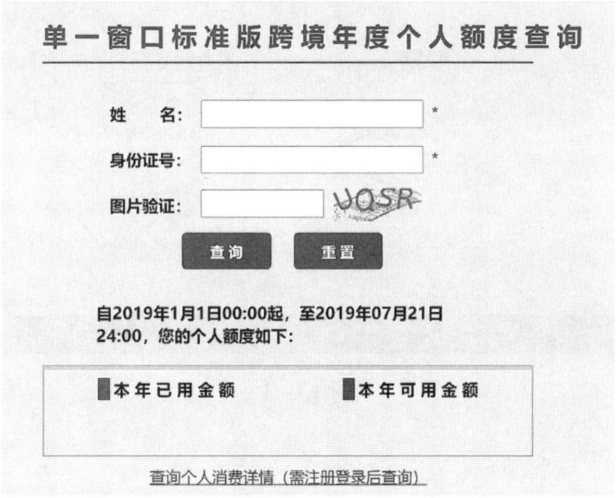

图 13-1

个人用户需要输入姓名、身份证号查询本年度个人额度信息(见图13-2)。

国际贸易"单一窗口":加贸及跨境电商篇

图 13-2

如果消费者个人已经注册"单一窗口"个人账号,可以直接输入用户名、密码进行登录;如无,可以点击"立即注册"按钮,选择"个人用户注册"(见图 13-3),进入个人用户账号注册详情页(见图 13-4)。

图 13-3

图 13-4

根据要求填写个人基本信息后,点击"立即注册"按钮。如注册成功,系统会弹出提示信息(见图 13-5)。

图 13-5

注册成功后,可以输入用户名、密码登录系统(见图 13-6)。

国际贸易"单一窗口"：加贸及跨境电商篇

图 13-6

点击选择菜单中的"跨境电商公共服务"—"个人额度查询"，进入个人额度查询界面（见图 13-7）。

图 13-7

选择年份，点击"查询"按钮，查看个人本年度已消费额度（见图 13-8）。

图 13-8

点击"已消费金额"超链接，进入个人额度详情页面（见图 13-9），查看消费记录。

图 13-9

二、个人税款查询

点击选择菜单中的"跨境电商公共服务"—"个人税款查询",可以查询个人税款信息(见图13-10)。

图 13-10

点击"税款编号"超链接,进入税款详情页面,查看税款详情信息(见图13-11)。

图 13-11

三、个人通关数据查询

点击选择菜单中的"跨境电商公共服务查询"—"个人通关数据查询",可以查看个人通关数据详情信息(见图13-12)。

图 13-12

点击"预录入编号"超链接,可以查看清单商品详情信息(见图13-13)。

国际贸易"单一窗口": 加贸及跨境电商篇

图 13-13

第三节　常见问题

问　消费者个人在公共服务系统中注册账户后，忘记用户名、密码，应如何解决？

答　个人用户可以通过"单一窗口"登录界面中的"忘记用户名""忘记密码"找回用户名、密码。